现代大学校长文丛

朱清时 主编

李传玺 执行主编

蒋梦麟卷

常河 编

时代出版传媒股份有限公司
安徽教育出版社

图书在版编目（CIP）数据

现代大学校长文丛.蒋梦麟卷 / 常河编.
—合肥:安徽教育出版社,2015
ISBN 978-7-5336-8111-1

Ⅰ.①现…　Ⅱ.①常…　Ⅲ.①高等教育—中国—文集
Ⅳ.①G649.2—53

中国版本图书馆 CIP 数据核字（2015）第 210974 号

现代大学校长文丛·蒋梦麟卷

XIANDAI DAXUE XIAOZHANG WENCONG JIANG MENGLIN JUAN

出 版 人:郑　可
质量总监:张丹飞
策划统筹:王　骏　钱　江
责任编辑:李桂荣
装帧设计:阮　娟
技术编辑:王　琳

出版发行:时代出版传媒股份有限公司　安徽教育出版社
地　　址:合肥市经开区繁华大道西路 398 号　邮编:230601
网　　址:http://www.ahep.com.cn
营销电话:(0551)63683011,63683013
排　　版:安徽创艺彩色制版有限责任公司
印　　刷:合肥中德印刷培训中心印刷厂

开　　本:720×960　1/16
印　　张:18.5
字　　数:270 千字
版　　次:2015 年 11 月第 1 版　2015 年 11 月第 1 次印刷
定　　价:33.00 元

（如发现印装质量问题,影响阅读,请与本社营销部联系调换）

总　序

一

我们似乎不应该忘记一个日子。清光绪二十四年(1898年)八月初六,那是一个血雨腥风的日子,戊戌变法失败了。一边是慈禧再度"训政",一边是废黜光绪,废除新政,对倡导变法维新人士进行大搜捕、大屠杀。其中独有一项"成果"经过一个老人的巧妙运作保留了下来,那人是时任管学大臣的孙家鼐,那"成果"便是京师大学堂。

也许是经过变法者心血与鲜血的滋润,这粒中国现代教育的种子开始了它的倔强生长。

至1949年,中国现代教育体系包括大学教育体系以及它的格局、架构已基本形成。

由此,人们常常发问:

那是一段什么样的历史时期,朝代更迭,袁氏复辟,走马灯式的北洋政府;军阀割据,连年混战,人民水深火热几不聊生;外敌入侵,十四年抗战,虽取得胜利,接踵的又是国共内战。如此时空背景,常常使课堂里放不下一张平静的书桌。可就是在这样的时代氛围中,中国现代大学教育却能够生长,且健全了各门类基础学科,诞生了一批名校,培养出了惠及后世的大量杰出人才,在教学相长过程中走出了大批大师级的教育家、科学家、思想家。为什么？

钱学森先生曾这样发问。

每个人一说到中国现代大学教育时，总会想到蔡元培先生，总会想到西南联大，更会这样发问。

二

2010 年 3 月 14 日下午，首都机场。全国两会结束，各地的政协委员返程。全国政协委员，曾任中国科技大学校长，时任南方科技大学校长的朱清时先生正坐在过道边的椅子上。那段时间，他是热门人物，一直被媒体包围着，此刻他好像很累很疲倦，但仍有记者不停地同他说着教育的热点话题。作为安徽政协委员向中央报送信息的联络员李传玺也站在旁边听，并不时对朱清时先生切中肯綮的评论报以由衷的赞美。

"你是哪家报社的？"朱校长问李传玺。

《江淮时报》副总编常河先生站在旁边，向朱校长介绍了李。

"噢，你研究胡适啊，我对 30 年代那批大师，尤其是那批大师级的教育家非常佩服。"

这句话也埋下了一粒种子。

2012 年初，时在安徽教育出版社就职的王骏先生询问李传玺，今年有没有好的选题。

李传玺的脑子里突然闪现出了在首都机场与朱清时校长谈话的画面，以及先生最后的那句话。何不请朱清时先生担纲编选一套现代大学校长文丛？王骏向社领导做了汇报，很快得到了同意。可朱清时校长能同意么？初春的一个下午，李传玺拨通了朱清时校长的电话，虽然天气不热，却紧张得一手心汗。没想到朱校长听完了介绍后，欣然同意。

于是有了现在呈现在大家面前的这套书。

三

让我们倾听一下那些大师们的声音。声音都不是那种激昂慷慨式的,很平和,却更入灵魂。

蔡元培先生:"对于各家学说,依各国大学通例,循思想自由原则,兼容并包。无论何种学派,苟其言之成理,持之有故,尚不达自然淘汰之运命,即使彼此相反,也听他们自由发展。"

张伯苓先生:"允公允能,日新月异","允公是大公,而不是小公,小公只不过是本位主义而已,算不得什么公了。惟其允公,才能高瞻远瞩,正己教人,发扬集体的爱国思想,消灭自私的本位主义","允能者,是要做到最能,要建设现代化国家,要有现代化的科学才能……不仅要求具备现代化的理论才能,而且要具有实际工作的能力"。

蒋梦麟先生:"大学者,为研究高等学科而设","学校之惟一生命在学术事业","研究学术而有所顾忌,则真理不明","畀以学术自由之权,所以求思想与学术自由之发展,不受外力阻挠也"。

梅贻琦先生:"所谓大学者,非谓有大楼之谓也,有大师之谓也。""新民之大业,非旦夕可期也,既非旦夕可期,则与此种事业最有关系之大学教育,与从事于此种教育之人,其所以自处之地位,势不能不超越几分现实;其注意之所集中,势不能为一时一地之所限止;其所期望之成就,势不能为若干可以计日而待之近功。"

胡适先生:"学术的发达,人才是第一要件。我们必须集中第一流的人才,替他们造成最适宜的工作条件,使他们可以自己做研究,使他们可以替全国训练将来的师资和工作人员","只有在自由独立原则之下,才能有高价值的创造","'自由'是学校给予师生的,'独立'则为创造的"。

竺可桢先生:"科学精神就是求真,要'只问是非,不计利害'。这就是说,只求真理,不管个人的利害","求是的路径,《中庸》说得最好,就是'博学之,审问之,慎思之,明辨之,笃行之'。单是博学、审问还不够，必须审思熟虑，自出心裁，独著只眼，来研辨是非得失"。

......

不需要再引了，读着这些话，如果你是一个教育工作者，也许自会得出本文开篇所提疑问的答案。即使不是，你也会强烈感受到一个真正教育家的教育胸怀。此书还选收了大量大师们其他方面的论文甚至美文，任何一个读者都可以从中充分领略到大师们多面的风采。

李传玺

2015 年 3 月

目　录

导读

1　科学之精神　社会之自觉
　　——不该被忽视的北大校长蒋梦麟

第一辑　教育要义

11　教育与职业

13　职业界之人才问题为教育界所当注
　　意者

16　过渡时代之思想与教育

25　高等学术为教育学之基础

28　历史教授革新之研究

38　个人之价值与教育之关系

40　和平与教育

48　建设新国家之教育观念

54　个性主义与个人主义

56　今后世界教育之趋势

59　进化社会的人格教育

61　职业教育与自动主义

63　世界大战后吾国教育之注重点

69　杜威之道德教育

75　改变人生的态度

79　何谓新思想

83　社会运动与教育

88　新文化的怒潮

91　托尔斯泰的人生观

96	新旧与调和
99	为什么要教育
101	知识阶级的责任问题
105	儿童心理

第二辑　大学精神

119	北大之精神
121	北京大学新组织
123	我们对于学生的希望
130	北京大学开学演说词
132	北京大学二十三周年纪念日演说词
135	本校全体教职员呈总统文
139	北京大学第二十五年成立纪念日演说词
140	为北大念五周年纪念事致学生干事会书
142	北京大学开学词
144	蔡先生不朽
146	试为蔡先生写一篇简照
148	战后北大方针
151	学潮后青年心理的态度及利导方法
155	北大学生林德扬的自杀
157	这是菌的生长呢还是笋的生长
162	学生自治
	——在北京高等师范演说

第三辑　信札演说

167	致胡适等人书札（十八封）
180	配司泰洛齐生辰凯善西泰奈工业教

育之演说

183 初到北京大学时在学生欢迎会中之
演说

185 什么是教育的出产品
——上海学术讲演之一部分

191 教育思想的根本改革
——在第二师范演讲

195 奥斯朋先生在北大讲演致词及结词

196 临别赠言

197 甲部预科二年级恳亲大会演说词

198 北大化学会成立大会演说词

199 临别赠言

200 哲学系一九二八级友会演说词

第四辑　西潮新潮

203 现代世界中的中国

211 忆孟真

214 西潮(摘录)

导 读

科学之精神　社会之自觉

——不该被忽视的北大校长蒋梦麟

常　河

提及中国高等教育，不能不提及北京大学；提及北京大学，不能不提及中国大学校长"第一人"蔡元培。蔡元培以其人格魅力和"思想自由，兼容并包"的办学理念，为北大的发展奠定了坚实的基础，并引领中国的高等教育在短短数十年中与世界一流国家相媲美。可以说，没有蔡元培就没有后来的北大。

北京大学校史研究专家、北大教授陈平原说："在历史学家笔下，蔡元培的意义被无限夸大，以至于无意中压抑了其他同样功不可没的校长。"陈先生这样说，丝毫没有贬低蔡元培对北大贡献的意思，也无意撼动蔡元培在北大历史上的地位，他的个中之意是指不该因此无视或轻视其他校长，比如执掌北大时间最长的校长蒋梦麟。然而1988年北大90周年校庆时，曾出版过一本《北大校长与中国文化》，希望"以此来纪念北京大学在中国文化史上的特殊地位和贡献"，但其中没有收入蒋梦麟。直到1998年，北大百年校庆时，此书重新修订出版，才加入了有关蒋梦麟的文章。难怪有研究者抱怨："前两年北大校庆，居然很少见到蒋梦麟的名字。"

陈平原为此深表不平："很可惜，在大量有关北大的出版物上，蒋校长的地位相当尴尬……校方组织撰写的校史中，称蒋梦麟为'典型的国民党新官僚'，'在北大是不得人心的'。"

蔡元培自己曾说过："综计我居北京大学校长的名义，十年有半；而实际在校办事，不过五年有半。"蔡校长在职而不在校期间，代为处理行政事务的，经常是蒋梦麟。除了长期担任总务长，蒋梦麟曾三度代行校长职权，以致当时就有人评价："这五六年来的北大校长，与其说是蔡元培，不如说是蒋梦麟。"

我们不妨试想，以蒋梦麟长北大之长，倘若在任上对蔡元培树立的北大办学理念做较大的改动，甚至全盘否定，是否还有北大的辉煌？

1930年12月，蒋梦麟在辞去教育部长职务后，正式出任北大校长，此后直到抗战胜利，15年间，他始终是北大的行政负责人。从1919年到1926年，他曾三度代行校长职权，且长期担任总务长，实际主持校务工作，是蔡元培的得力助手。在此期间，他一方面继续坚定不移地执行"思想自由，兼容并包"的理念，同时，针对这两种著名"精神特点"所产生的"纪律弛，群治弛"两个缺点，致力于"整饬纪律，发展群治，以补本校之不足"。

正是借助蒋梦麟这一办学思路，北大的教学和科研即使在风雨飘摇的战乱年代也有稳步上升，实为一大奇迹。蒋梦麟自己说："从民国十九年到民国二十六年的7年内，我一直把握着北大之舵……一度曾是革命活动和学生运动漩涡的北大，已经逐渐变为学术中心了。"

在某次北大周年纪念时，同为著名教育家的傅斯年在演讲中称："孟邻（蒋梦麟字）先生学问比不上孑民（蔡元培字）先生，办事却比蔡先生高明。"同时他说自己学问比不上胡适，办事却比胡适高明。蒋梦麟听后笑言:"这话对极了。所以他们两位是北大的功臣,我们两个人不过是北大的'功狗'。"

功臣自然值得尊重,但"功狗"绝不该被忽视。事实上,当一个决策出台之后,最重要的就是执行层的执行力和恒久力,这恰恰是蒋梦麟对北大最大的贡献:坚韧、宽容、坚定,既富有理想主义,又具有现实主义的乐观和实在。毫不夸张地说,无论在中国教育史上还是北大历史上,蒋梦麟都是一位居功至伟、不该被忽视和漠视的大师,一位具有担当精神的教育学家。

这位乐意承认为"北大功狗"的校长,最为人津津乐道的是甘于担当和对人才的引进。上任之初,他即叮嘱文、法、理三学院的院长:"辞退旧人,我去做;选聘新人,你们去做……放手做去,向全国挑选教授与研究的人才。"对此,蒋梦麟先生颇为得意地说自己平生做事全凭"三子":以孔子做人,以老子处世,以鬼子办事。所谓鬼子者,洋鬼子也,指以科学务实的精神办事。一直与蒋梦麟过从甚密的胡适由衷地赞扬蒋梦麟是一位"有魄力、有担当"的校长。

北大经费困难时,作为校长的蒋梦麟鼓励众人:"至少也要维持北大的生命,决不让他中断。"北大召开教职员全体大会,议决若政府不兑现拨款,则关门了事,蒋梦麟沉痛发言:"如果主张关门,自无用说;若大家仍要维持,我虽则能力已尽,但是为着本校的维持,我仍旧愿负这责任,虽生死以之可也。"

仅此,蒋梦麟是"'典型的国民党新官僚','在北大是不得人心的'"的说法就是毫无根据且不值一驳的。

1886年,蒋梦麟出生在浙江余姚蒋村一个小康之家。自幼在旧式家塾中启蒙,11岁时被父亲送到离村约40里的绍兴府,进中西学堂。在这里,他知道了地球是圆的,而不是平的;雷不是雷神击鼓所生,而是"阴电和阳电撞击的结果"。也是在这里,他遇到了对他一生有重要影响的蔡元培。蒋梦麟入学第二年的秋天，蔡元培辞去翰林院编修的官职，回到故乡绍兴，应知府之邀出任中西学堂监督。20多年后，蔡元培因五四运动而辞去北大校长之职南下。骑虎难下之际，蔡元培采纳其同乡，时任北京医专校长的汤尔和的建议，让早年的学生蒋梦麟先返京代其掌校。

蒋梦麟于1908年自费去美国，先后在加州大学和哥伦比亚大学求学，主修教育，最后获得博士学位。在哥大期间，他结识了考取庚款赴美求学的胡适，他们都师从美国著名的哲学家、教育学家杜威。此后，两人私交甚笃，在后来蒋梦麟主政北大期间，胡适一直是他的重要合作者。

在美国留学的9年里，蒋梦麟深刻体会到"对本国文化的了解愈深，对西方文化的了解愈易"。这种思想直接影响到他日后在北大的学科布局。上世纪20年代，他代理北大校务，十分重视中西结合、文理贯通。要求入外文系者须有国文功底；入国文系者需有外文成绩。把《科学概论》作为所有文学院一年级学生的必修课，理科各系则把国文作为一年级学生的必修课。

1927年，蒋梦麟先任浙江临时政治会议委员兼秘书长，后改任浙江大学校长。1928年，他接替蔡元培出任国民政府大学院院长，同年，大学院改为教育部，蒋梦麟也就成了中华民国第一任教育部长。

蒋梦麟素来重视教育之普及，很早就提出要随时随地推行义务教育以促进社会之进化；随时随地扩充职业教育、补习教育以增加经济之能率；推行大学及专门教育，以养成社会进化增加经济能力的领袖人物。根据这些原则，蒋梦麟当然格外重视高等教育的发展与普及，总是期待更多的年轻人有深造的机会。

1911年之前，中国人自办的大学只有四所，1916年全国专科以上的学校86所。为了鼓励国人重视教育，1922年颁布的新学制规定单设一科的学校也可称为某科大学,于是引起专门学校的"升格运动"。此后,国立大学迅速增加,私立大学也大幅度地扩容。这些学校的设立,对于缓解青年学生的升学压力固然有好处,然而由于大学增幅太快,合格教师不多,教育质量低下,设备简陋,内部管理混乱,良莠不齐,一些大学甚至成了不良者谋财的工具。

蒋梦麟在教育部长任内最值得称道的一件事情就是制定并颁布了《大学组织法》,取消单科大学的设置,规定大学分文、理、法、教育、农、工、商、医八大学院,凡具备三个以上学院者,始得称大学。不合这些条件者,为独立学院。对于那些无良的私立大学,蒋梦麟也以铁腕手段加以整顿,或取缔,或警告。于是从根本上遏制住滥设大学及以教育谋取不义之财的现象。这些措施,基本对乱象林立的大学进行了优化和梳理。

在蒋梦麟看来,所谓现代教育,就是自19世纪科学发达以来,以科学为基础、为内容的教育,故而离开科学就不能言教育;同时,现代教育的关键在于如何培养学生对社会的认知与责任心,故而离开社会则不能言教育,舍弃个人则更不能言教育。盖个人为教育之体,社会为教育之用,两者兼则教育之体用备。那么怎样才能达到体用兼备的目的呢?蒋梦麟认为关键之点就是要培养"科学之精神"、"社会之自觉"的社会共识。由此,蒋梦麟强调所谓现代教育的真谛只有两个:(一)要将所有的学生培养成活泼的个人,而不应该使他成为一个曲背近视的人,要享受学习过程的快乐而不是将接受教育视为一种被动的痛苦过程;(二)要将学生培养成能独立思考、改良社会的人,而不是将学生改造成仅仅适应社会的顺民。人人谋社会之改良,社会才能进步,人类才能发展。蒋梦麟又将这两点概括为"能思"和"能行"。所谓能思,就是要养成清楚的头脑,并由肝胆说出其思想,不可照抄别人的成语,更不可唯唯诺诺地随人之后讲胡话;所谓能行,就是做事要有担当,把肩膀直起来,万斤肩仔我来当。夫如是,始能增进文化,生出新思想。

有专家分析,民国大学校长基本沿袭的是西方的大学理念,大致可分为三种:辅仁大学校长陈垣、燕京大学校长司徒雷登走的是英国大学的路线,注重大学人格的培养和绅士精神的养成;北京大学校长蔡元培似乎更倾向于把大学定位为研究高深学问的机构,是在德国大学路线基础上的"中体西用";清华大学的梅贻琦、南开大学的张伯苓更愿意将大学定位为研究学问和培养社会急需人才的基地,借用的是美国大学的套路。

蒋梦麟是在美国留学并潜移默化地接受了美国大学的教义,但这绝不意味着他和蔡元培在管理、创造、养成大学气质上的分歧。事实上,在执掌北大后,蒋梦麟"蔡规蒋随",一方面尽可能继承蔡元培时代的办学思路,最大化地保留北大养成的气质,同时,又对原有的体制做了调整。比如,把学术和事务划分开来,强调层层分工、各司其职,校长的权限有所增强。

"教授治校"是蔡元培的主张,而蒋梦麟明确提出"教授治学,学生求学,职员治事,校长治校"的方针。这可谓蒋梦麟在北大期间一以贯之的指导思想。校务会议为学校最高权力机关。针对教授兼职过多的现象,他实行教授专任制度,提高专任教授待遇,规定在他校兼课者薪金较专任者少,兼课时数较多者,则改为讲师。同时改变过去教授第二年续聘后无任期限制的办法,规定新教授初聘订约一年,续聘订约两年。

从"教授治校"到"校长治校",再加上辞旧聘新,打破终身教授,蒋梦麟被一些北大教授批评为"门户之见",甚至"独裁"。这也成为蒋梦麟日后被诟病攻讦的把柄。

中国社科院研究员马勇认为:"蒋梦麟重掌北大,确实是把校长的权力用得淋漓尽致,但他受过西方民主训练,骨子里有民主意识。正是这原因,虽然是校长治校,但没有走向校长独裁,他建立的是一个有效率的行政体制。"

教授不再治校,会有更多精力投注于科研和教学,教授的地位并不因此而降低。在很多人的记忆中,20世纪30年代北大教授依旧受校方极高礼遇。钱穆回忆道:"在北大任教,有与燕京一特异之点。各学系有一休息室,系主任即在此办公。一助教常驻室中。系中各教师,上堂前后,得在此休息。初到,即有一校役捧上热毛巾擦脸,又泡热茶一杯。上堂时,有人持粉笔盒送上讲堂。退课后,热毛巾热茶依旧,使人有中国传统导师之感。"

马勇在研究了北大的历史后发现,"蒋梦麟来了之后,经过一年多的调整,新北大的气象就出来了,建了新图书馆、新宿舍"。结果,"这七年之中,蒋和他的团队把握着北大的航向,为后来的西南联大,为后来的北大辉煌,奠定了非常重要的基础"。

那么,蒋梦麟的教育思想到底是什么?

蒋梦麟在教育上的主张,归纳起来,主要有以下四个基本方面:本位主义,即要培养活泼的个人,强调发展学生的个性、兴趣和特长,以形成其自主自动的能力、完善的道德和人格;平民主义,即要培养能改良社会的个人,倡导平民主义,主张加强公民训练以养成平民政治之精神;实用主义,即职业教育,主张以高等专业教育培养工业社会的领袖,以职业教育造就工业社会的良匠,增强其经济之能力;科学主义,即主张义务教育,以此来培植科学的精神,掌握准确的知识,养成精确的思维。蒋梦麟的这些教育主张,体现了他的教育哲学思想,至今看来仍然具有一定的科学性、合理性和较强的现实针对性,仍然不失其科学价值和积极意义。

蒋梦麟在《个性主义与个人主义》一文中指出,个人主义是"使个人享自由平等之机会,而不为政府社会家庭所抑制是也"。他不赞成极端的个人主义,却倡导"个性主义",而这与他拥有土"秀才"和洋"博士"两项大异其趣的头衔有关,与他深谙中国传统文化和欧美现代文明有关。由此出发,他构建了颇具特色的个性教育的理论大厦。蒋梦麟强调在教育中应着力于学生的主体地位、批判精神、创新精神、实践能力和学生的全面发展,这正是素质教育主体性和全面性的体现。

从学生个人出发,蒋梦麟致力于培养健全发展的个人。他倡导的是"素质中心"教育价值观,突出学生的主体地位,致力于学生的全面发展。这种教育价值观既是对蔡元培"军国民教育、实利主义教育、公民道德教育和美育的'平均发展'"的继承,又是在其基础上的发展。正因为他持"个人中心"的教育价值取向,所以他在主体性教育上比同时代的教育家稍逊一筹;正因为他重"经济中心"的教育价值取向,所以他比同时代的教育家更讲生产讲服务;正因为他自幼身体屡弱,所以他在体育上的呼声比我国其他教育家更强烈,其措施也更详备。

本书收录的文章,大体可以分为四类:一是蒋梦麟关于教育的阐述,二是他对大学的理解和执掌北大时的言论,三是他与他人之间的通信和公开演讲。这三个部分基本能够显现蒋梦麟的教育、哲学、文艺思想,让后来的研究者直观地"听其言,观其行",以期还先生一个公允、公平、公道。第四类是他在《西潮》和《新潮》中的摘录,尤其是《西潮》,不仅作为个人回忆而存在,更多的是一个人在时代中的见证,其中涉及大量的人和事,涉及当下日渐消失的乡村生活,让我们从中看到一个跋涉者的身影,也窥视到一颗强大的心的养成和大师的成长。在编者看来,这是研究蒋梦麟的一个重要通道,通过《西潮》和《新潮》中对往事不加粉饰的诉说、对人和事的回忆,我们或许可以从中找出"钱学森之问"的一些答案——正是在这些亲切朴实的诉说中,思想开始透露出光芒。

第一辑　教具制作

教育与职业

教育，一方法也，以此方法而解决国家、社会、个人、职业种种之问题者也。教育而不能解决问题，则是教育之失败也。故必先有问题而后有教育，无问题而言教育，则凿空而已矣，幻想而已矣。国家有问题，故有国家教育。社会有问题，故有社会教育。个人有问题，故有个人教育。职业有问题，故有职业教育。

教育为方法，国家为问题，则曰国家教育。教育为方法，社会、个人为问题，则曰社会教育，曰个人教育。教育为方法，职业为问题，则曰职业教育。

故职业教育无他，提出职业上种种问题，而以教育为解决之方法而已。非谓职业之外无教育也，亦非谓倡职业教育而推翻他种教育也，第以他种教育有研究之机关，而职业教育独阙如，同人等忧之，故设机关而研究焉。

职业之界说　职业英字曰 vocation，言操一技之长而藉以求适当之生活也。例如制鞋，技也，以制鞋而求生活，则此制鞋即职业也。制机器，技也，以制机器而求生活，则此制机器即职业也。植果木，技也，以植果木而求生活，则此植果木即职业也。能簿记，技也，以簿记而求生活，则此簿记即职业也。洗衣，技也，以洗衣而求生活，则此洗衣即职业也。制机器，工之一也，聚类此者而概言之曰工业。植果木，农之一也，聚类此者而概言之曰农业。簿记，商之一也，聚类此者而概言之曰商业。洗衣，家政之一也，聚类此者而概言之曰家政。农、工、商、家政四者，职业中之四大类，欧美各国所公认者也（按法国尚有航业一类）。凡职业中所发生种种问题，不外乎此四大类，故言职业教育有

（一）农业教育、（二）工业教育、（三）商业教育、（四）家政教育之分。

高等专门与职业　凡卒业于大学而得一技之长，藉以求适当之生活者，曰高等专门，英文曰 profession，本也职业之一部分，然近今所谓职业教育者，中等程度以下为限，大学不与焉。

学校与职业　学校为推行教育之机关，故即为间接解决国家、社会、个人、职业及种种问题之机关。学校非专为职业而设，举学校而尽讲职业教育，则偏矣。职业教育为二十世纪工业社会之一大问题，吾国青年之立身，国家之致富，多是赖焉。举学校而尽排除职业教育，则偏矣。吾辈今日所欲研究之问题，非谓因提倡职业教育，将取文化教育（Cultural Education）而代之也，不过以文化教育有不能解决之问题，提倡职业教育，希有解决之耳。若社会无职业之必要，青年受文化教育而即有谋生之能力，则所谓职业教育者，特赘旒耳，又何提倡之足云。

学校，一中心点也。社会所呈之种种问题，环而拱之，咸欲入其门墙以求解决之方。为彼学校者，处今日复杂之社会，面种种不解之问题，其困难之状况，概可想见。然不能以学校已处困难之地位，而置重要问题于不顾。中华职业教育社之倡设，将以合群众之力，而助学校解决一重要之问题耳。

文化教育与职业教育　今之重文化教育者曰，文化教育，立国做人之基础也。斯言也，同人也绝对赞成之，何也？盖文化者，所以增人生之价值，促人类之进步，人种之文野，胥由是同别焉。然以今日社会之状况而论，受四年初等小学教育后，能入高等小学者有几人乎？高等小学卒业后，能入中学者有几人乎？中学卒业后，能入大学者，又有几人乎？夫由初小、由高小、由中学而直达大学卒业之学生，其大多数固能养成高等专门之学（Profession），然其余不能由下级而达上级者，皆无一技之长，以谋独立之生计，此种学生，听其自然乎？抑将设法以补救之乎？如曰听其自然，则学校者徒为社会养成高等之游民耳，抑何贵乎教育？如曰补救之，舍职业教育其奚出耶？

原刊于《教育与职业》第 1 期（1917 年 10 月）

职业界之人才问题为教育界所当注意者

余尝与商界实业界诸君谈,有一问题为通常所公认者,此问题惟何? 曰:将何以得适当之人才乎? 某君告余曰:"人很多,大家荐来的人,不知多少,但都用不来的。到了要用人时,反找不到适当的人,真是没法想。"又一某君曰:"托我找事的人很多,托我找人的也不少。但托我找事的多不合用,托我找人的我也找不到适当的人。"又一某君曰:"我学铁路工程的,要寻位置,寻来寻去没有。于是要想去教英文,也寻不到一个英文教员的位置。"三君之言,非个人之私言也,实为现在职业界之三通例耳。第一通例为实业界位置虽不多,而欲求适当之人不易。第二通例为社会求事之人多,而适当之人少。第三通例为求事之人得不到适当的位置。

(一)第一通例为有求而无适当之供 此其原因有三:一为无适当之预备。盖实业界所发生之新事业,一般子弟素无预备,如新事业需灵活之子弟,吾国之教育则重循规蹈矩。新事业需思力,吾国教育则重记忆。新事业需适应力,吾国教育则重胶固之格式。新事业需技能,吾国教育则重纸上谈兵。教育与实践生活相背驰,故曰无适当之预备。二为乏介绍机关。求人者与求事者无沟通之机关,则求人者终不得相当之人,求事者终不能得相当之事。三为现在公司行家组织不完。组织不完,则各部分不联贯,事务不统一,而事乏适当之人,人亦不安于所事矣。

施行教育,而使儿童得适当之预备,职业学校事也。设介绍机关,而使求人与求事者通声气,职业学校所当兼行者也。至于公司行家组织不完,在职业界之自出心力而改良之,非职业学校能力所能及。

（二）第二通例为所供非所求　此第一通例之反面观。其原因为教育不应时势之需要，而向日之书本教育，不足以应用，此其与第一通例之一二两原因同也。补救之道，惟施适当之职业教育而已。

（三）第三通例为供多求少　此实为吾国生计贫窒之一大原因。推原供多求少之故，则社会事业不发达一语尽之矣。社会事业何以不发达乎？其原因甚为复杂，非一人之学力所得究其全而道其详。欧化东渐，国民之旧习惯不足应新需要，故一切社会上种种组织，如将倾之广厦，而遇飓风，昔日之堂奥，今日为瓦屑积聚之场矣。言其基础，则有人生观及文明问题。言其结构，则有政治、社会、教育诸问题。故以远而言之，人生观与文明之基础当改变。以近而言之，则政治必求其稳固，高等与普通教育必求其推广，文通必求其发达。凡关于此种种问题一日不解决，则社会事业一日不发达，而生计之贫窒必如故。职业教育有一定之界限，非若百病消散丸，无往而不利也。故凡因此种基本问题不解决而酿成之社会现象，职业教育不能为力。若诸君以此而责职业教育，则同人谨谢不敏。

职业教育所能解决之问题　关于第三通例之问题，非职业教育所能代谋解决。前已言之矣。其所能解决者，惟关于第一第二两通例而已。即使有求而有适当之供，所供为所求者是，今之泛言职业教育者，欲以第一通例绳职业教育，是将欲以此而增加社会之要求，不可能也。职业教育之正当之希望，惟造成适当之供而已。本社（指中华职业教育社，蒋梦麟是发起人之一——编者注）宣言书中，注重调查，调查者何？察社会之要求耳，察其要求者为何，然后养成适当之人才以供之。故职业教育之主题，为察职业界已有之位置，养成适当之人才以充之耳。若职业界无某某位置，则职业教育不能越俎代谋，强为之增设也。

要点一览

（一）职业界位置虽不多，而欲求适当之人不易，有求而无适当之供

原因

（甲）无适当之预备

（乙）无介绍机关

（丙）组织未完备，人才配置不当

补救之方法

（甲）适当之职业教育

（乙）设介绍机关

（丙）公司之改组

（二）社会求事之人多，而适当之人少，所供非所求（第一条之反面观）

原因

（甲）无适当之教育

补救之方法

（甲）适当之职业教育

（三）求事之人多，得不到适当的位置，供多求少

原因

（甲）社会事业不发达

（a）文明基本问题的　（b）人生观的　（c）政治的　（d）社会的（e）教育的

补救之方法

（甲）文明之基本改革

（乙）人生观之改变

（丙）政治的稳固

（丁）高等专门教育之推广

（戊）交通实业之发达

以上五条为职业教育以外之问题，非职业教育能力之所及。

原刊于《教育与职业》第 2 期（1917 年 12 月）

过渡时代之思想与教育

思想一生物也，进行无时或息。世界文明，缘此不绝之轨线，逐渐进步，非可躐等而至也。吾辈读史，有时见万事停滞，人类之进步，似永无希望，有时见万象顿新，人类完满之幸福，似可一日而及。以欧史而论，中古时代，绵绵长夜，亘逾千年。黑暗世界，生机几乎尽歼。此千载中，思想界领袖，咸困于咀嚼文字之蛛网，而绝无发明新理之能力。迨文运复兴时代(The Renaissance)，曙光乍放，思想维新，其势力渐推渐广，历改革时代(The Reformation)，而达十八世纪，酝酿既久，遂成法兰西之大革命。旧时一切之政治学术思想，几一扫而空，史家称之曰光明时代(The Enlightenment)。当时人民，以为一切革新，不日成功，洎乎十九世纪，始由革命观念而入历史观念。至今日则为科学精神之时代(The Age of Scientific Spirit)，一切政治学术思想，无不贯之以科学，故二十世纪为科学时代。读史者往往以中古世为一鸿沟，后此为旧，前此为新，后此为古，前此为今，实则非也。古今之过渡，其由来渐，非骤跻也。中古世非绝无生气，不过其进行甚迂缓耳。以其迂缓，故人不易见。

人类之历史为接续的发展，绵绵延延，无时或绝，但有隐而难见、显而易见二者之别而已。过渡时代，人以全力思所以排除旧习，启发新猷，摈弃旧器，制造新械。初则旧习固而难破，既则旧基础动摇，而新者不足以继之。全国思潮，纷乱错杂，流连彷徨，民不知何所适从。此种彰明较著之征象，固显而易见者也。

今请以欧史中之过渡时代，约略言之；并察其教育思潮之如何，与中国现在之情形比较论之，于吾国教育之进行，不无裨益。吾国近二十年来，经过种种变更，欧化横来，文明之基础动摇。其变故之大，兼希腊中古与十八世纪三大时代而共之。且今日之欧战，复推其波而助其澜。故国民思想之错杂，人心之惶惑，虽国中学界巨子，亦觉目眩神昏，不知向何方而进行。是以近年来国民扰攘不已，智者怀宝而善身，狠者持刀以行劫，士子窃言，腐儒盗德，政纲既改，武夫乘机。吾辈处此过渡时代，当操何术导此飘荡之舟而登彼岸乎？识往事而知来者，吾不得不借鉴于历史。

先言纪元前五世纪之希腊。当是时也，希腊社会中有数种之新势力澎湃而生。其最要者，为政治之基本改革。当纪元前六世纪时，旧时之贵族宪法，蜕变而为民权宪法；官职之为市民所选举者已不少；议会得放逐不法之官吏；市民之政权日增；故必须受一种相当之训练，然而旧教育则无此训练，以应新生活之要求。

希腊与波斯之战，藉雅典之力，得奏凯旋，故雅典为希腊诸国之盟主。商务日盛，新思想因之而输入，使臣往还，旅行者亦纷至沓来，雅典遂成一新思想酿造之场。于是一种新哲学家起，倡"以个人眼光判断是非"之学说，雅典人之游历各国者亦日众。故其国民所抱之观念日广，各种新思想均受欢迎。新思想来，则旧思想不免受其打击，而减杀其固有之势力，或被屏弃，或受影响而革新，雅典遂大变其往日之眉目，自一孤寂之小城，一跃而为世界之孔道，成新知识交换之场矣……

雅典受政治、社会、经济诸变迁后，希腊社会之基础为之动摇，人民之新生活因是而起。此可与中国现时情形作平行之比较。中国自采取共和政体以来，政治之基础大变，握政权之皇帝既去，代之以人民所选举之国会，因此骤生一班所谓新政客者。民国元年两年之际，各都会法政学校之设立，如春园之笋，遍地皆是，盖一般青年，羡政治之荣誉，欲藉此为进身之阶也。

中国天产丰富，久为欧人所垂涎。数十年来中国之外交史，不外为西人争夺利权之舞台而已。外国辟户而来，欲开我宝藏；我以能力所及，则拒之；不及，则敷衍之；能力既不足，敷衍又不成，则让权利土地以畀之，以求旦夕之安。吾国人初则以为西人之强在枪炮，故设兵厂，立海军，以冀抵御外侮。甲午之役，海军尽歼；于是知国弱之原，在于政纲不振。戊戌政变，为改革庶政也。庚子拳祸，肇自顽固之朝臣。中国受此大打击后，国几不立。于是爱国志士，奔走号呼。政治革命之潮流，遂奔腾而不可遏矣。

民国成立以来，迭经政变。以武力定是非而是非不明，政争更不可遏。近年以来，国民渐知社会不良，政治恐难有改良之日。社会事业之思想，渐渐起矣。

因通商外交而输入新思想，因新思想而激动政变，经济及社会亦随之而变，而家庭，而道德，而美术，而人民之生活，均受基本的打击而动摇，此之所以谓过渡时代欤。

以种种之变迁而论，中国近年之情形，与希腊纪元前五世纪甚相似也，希腊政治经济社会之变迁，前已言之矣。今请言其文学与道德之变迁。纪元前五世纪之前半，希腊之文学注重悲剧；演之于戏曲，则多涉道德、社会、宗教诸问题。此悲剧之基础，为义与利之冲突（即道德上之义务与个人之好尚相冲突）；以国家之义务为上，个人之好尚为不足轻重（与中国旧剧之以忠孝为本相似）。逮至此世纪后半，其戏剧以个人之好尚为重，诙谐之剧起矣。

诙谐戏剧以指摘家庭社会种种怪状为问题。如因家庭之不睦而作嘲笑之语。或取男女之关系，或取政治之腐败，或取教育之荒谬，造作喜剧。以社会所有之实情为原料，或褒旧贬新，或反之。惟以有趣味为目的，旧时宗教的意味，乃大失其势力。

中国之变迁，与希腊多不谋而合。试观吾国之旧剧本，除小戏为士君子所不谈者外，何一非以忠孝节义为本？或以忠孝而褒之，或以不忠不孝而贬之，其用意同也，皆所以为移风化俗之具者也。个人之生命可牺牲，而忠孝节义之大道，不可移易；一般社会心理，信仰之如宗教。凡为殉忠孝节义而死者，哀其所受之痛苦，而敬其气节，崇拜其神灵。近来之新剧则不然，不以忠孝节义为本，而以指摘家庭政府学校社会种种怪状为问题，与纪元前五世纪希腊同也。

希腊纪元前五世纪时，非惟于喜剧为然，即道德与宗教，亦受同样之变迁。希腊道德之原，半出于神话，相传既久，以神权为道德之基础。此种多神宗教，对于国家家庭，多所维持。个人以效忠国家家庭为神圣之义务，崇勤俭，斥奢侈，襃公德而贬个人权利之争。逮乎五世纪(纪元前)神话之势力顿薄，神权道德之信仰大减。旧时道德之基础，堕落无余；然而新道德(以思考为基础之道德)之势力，未能普及于国民，以为旧道德之替代。故绝端怀疑派与无思考力之守旧派，大起冲突。全国扰攘，莫知其极。由怀疑而重自由，自由过而至于淫逸放恣。讲新道德者，将旧时道德之基础，尽行毁弃。于是昔时礼让威仪急公好义之品格，一变而为漂薄浮躁急私忘公之性情。社会势力，大都以旧时道德观念为无可取，甚至以不道德之行为为足多者。盖其多合乎时尚之所谓思考也。

论以上所述之情形，则诡辩学说(Sophism)之出现，亦理之所必然。诡辩学说之主张曰："具有断定是非之能力者惟人而已。"换言之，即"人为事事物物之权衡也"("Man was the measure of all things")。时人视诡辩学家，为传布不道德之教训者。然以其学派而论，实无所谓不道德。盖彼派实无其全体一致之主张。其所同抱之宗旨，不过曰，心无一定不变之观念，行为无一定不变之标准，"惟人也者，为事事物物之权衡耳"。盖此对个人而言也。希腊个性主义萌芽已久，个人于道德上及教育上，渐占重要地位，至此而大放光明，为纯粹之个人主义矣。

中国自与西洋文明接触以来，旧道德之势力渐减(我国之旧道德，以家属为基础)，工商业日兴，交通日便，而家庭之势力日薄，个人主义遂渐渐露其面目。势将愈趋愈甚，非数辈旧道德家所得而抑制之，亦非数册旧道德书所得而防止之。新思想来，旧日之道德信仰，必为所打击而失其势力，亦理所必然。希腊如是，吾国亦如是。旧基础动摇，挽救之道无他，筑一新基础以代之而已。此希腊哲学家所藉以解决当时之问题者。

当时希腊大哲学家，如苏格拉底者，即筑此新基础之一人也。希腊之教育亦然。当时一般教育思想，以个性为人生价值之基础。凡往日之教育宗旨,以政治社会家庭等所要求为人生之价值者,则尽为所摈弃。故当时所需要者,为一以个人为本位之人生观,并一己对于他人之道德关系(此为西洋人生哲学之基础,读者不可不注意之)。而应其需要,倡此学说之人,即苏格拉底也。

苏格拉底以诡辩派"人为事事物物之权衡"之学说为起点,更进一层而言曰:人既为事事物物之权衡,则人之第一责任为识其自己。于是以"识己"为一生之功夫,专心致志,持躬反省。苏氏遂开希腊思想界之生面。其言曰:在个人自觉之中,与夫人之德性之内,道德之标准存焉。此标准即人生之目的,教育之宗旨也。以社会遗传之习惯为道德之标准,希腊之旧道德也,在此过渡时代,已失其势力。以自觉之中,德性之内,而立道德之标准,希腊之新道德也。苏格拉底倡之,以解决希腊之道德问题。

吾国之旧道德,为遗传之习惯道德。今其势力日益衰微,人人知之。建筑新基,于苏格拉底之言,其亦足有采取者乎?吾国今日个人主义之趋势,吾辈固不得不承认之。而其问题,不在消灭个人,而在斟酌个人与个人之关系也。换言之,此问题为个人之发展及个人与社会之调和也(按吾国陆王派之道德,为个人主义之道德。陆象山曰:"天之所以与我者至大至刚,问尔还要做堂堂的一个人么?"此至大至刚者即为心,故心为判断是非之主。阳明曰:"证诸吾心而是也,虽其言之出于愚夫愚妇者吾是之;证诸吾心而非也,虽其言之出于周公孔子者,吾不敢以为是,况其言之非出于周公孔子者乎!"阳明名此光明正大之心曰良知,为判断是非之主宰)。

欧洲自中古过渡至近世,为欧史中过渡时代之最广大者。以时而论,则自文运复兴时代至十七世纪之末,为时三百年;以地而论,则南自意大利,北至瑞典挪威与英伦,为欧西之全部;以人类之思想而论,则哲学、科学、文学、美术、宗教、神学、法学、政治,无一不受根本上之改革。欧西思潮,受完全之变迁,而脱离遗传习俗之羁绊。一言以蔽之,此数百年内,中古主义死,近世精神生。此近世精神惟何?曰:以思考为基础,为不拘泥的研究;以世界为乐土,用全力开辟天产,供人生之需要;求人心与物质中所蕴藏之天然律,以为制天之具。教育兴而中古之黑暗去;与亚洲通商而新知识新商品来;美术兴而人民得灿烂华丽之娱乐;各种科学制造之发明起,新学之进步更速,中古主义之潜力亦因之而大减;寻获新地,放大人民之眼光。此种种之新猷,近世与中古世遂判若鸿沟矣。

虽然,时代之过渡,必不能于俄顷之间,与旧习惯骤相隔绝。无论思想如何新奇,宗旨如何激烈,新精神如何活泼,终不能与往时之思想完全断绝关系。自罗及培根(Roger Bacon)至葛必楼(Kepler)、加利利亚(Galileo),更进而至牛顿(Newton),斯诸子者,虽自称排去旧习,代以新理,而其学说中仍含古时之凿空思想,新旧混杂。近人读其书,未有不怪彼新学者,何多为旧思想所环绕而不能脱也。

中国近二十年来之变动,多类似欧西。论其时,不过二十年;论其地,则南自滇粤,北至满蒙,无不受其影响;论其思想,则哲学、科学、文学、美术、宗教、法学、政治,无不受根本上之动摇;全国思潮,受完全之变迁,势将脱离遗传习俗之羁绊。余敢曰:此二十年内,旧主义奄奄待毙,近世精神已蒸蒸日上。非数辈顽固学者得而摧折矣。此精神惟何?曰:欧西所有之思想,或已澎湃而不可息,或已成雏形而晨夕滋长矣。

十八世纪,欧西称为"光明时代"者也。其最彰明较著者,为"法国之大光明"(即法国大革命时 French Illumination)。其消极思想之趋势,固得而言之。其在政治也,曰推翻专制;其在文学也,倡言扫除人民之苦痛;其在宗教也,曰诛杀恶僧。苟无假善名行绝恶之徒杂其中,则法国革命党徒之行为,得代表法兰西之完美精神。此精神惟何?曰:民赫斯怒,振臂一呼,推翻腐败之贵族、顽固之政府、龌龊之教堂,而造成光华灿烂之法兰西。

吾国于改革以前之十年中,"法国大光明"时代之思想,充塞青年之脑海。卢梭(Rousseau)之《民约论》传入中国,"自由"、"平等"、"天赋人权"等名词,成为口头禅。无论知与不知,莫不喜言之,以为如尽将旧时种种机关扫除,则中国便成极乐土。此所以武汉起义,全国响应，不数月而产出中华民国也。

教育思想，必与其所处时代之思想相共进行。当法国革命时代，"顺天然"主义为时代之思想。以之言政治，则持民约论；以之言学术，则重科学；以之言人生观，则重"自由"，重"天赋人权"；以之言教育，则重自然教育。卢梭曰："天生成的都好，人造的都不好。"故其教育主义，主张儿童自然之发达。中国当倡言"自由"、"平等"、"天赋人权"之时，学校之主持人，大都与此等精神居反对地位，故酿成罢学之风潮。后之政治革命，实于此已兆实行之端矣。

过渡时代，以消极思想为标帜。一般思想之趋势，大都属于破坏的。人民厌旧喜新，对于旧时道德，多抱怀疑。希腊之诡辩学者（Sophists），十八世纪之思想家，可为消极学派之代表。吾国近年来新思想家，亦多在此列也。

中国自有史以来，变迁之速，未有甚于今日者。以短促之时间，千奇万变之经验，相与并来。社会基础，因之动摇。时代不仁，横肆要求。大势所趋势，无可为力。嗟夫！我国人，其将何术以使中国与世界之时势相调和乎？

欧化横来，思想错杂，学术衰微，民智昏蒙，尊孔复辟，欧化共和，吾民其知之否乎？此就政治言也。若就社会言，家族主义渐破，个人主义日益萌芽，习惯之道德渐衰，个人之道德尚无标准，怒潮汹涌，荡舟其中，回望故乡，已出视线，前望彼岸，杳无所见。中国之前途，其谁知之？其谁知之？

虽然，中国之前途固无人能言之，吾辈凿空悬想，推测将来，其谁能禁之？然后事之结果，或将与今日所悬揣者大相径庭。"础润而雨，月晕而风"，简单粗劣之比喻，不足为推测国家文明前途之具。现今科学世界，不容预言家置喙。预言家饱食终日，空谈将来，科学家则不然，终日勤劳，无时或息，广求精确之事实，以为研究之基础，以归纳之方法，使事实与真理相证明，为之虽不易，舍之实无他道。

中国旧时各社会机关，如家庭国家职业等，衰落败坏，为势之所必然者；若欲恢复旧日状况，势必不能，旧日已逝，不能复返，欲登正道，惟有积极前进而已。社会种种征象,由来已久,非一日所可扫除;吾辈惟积极进行,以能力所及者为之。证诸史乘,过渡时代之告终,必赖有积极思想。希腊过渡之代表,为诡辩学派,消极者也。苏格拉底,代表积极思想者也。苏氏学派出,希腊自过渡时代而达积极时代矣。欧西十八世纪,过渡时代也。如卢梭,如伏尔泰(Voltaire,法国哲学家),代表消极思想者也。十九世纪之诸大学者,如康德(Kant,德国大哲学家),如孔德(Comte,法国哲学家),如达尔文(Darwin,英国哲学家),如斯宾塞(Spencer,英国哲学家),代表积极思想者也。由是言之,中国如有积极思想之大学者,而后得自过渡时代而达积极时代。旧昔已去,而欲挽之,愚也。不从积极建设着想,而徒事消极破坏,不过为过渡时代之产出物,为过渡时代之代表而已。

吾人之泥古,几若第二天性。故与其弥补破烂之旧物,孰若消极而攻击之?然而消极攻击,不若积极建设之为愈。积极建设之道将奈何?厥有五种:

(一)定标准　标准不定,前后参差,民无所适从。有积极之标准,然后能将新思想传布国中;否则千言万语,人不知其用意之所在。昔孟子曰仁义,朱子曰穷理,陆子曰明心见性,阳明子曰良知,皆为便于传道而立之标准,提纲挈领,便学者之易于适从也。

(二)定中心问题　一时之内,虽万事纷纭,实则必有一中心点在。此中心问题为万流归源之所。孔子曰:"为政以德,譬如北辰,居其所而众星拱之。"是孔子以德为政之中心问题也。中心问题一定,则民得合群心而趋向之,犹众星之拱北辰也。

(三)新陈交换　凡破坏一旧思想,必求一新思想以代之。如我国旧有之家族道德既被摧折,必立个人道德以代之。

(四)适应社会生活之需要　凡思想或道德之所以为社会所信仰者,必适应社会之需要。旧思想旧道德之所以失其势力者,以不合时势也。若新思想新道德于社会之需要无关,必不能生存也。

(五)方法　除旧启新之最要者为方法。良法美意,往往因方法不善而难于推行。孔子曰:"工欲善其事,必先利其器。"孟子曰:"离娄之明,公输子之巧,不以规矩,不能成方圆。"善哉言乎!

中国与世界交通后,必不能不应世界之潮流而图进化,故欲言内部思想之改革,当先察世界之大势。而欧美近世文化中荦荦大者,厥有二端:

(一)科学之精神　近世西洋学术,莫不具科学之精神。科学之精神云者,好求事实,使之证明真理是也。凡凿空臆度之学说而自以为真理者,与科学精神相反对者也。

(二)社会之自觉　西洋之文明,根乎希腊之个性主义。个性主义云者,发展个人固有之能力,不使为外界所压迫,养成一活泼强健灵敏之个人是也。西洋修身之基础在乎此。结合多数之个人而成社会,故社会之兴衰,个人之幸福系之。人人对于社会有自觉心,即社会之分子,自觉对于社会负责任是也,此即所谓社会之自觉心也。

如何得以养成上述两种之精神乎?厥有五端:

(一)科学发达,使人力得制天力。(二)进化(即天演)学说,使人知发展生长有天然律存。(三)历史精神,使人知文明之进化为接续的,徒事去旧不足以启新也。(四)审问生理,使人尽其心力而求真理,不为无思考的信仰所羁绊。(五)民权主义之发达,使人知万事之本位为自然人,不以职位财力而定人之价值。

中国如欲出此过渡时代,当于上列诸点加之意焉。中国之教育,当与近世之精神相谋而并进。泥古之教育,为过渡时代以前之教育,不可行矣。消极破坏之教育,而无积极之进行者,为过渡时代之教育,可暂而不可久。若为今日之教育图长久计,当取中国之国粹,调和世界近世之精神,定标准,立问题,通新陈交换之理,察社会要需,采适当之方法以推行之。

原刊于《教育杂志》第 10 卷第 2 期(1918 年 2 月)

高等学术为教育学之基础

自十九世纪科学发达以来，西洋学术，莫不以科学方法为基础；即形而上学，亦以此为利器。至今日一切学问，不能与科学脱离关系；教育学亦然。故今日之教育，科学的教育也。舍科学的方法而言教育，是凿空也，是幻想也。幻想凿空，不得谓二十世纪之学术。

二十世纪之学术，既为科学的，然科学厥有二种：曰纯粹科学，曰实践科学，或曰应用科学。纯粹科学，独立而不依，不藉他科学为基础，如物理、化学、算学是。实践科学，又曰复杂科学，不能离他科学而独立，如工程学、政治学、教育学是。工程学之基础，物理、化学、算学也。政治学之基础，历史、地理、人种、理财、心理、社会诸学也。教育既非纯粹科学，必有藉乎他科学。然则其所凭藉者，为何科乎？曰：欲言其所凭藉，必先言教育学之性质。

（一）教育为全生之科学　何谓全生？在英字为 complete living，即言享受人生所赐予之完满幸福。英儒斯宾塞，以教育为预备人类生活之方法。分此方法为四步：直接保护生命者为第一步；间接保护生命者为第二步；保护传种为第三步；供给消遣娱乐为第四步。（见斯宾塞 Education）直接保护生命者，例如衣食住是也。间接保护生命者，例如政府社会是也。保护传种者，例如嫁娶是也。供给娱乐者，例如文学美术渔猎旅行是也。是数者备，则全生矣。子华子：全生为上，亏生次之，死又次之，迫生为下。全生者，六情皆得其宜也。亏生者，六情分得其宜也。迫生者，六情莫得其宜也。斯宾塞之论全生，以生理学为起点。子华子则以人之感情为起点，其起点虽不同，而将欲达乎全生则一也。社会进化，人类生活，日趋丰富；教育者，所以达此丰富生活之方法也。

（二）教育为利群之科学　明德新民，己欲立而立人。个人与社会，固相成而谋人类进化者，社会愈开明，则个人之生活愈丰富；个人生活丰富之差度，则亦与社会程度之高低成正比例。盖合健全之个人，而后始有健全之社会。故求全生而广大之，即所以利群，利群即所以求全生也。社会不振，个人之自由，必为之压迫；个人之幸福，必为之剥削；则亏生者众矣。故全生者，教育之目的；利群者，达此目的之一方法也。

（三）教育为复杂之科学　人生至繁，即以物质上言之，一人之所需，百工斯为备。若概精神而言之，则所需之广，何啻倍蓰。教育既以人生为主体，故凡关乎人生之问题，必加研究，教育之事遂繁。此必赖乎各种科学为之基，综核其所得之真理而利用之，此即二十世纪新教育之方法也。爰撮大要，为表如下：

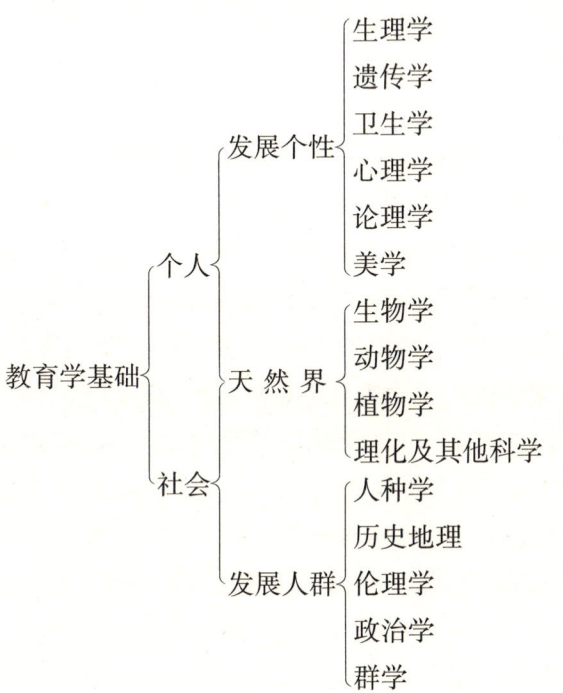

复杂之科学，既有赖乎他种科学；教育学之有赖乎高等学术也明

矣。观上表,知教育学不能离他科学而独立;则其有赖乎高等学术也更明矣。

离社会则不能言教育,舍个人则更不能言教育。盖个人为教育之体,社会为教育之用,两者兼则教育之体用备。然将何以达此体用乎?曰:此即有赖乎高等学术也。个性将何以发展乎? 曰:必先习乎生理、遗传、卫生、心理、论理、美感诸学。人群将何以发展乎? 曰:必先习乎人种、历史、地理、伦理、政治、群学诸科。个人与社会,日与天然界接触;且事事物物,皆在天然律范围之内。即宋儒所谓事事物物皆有至理。朱子解理字曰:理有二方面,曰:何以如此? 曰:所以如此。所以如此者,天然律之体。何以如此者,天然律之用。欲识天然律之体用,必先习乎生物、动物、植物、理化诸科。

以上所述各科学,凡研究较深者,皆得称之曰高等学术。不博通乎此,则不可以研究教育。以西洋而论,大教育家中如亚里士多德(Aristotle)、马丁路德(Martin Luther)、佛洛倍尔(Froebel)、斯宾塞(Spencer)诸子,何一非大学问家? 以吾国而论,大教育家中如孟子、荀子、程明道、伊川、陆象山、朱晦庵、胡安定、王阳明诸子,何一非大儒? 即以现今西洋社会而论,彼握教育枢纽者,谁非为人所信仰之学问家? 其教育院中之学子,何一非兼长他学? 有真学术,而后始有真教育家。吾国自有史以来,学问之堕落,于今为甚。今不先讲学术,而望有大教育家出,是终不可能也。无大教育家出,而欲解决中国教育之根本问题,是亦终不可能也。或曰:"方今士夫,竞为虚浮,欺世盗名,弁髦学术。子毋作迂阔之言而自速讪谤!"余曰:其然乎? 是诚余之迂也。

原刊于《教育杂志》第10卷第1期(1918年1月)

历史教授革新之研究

吾国人观察历史之眼光，周秦之际，别为两派：主张识往古而知今日者，儒家是也；主张知今日而后能识往古者，法家是也。儒家以前者之精神而观察历史，其过也，泥古而不化；三千年来，以二代理想之政治，为治国化俗之标准。法家以后者之精神而观察历史，其甚也，成秦代制度学术之革命，汉兴而一反秦政。自汉至今，中国之历史，不能脱儒家重古轻今之观念。故今所谓中国历史者，俱已往之陈迹，昔日之糟粕耳。愈识往古，则愈昧于今日。此清代顾亭林之所以有《天下郡国利病书》之作与？

以上所言，为吾国历史之历史。其泥古余焰，犹滔滔于吾国今日之学校。著作家本此恶习，集往日之糟粕而美其名曰新历史。教员本此恶习，聚臭腐之糟粕以酿新酒。学子受之者，无异饮鸩毒而甘美酒也。

欲救斯弊，当弃往日之恶习而革新之。革新之道惟何？曰：利用西洋近年来教授历史之经验，体察吾国社会生活之需要，活用吾国历史之资料，著作家本此以编新历史，教员本此以为教授方法——此作者之欲与实际教育者商榷者也。

（一）教授历史，当以学生之生活需要为主体也　夫教育云者，其宗旨非使儿童受之，以丰富其生活乎？养成其天生之个性，使为活泼灵敏之人，富有改良环境，认识社会种种征兆之原理，具解决社会种种问题之能力乎？教授历史，亦当以此为原则；使儿童受之，得供给其生活之需要。学校中之所以设历史科者，其用意正在是耳。

（二）教授历史，当以平民之生活为中心点也　自英之格林

(Green)、美之麦买斯得(McMaster)注重平民生活,为教授历史之原理以来,历史教授之根基为之一变。其所著之书,详于言平民之德性,而以王侯将相之粗暴行为比较。世界之需要,不在王侯将相之特别权利,而在平民之日常生活。王侯将相之于历史有价值与否,以若辈之协助或阻碍平民之进步为论点(见 McMurry: Special Method in History,N. Y. ,1910,Chapter Ⅰ)。吾国自鼎革以来,崇拜王侯将相草莽英雄之习惯,尚不知不觉阴伏于国民意象之中;野心家方将利用之以图个人私利。若教授历史,沿袭昔日崇拜汉高明太之成法,而不以平民之利害为论点,则他日国家或不幸而生祸乱,不将归罪于历史家乎?

教授平民之生活,当注意下列诸点:如人民居宅之布置、公共卫生之保护;又如风俗、职业、农林、家制、宗教、娱乐、法庭、学校、监狱、聚会;他如战争之结果、瘟疫之传染,及民族之特性等;均须三致意焉。

(三)表扬伟人,政治家与科学家发明家当并重也　表扬政治家者,所以激励儿童之志气。如吾国之萧何、霍光、房、杜、司马光诸贤,英之格兰斯顿,德之俾士麦,意之加里波的,美之华盛顿、林肯诸贤,其行为功业,皆足以激发儿童之志气。至科学家之功业,其在当世,虽不若政治家之勋赫,而其久远实过之。如元妃之教民养蚕,周公之作指南针,蔡伦之造纸,其有功于吾民者深且远。他如瓦特之造汽机,弗兰克林之发明电源,笛卡尔之发明微积,巴斯德之发明微菌,于人类生活有莫大之关系。今日吾辈得衣锦帛者,元妃之赐也。行远得知方向者,周公之赐也。用纸以传达文明者,蔡伦之赐也。渡大洋,绝大陆,举万钧,一日得行数旬之程,一人得成千人之功者,瓦特之赐也。片刻之间,千里得传讯,弗兰克林之所赐也。以数目符号而推测高深之物质科学,更以之而成有用之工程者,笛卡尔之所赐也。防止微菌之蔓延,消除传染病之流行者,巴斯德之所赐也。世界文明之进步,人类幸福之加增,科学家之所赐予,较政治家为尤多。若欲引起儿童求真理,习勤劳之心,以科学家事功为资料,具效为尤大焉。

(四)历史之范围宜扩张也　吾国旧日之历史,以消极言之,则一姓之家谱也;以积极言之,则其范围实不越乎政治道德。政治道德,不过历史之一部分而已。若以此范围历史上种种之变迁,则推因不远,探源不深;其所测人事变迁之原因与结果,不能合乎事实之当然。例如历代国家人民之盛衰,历史家往往以仁政两字为盛之源,以暴政为衰之因;于人民户口之增加,生产力之大小,气候地理之变迁,道路之兴废,交通之滞利,森林之颓茂,为国家人民盛衰之大原因者,吾国历史家多不经意。复杂之原因,以简单之仁暴两字概括之,其有不挂一而漏万者乎?为今之计,则当取旧日之范围推广而扩充之。今请与诸君言美国教授历史之范围。"他山之石,可以攻玉",幸留意焉。

(五)美国教授历史之范围 美国历史教授之宗旨,不外前所言之(一)(二)(三)诸条。今请以所教授之范围而列举之,虽不免贻挂漏之诮,惟示知大体,聊明其趋势耳。美国近年来之历史教授,置重民力之伸缩,工业之消长,学校政府之改良,税饷之方法,社会各机关,及观念之发达,宗教之自由,教会与国家之分离,邮政之进步,商业旅行之方法,与夫政治社会之发达与现时国民生活有密切之关系者;并使学生知现在社会之成绩,为先世累积之观念、思想及能力而来;国民之生长、发达、变迁,均有原因在焉;社会及各种机关之沿革及存在,均有国民之思想及需要存焉(McMurry,Chap.Ⅰ)。

(六)教授历史之问题 以上列为范围及宗旨,撮其要点而发为问题曰:何以使儿童适于负担先世之功业乎?何以使儿童适于利用人类之经验乎?何以使儿童之思想感情意象三者之中,得存有显明灵活的一幅图画,如先世所经过之危险竞争灾祸胜利,儿童受之,得若身历其境乎?例如汽车之进步、飞机之成功、学校之沿革、大学之存在、制造厂之发达,均由先世之营造而来,当知其所以有今日之地位者,当时曾经多少危险竞争灾祸,而后始有今日之成绩也。总之教授历史者,所以使儿童明了现在所处之政治及社会之景况也(McMurry,Chap.Ⅰ)。假使吾国学生得知自古至今东西之观念及社会各种机关之沿革,则彼等即有能力解释中国所以至今日之地步矣。

(七)教授历史之方法 历史之范围甚广,若一一而教授之,非惟无益于儿童,且将重其无为之担负,失历史教授之本旨。故以方法而言,首当注意选择。不见夫善画者乎? 景中百物,非可一一描写之;惟择其合乎画家之想象者而绘之而已。盖未绘之先,必有一定之宗旨;然后依此宗旨而择原料。随意乱涂,必不足以成名画也。教授历史亦然。必先察乎所以教授之宗旨,然后依此而择史材。本篇前者所论述,分为六条,要之,尽关于此宗旨而已。今请依上列之宗旨,而言选择史材之方法。

教授历史者,所以使儿童得先世之经验,而应其生活之需要也。以今日儿童所处之社会与国家,而察其需要,假定分配吾国历史之时期如下:

(一)文明发源时期(自太古至周初):

山川土地之形势(须用地图指明吾国文明发源之区域)

人种之由来

气候(黄河流域之气候)

物产(当时人民持何种物产为生活)

人民之生活

    居宅家具饮食

    社会之组织

    村落

    家畜

    衣服

    器械

    兵器与战争

    宗教

    婚丧

政治之组织

领袖人物

异族

(二)政治学术发达时期(自周初至秦):

疆土之开拓

南北气候之不同

田制

物产

人民之生活

居宅家具饮食

社会之组织

乡党邻里城邑

家畜

衣服

器械

职业

宗教

婚丧

政治之组织

领袖人物（政治家、兵事家、制造家）

教育

城郭道路

制造及发明

学术

异族

战争及兵器

（三）帝政时代（自秦至清）：

历代疆土变迁（于民族消长有关系者）

历代赋税方法及如何关系人民之生活

大战争（于民族消长有关系者）与战械

外患

城郭道路田野矿产鱼盐

历代之圣君贤相

政治之组织

教育

学术及学问家

历代人民生活之变迁

起居饮食

水灾旱灾荒年瘟疫盗贼

制造及发明

(四)欧化时代(自明至今):

(此期插入世界史)

欧化东渐大事

通商口岸之开辟

西洋学术之输入及其人物

宗教之输入

物质文明之输入(汽机、铁道、轮船、电灯、电报、电话……及发明者)

政治组织(立法、行政、司法、中央、地方)

教育

道路、警政、公共卫生

赋税币制

银行制造厂

森林矿产盐政

进出口货

西洋居宅

通商口岸之生活

内地之生活

婚丧

附世界史教略

希腊(注重美术思想及人民之活动)

罗马(注重建筑道路及法律)

中古（注重文明滞阻之理由）

近世：

    英（自治制商业海军）：

        政体

        领袖人物（政治实业发明制造诸家）

        人民居宅及饮食

        交通

        实业

        商业

        学校

    德（陆军制造科学）：

        政体

        领袖人物（政治实业发明制造诸家）

        人民居宅及饮食

        交通

        实业

        商业

        学校

    法（科学美术）：

        政体

        领袖人物（政治实业发明制造诸家）

        人民居宅及饮食

        交通

        实业

        商业

        学校

    俄（未辟之富源）：

        政体

        领袖人物（政治实业发明制造诸家）

人民居宅及饮食

交通

实业

商业

学校

美（实业平民政治）：

政体

领袖人物（政治实业发明制造诸家）

人民居宅及饮食

交通

实业

商业

学校

问题：

诸国何以为世界领袖乎？

现仍蒸蒸日上乎？

其原因安在？

日本：

维新以来大事

道路

交通

实业

商业

人民生活

以上所述，不过略示教授历史之趋向，非敢作完备之列举也。其中头绪虽繁，惟贯彻之主义，不过数条而已，即：（一）地势；（二）人民之生活；（三）领袖人物；（四）各时代及各国之特别注意是也。提纲挈领，组成系统，皆有用意存乎其间，已于前半章详言之矣……

选择历史之材料，以授儿童，非易事也。第一，当留意儿童之能力,择其与儿童现在之生活有关系者教授之。如儿童已习知居宅、衣食、祭祀之事,则以古今中外之居宅、祭祀等事教授之。又如儿童已习知道路、火车,则授之以道路、火车,并示其重要之功用。又如儿童仰慕领袖之天性,则授之以历史上政治、发明、学术诸伟人,以激发其志气。以已知推及未知,加增其经验,丰富其想象力,养成其思考力,使儿童知一切环境人事,皆有意义,则历史之效见矣。

教授历史,取一二大时代大人物而详论之,优于取诸时代诸人物而泛论之。盖详论一重要时代,一重要人物,则儿童习之,脑中现一种显明灵活之图画,如身历其境者。若泛论诸时代诸人物,则一架枯骨而已。且历史之价值,在重要时代,重要人物;其余不关轻重者,年虽久,事虽繁,人虽多,不过糟粕耳。

知识有比较的价值。如拍照者之摄影,择其林木山川之秀丽者而取之;其余不足轻重之景,概摈于照相镜之外。苏东坡致王郎书云:"读书如入百宝山,择其宝贵者而归。"即此意也,盖儿童之脑力有限,时光有限,历史虽长,取其最有用者而已。

或曰:子以西史编入中史内,其意何居?且西史为他种族之经验,与吾国儿童之经验甚远,今强而习之,不其愦乎?余曰:否。吾国近年来种种现象,为东西洋文明混合所酿成。试观近年来所谓国会、铁道、学校、市政、建筑、音乐等,何一不受西洋之影响而发生者乎?若但讲中国史,必不能明现时吾国重要问题之意义。教育部《高等小学令施行细则》(五年一月公布,同年十月修正)云:"本国历史宜略授黄帝开国之功绩,历代伟人之言行,亚东文化之渊源,民国之建设,与近百年来中外之关系。"所谓略授"近百年来中外之关系"者,若不授西史之重要时代及人物,与乎人民生活,欧美各国特点,其能明之乎?且夫文化者,其产地虽不同,究其极,则皆人类之文化耳。若曰恐儿童之经验太远,则周秦间之历史,如不善教授,其弊同也。苟以儿童之经验为归则,人民生活为主题,虽他星球之历史可教也,况吾国日被影响之西洋史乎?

教授历史,不可不使儿童存解决问题之态度。人生世上,无论儿童与成人,均有种种问题以待解决。历史之用意,在取先世之经验,解决现在之问题。非然者,则历史与生活离,失其本意矣。

总之,高等小学之所以设历史科者,在使儿童离校后,略识东西诸大国发达之原因,与夫近时之地位。解决重大问题,虽非所望于儿童,而略识环境人物之意义,凡为国民者,当共具焉。

原刊于《教育杂志》第 10 卷第 1 期(1918 年 1 月)

个人之价值与教育之关系

教育有种种问题，究其极，则有一中心问题存焉。此中心问题惟何？曰：做人之道而已。做人之道惟何？曰：增进人类之价值而已。欲增进人类之价值，当知何者为人类之价值。然泛言人类之价值，则漫无所归。且人之所以贵于他动物者，以具人类之普通性外，又具有特殊之个性。人群与牛群羊群不同。牛羊之群，群中各个无甚大别，此牛与彼牛相差无几也，此羊与彼羊相差亦无几也。人群之中，则此个人与彼个人相去远甚：有上智，有下愚；有大勇，有小勇，有无勇；有善舞，有善弈，有善射，有善御。皆以秉性与环境之不同，而各成其材也。故欲言人类之价值，当先言个人之价值。不知个人之价值者，不知人类之价值者也。人类云者，不过合各个人而抽象以言之耳。

陆象山曰："天之所以与我者至大至刚，问尔还要做堂堂的一个人么？"此言个人之价值也。我为个人，天之所以与我者至大至刚，我当尊之敬之。尔亦为个人，天之所以与尔者，亦至大至刚，我亦当尊之敬之。个人之价值，即尔、我、他各个人之价值。识尔、我、他之价值，即知个人之价值矣。个人云者，与尔、我、他有切肤之关系。尊敬个人，即尊敬尔、我、他。非于尔、我、他之外，复有所谓抽象的个人也。

我国旧时之社会，由家族结合之社会也，故合君、臣、父、子、兄、弟、夫、妇、朋友为群。今日文明先进国之社会，由个人结合之社会也，故合尔、我、他各个人而成群。由家族结合之社会，其基础在明君、贤臣、慈父、孝子。由个人结合之社会，其基础在强健之个人。

何谓强健之个人？其能力足以杀人以利己者，非强健之个人乎？曰，非也。杀人以利己，是病狂也。犹醉酒而胆壮，非胆壮也，酒为之也；其能力足以杀人，非能力大也，利诱之也。强健之个人，不当如醉汉之狂妄，而当若猛将之奋勇。

"天之所以与我者，至大至刚"。我当如猛将之临阵，奋勇直前，以达此至大至刚之天性，而养成有价值之个人。做人之道，此其根本。

此"至大至刚"者何物乎？曰凡事之出于天者，皆"至大至刚"。卢梭曰："天生成的都好，人造的都不好。"此即承认人之天性为"至大至刚"。教育当顺此天性而行。象山曰："教小儿先要教其自立。"自立者，以其所固有者而立之，非有待于外也。

个人各秉特殊之天性，教育即当因个人之特性而发展之，且进而至其极。我能思，则极我之能而发展我之思力至其极。我身体能发育，则极我之能而发展我之体力至其极。我能好美术，则极我之能而培养我之美感至其极。我能爱人，则极我之能而发展我之爱情至其极。各个人秉赋之分量有不同，而欲因其分量之多少而至其极则同。此孔子所谓至善，亚里士多德所谓"Summum Bonum"（译即至善）。

个人之价值，即存于尔、我、他天赋秉性之中。新教育之效力，即在尊重个人之价值。所谓"自由"，所谓"平等"，所谓"民权"、"共和"、"言论自由"、"选举权"、"代议机关"，皆所以尊重个人之价值也。不然，视万民若群羊，用牧民政策足矣，何所用其"言论自由"？何所用其"选举权"乎？牧民政策，仁者牧之，不仁者肉之，牧之始，肉之兆也。故牧民政策之下，个人无位置，尽群羊而已。共和政体之下，选举之权，尽操于个人，此即尊重各人之价值也。政治因尊重个人，故曰共和，曰民权。教育因尊重个人，故曰自动，曰自治，曰个性。

我一特殊之个人也，尔一特殊之个人也，他一特殊之个人也。因尊重个人之价值，我尊重尔，尔尊重我，我与尔均尊重他，他亦还以尊重尔与我。我、尔、他，均各尊重自己。人各互尊，又各自尊，各以其所能，发展"至大至刚"之天性。个人之天性愈发展，则其价值愈高。一社会之中，各个人之价值愈高，则文明之进步愈速。吾人若视教育为增进文明之方法，则当自尊重个人始。

原刊于《教育杂志》第 10 卷第 4 期(1918 年 4 月)

和平与教育

和平非不战之谓也，和平亦非不战可得而几也。战争之战仗武力，和平之战仗正义。正义存乎世，则真正之和平始可得而保。若夫武人专权，正义扫地，虽无战争，非和平也，苟安耳。国民各怀苟安之心，而犹自诩其爱和平，游鱼嬉釜，供人烹调而已。

吾国人素以爱和平著，然一究其原，吾国人所谓和平者，实无坚固之基础。何以言之？曰：吾国所谓和平之基础者，非仁政也与？仁政也者，非即所谓牧民政治也与？国民如群羊，仁君牧之，牧之得其道，则五谷丰登，家给户足，熙攘往来，咸与升平。虽然，仁政之下，暴政伏焉；牧之始，鱼肉之始也。彼牧者一旦苟欲杀其群羊而供其大嚼，则又谁与之抗！读吾国历史，一治一乱相乘续者无他，羊肥而食，食者暴也；羊瘠而牧，牧者仁也。牧而食，食而牧，循环不已。政府以民为羊，而民亦自甘居于羊之地位。若是者数千年，积重难返，居今日而视全国之人民，要皆懦弱无能之群羊耳。故政客弄巧，国民无能为也；武人弄权，国民毋敢违焉。今日察吾国之大局，非一有政客武人而无国民之国乎？谁为为之？曰：仁政也，牧民政治也。牧民政治之和平，苟安而已。故今日欲得真正之和平，当一反吾国向日之所谓牧民政治。

牧民政治之反面，即平民主义是也（或曰民权主义）。平民主义，首以增进平民之能力知识为本，使人民咸成健全之个人，倡造进化的社会。于是一方以健全之个人，进化的社会，而为和平之保障；一方以个人之才智，社会健全之能力，而扫除强暴不良之政治。如此，则熙攘往来，咸与升平，真正之和平至矣。

欲得永久之和平，必以平民主义为基础。然欲自牧民政治而跃入平民主义,决非可苟且偷安而得者,则必自人人之奋斗始。故吾所谓和平者,奋斗之和平也;达此和平之教育,奋斗之教育也。

向日德国教育主义,与夫自德国采取而来之日本教育主义,即所谓军国民主义是也。德国挟其军国教育而与世界宣战,卒败于酷爱平民主义之美国与其他协约国。美国总统威尔逊曰:"吾美将牺牲一切,为正义而战,为世界平民主义求安全而战。"德军既挫,平民主义遂占胜势矣。

读者诸君乎!强国之道,不在强兵,而在强民。强民之道,惟在养成健全之个人,创造进化的社会。美国以七万五千之常备军,期年之间,集雄兵达四百万;运到法国者,每分钟计七人。每小时四百二十人,每日一万人。十一月十一日宣告停战之日,美军在法者约计二百万人。其征集运输之神速,令人惊骇。此无他,其国民之个人强也,其社会之进化率高也。美国之兵,皆平民也,未入伍以前,或为教员,或为商人,或为官吏,或为富家子,或为佣工,或为农人。其学校,无军国民教育也;其陆军总长,文人也。既无所谓督军,更无所谓镇守使。然而个个皆良兵,人人皆勇士。非国民个人之强健,而孰能臻此乎?总统一文告,而全国青年,均赴选举区注册入伍,无敢稍后。一举公债,辄逾原额。主中馈者节省食料,大实业家弃职位而为政府效劳,国中工厂,尽听政府调度。学校男女儿童,或在庭前隙地种植,以增全国食料,或为红十字会服务,以助救济事业之进行。男子身赴前敌,女子代其职业;农场工厂,电车铁路,女子均操男子之业。威尔逊曰:"工人之队伍,其功与赴前敌之队伍同。工人之机械,犹来复枪也。无工人之机械,则来复枪亦将失其功用。"由此言之,奏凯旋之功者,非独兵士而已,全国国民与同功也。故和平云者,亦非独弭兵而已,全国国民与有责也。苟非个人健全,社会进化,则战时不足以制胜,平时亦不足以享受其幸福。故有健全之个人,进化的社会,则可战可和;无此,则战固不足恃,和平亦不足恃也。

和平之真义既明,而后始得言和平之教育。教育者,即达此和平目的之一方法也。欲图永久之和平,必先解决教育之根本问题,吾国昔日之教育，牧民政治之教育也。孟子曰："立庠序之教，所以明人伦也：父子有亲，君臣有义，夫妇有别，长幼有序，朋友有信。"又曰："人人亲其亲长其长而天下平。"近世西洋之教育，平民主义之教育也。曰自治也，独立也，自由平等也，发展个性、养成健全之个人也，皆所以增进个人之价值，而使平民主义发达而无疆也。此次世界大战之结果，平民主义已占胜势；世界潮流，且日趋于平民主义。（如俄罗斯之革命，日本之内阁更迭，均为平民主义发达之结果。日本历来之内阁总理，均系贵族，此次原敬以士族而组阁，实为创例。友人之新自日本归者，为余言曰："日本人民近数月间为世界潮流所感动，多倾向平民主义。"）平民主义愈发达，则其和平之基础愈固。故欲言和平之教育，当先言平民主义之教育；欲言平民主义之教育，当自养成活泼之个人始。其道惟何？曰：

（一）养成独立不移之精神

吾国青年最大之恶德有二：一萎靡不振，一依赖成性。萎靡不振，则遇事畏难，欲望减缩，事无大小，必无成功。依赖成性，则事事随人脚后跟说话，新事业之创造，必不可能矣。故必使具高尚之思想，凡事须进一步想，勇往直前，百折不挠，以是而养成独立不移之精神。此种青年愈多，则社会进化愈速。若夫垂头丧气，事事畏缩，岂所望于新教育所产生之青年哉！

（二）养成健全之人格

曾文正曰："身体虽弱，不可过于爱惜，精神愈用而愈出。"此言当有界限。夫逸居饱食，以养精神，则精神必僵；若但用精神，不强体力，则终亦必踬。况近世文明复杂，必非楛朽之体所能担当。回忆旧时同学之英俊，学成而夭折者，不可胜数。作者留外十年，返国访旧，乃大半已入鬼乡。以孱弱之身体，遇复杂之文明，不其殆哉！更念当时在外留学，十年之中，同学青年夭亡者，不过数人，卫生有道，非寿命也。体操也，网球也，野球、足球也，游泳、舞蹈也，皆所以延年之道也。球场、游泳池、舞蹈厅，到处皆是。彼国人士，群趋而游戏焉。野球比赛，举国若狂。其活泼运动之精神，贯彻于全国人民之生活。此实欧美个人健强社会进化之秘诀。而反观今日吾国则如何？其他且勿论，但以学界言之，日课以外，则无娱乐之地。好学者读书，读书愈多，而身体愈弱；不好学者玩扑克，扑克愈多，而志气愈消。读书过度，祸同扑克，臧谷亡羊，其失均也。

（三）养成精确明晰之思考力

甚矣，吾国人之不思也！凡遇一事，或出于武断，或奴于成见，或出于感情。故全国扰攘，是非莫衷。其断事也，不曰大约如此，则曰差不多如此。夫以大约如此差不多如此之知识，而欲解决近世复杂文明之问题，其能不失败乎！某西人谓作者曰："差不多三字，误了中国人不少。人人以差不多为知足，故缺少精确之知识。试问中国人口几何乎？曰：差不多四万万。试问此处到彼处几里乎？曰：差不多五六里。其尤甚者，则视是非为差不多，公私为差不多。"此非全国人民共具一糊涂之头脑乎！以糊涂之头脑，解析中国之问题，其有不错乱纷杂者乎！故以教育方法解决中国之问题，当养成精确明晰之思考力。欲达此目的，事事当以"何以如此"为前提。学校之中，当注重理论学科学两者，以为思考之基础。记诵之学，非真教育也。

由上述来，欲养成健全之个人，则独立不移之精神，筋血充实之体格，思考精确之头脑，皆为至要。三者不具，虽有爱国道德等训练，终亦归诸无用而已矣。

个人强健，社会进化之基础者。非此则成一不关痛痒之社会，今日之中国是也。虽然，谋一国文明之进步，有从个人方面入手而间接及于社会者，有直接谋社会之进步而间接及于个人者，个人与社会，固相互为用者也。至若个人之存在，所以为社会乎？抑社会之存在，所以为个人乎？此又别一问题，姑置弗论。（以个人之存在所以为社会者，德国及日本之人生观也；以社会之存在所以为个人者，英、美两国之人生观也。）吾人但认谋社会进化，亦有直接之方法可也。以中国今日而论，直接谋社会进化之道，如之何其可乎？曰：

（一）改良起居

中国起居之不良，凡稍吸外洋空气者，莫不知之。街道狭窄，居室不通空气,人居其间,得毋瘦弱柝朽乎?吾闻西人之论校舍也,甲说曰:校舍之壮丽,徒使贫家学生离校后,若家庭之不良耳;乙说曰:学生在校养成起居清洁之习惯,离校后,知家庭起居之不良,长成独立时,必设法以改良之,此乃改进社会之良法也。大多数之教育家,皆以乙说为是。故欧美之建筑校舍,必取壮丽而舍简陋。学生在校时,藉以涵养心神,启发美德。离校后,藉以改良起居,为良子女之出产地。马相伯先生演说曰:"数十年前吾游日本,见其人民形容瘦弱;数年前再游日本,见其人民体力强壮。其理何在乎?曰:数十年前之儿童,其出产地为臭水沟也,为猪槛也;近年来之儿童,其出产地为花园也。试观上海人民,其黄皮瘦骨之形状,西人莫不谓中国人种之退化。此无他,我国儿童之出产地,为臭水沟也,猪槛也。"言之透彻,无以复加。或曰:校舍之不良,非不欲改良也,国家经费不足也。斯言也,骤闻之虽亦近似,然尚有他原因存焉。迂儒曲士奴于草庐茅屋之旧见,以为讲学之地,无取壮丽。一般社会,盲从其说而附和之。故一有壮丽之校舍,出现于其地,即物议沸腾,斥为浪费。若是,办学者,其谁愿遭此物议乎!否则国家岁费数千万,以养无用之兵,而未尝有所吝惜,谁谓无钱乎?若以起居论,诸君不见上海静安寺路霞飞路之西人住宅乎?树木荫翳,花草满庭,不疑若仙宫乎?然西人每日做事只八小时,事罢后,汽笛鸣鸣,汽车飞驰,往仙宫而息焉。吾国人自朝至晚,自元旦至除夕,一无休息。统一岁之勤劳,其所得尚不足以维持一清洁之家庭,而以臭水沟为子女之生产地,其故何耶?此足以深长思也,嗟夫!起居不良,皮黄骨瘦,精神疲倦,做事萎靡。社会衰落,良有以哉!

(二)修筑道路,振兴实业

道路,一国之血脉也。国无道路,则麻木不仁。美之治菲律宾也,修大道,筑铁路,全国之道路如蛛网也。日本之治高丽也,亦以此为入手办法。以高丽而论,日政府之规划不遗余力,行政之大机关与大机关相联络,有一等道路也;中等机关与中等机关相联络,有二等道路也;小机关与小机关相联络,有三等道路也;市镇村落相联络,有四等道路也。菲律宾固作者所未亲见也,而高丽则曾一涉足其地矣。若较以中国之大，非有数万里之铁路，数百万里之道路，则必无发达之望也。

欲使社会发达，一面当修筑道路，一面振兴种种实业。如矿产也，森林也，制造也，皆为富国富民所必不可少之事业也。或曰：修筑道路，振兴实业，无一不需资本，中国贫极矣，将从何处得资本乎？曰：外资可利用也。吾为此言，非欲鼓励借债，以充政客之私囊，以填军人之欲壑。盖以修道路、兴实业者，皆属生利之事业。因生利事业而借用外资，有何不可？或又曰：君言良是，然于我教育界何关乎？曰：不知国家基本问题者，不足与言教育也。教育非养成书呆子而已，将为社会造有用之才也。不知社会之需要者，其能为社会造人才乎？诸君请勿以咿唔呫哔为教育之终点！请各放开慧眼，向全国与世界一为视察！数间教室，非完全之教育场；数本教科书，非完全之教育资料也。

试观今日中国，学校之毕业生，无论习文学、习商科、习工科，在社会求一职业，不可得也。外洋毕业回国之学生，日益增多，欲求一适当之职业，难于登天。若欲于外国公司得一职业，如英美烟公司、美孚洋油公司、奇异电灯公司等，亦非易事。其服务于政府乎？则政府无若许之官职。故敢断言曰：中国如不修道路，不兴实业，则毕业生途塞；毕业生途塞，则为父母者对于教育子弟之热度必减。如是而欲中国教育之发达，将待之何时乎？

（三）奖进学术

社会之进化，有两种根本也。曰物质上的，即改良起居，修筑道路，振兴实业是，前已言之矣。曰精神上的，即奖进学术是也。学术者，一国精神之所寄。学术衰，则精神怠；精神怠，则文明进步失主动力矣。故学术者，社会进化之基础也。今以吾国之学术而论，一曰无系统，周秦之学术，最有系统者墨家也。而儒家最有系统之书，为《大学》。此宋儒之所以自《礼记》中分出，以独立为一书。宋儒求知识之方法，所谓致知格物者，均自此出。然与希腊诸哲之书相较，其系统之完密，则吾国远不如也。近世西洋学术之发达，科学之精密，皆导源于希腊学术之系统。盖学术之系统完密，而后知识得精确。孔子曰："工欲善其事，必先利其器。"此之谓也。由是言之，欲为中国求精确之知识，非改良学术之系统不为功。二曰太重应用。夫学术太重应用，则惟适合于社会之现况而止，不能再求真理，因是而国民乏进步之思想矣。作者尝以一小事而判中西人士思想之不同。比如以一物而赠西人，则必曰，此物甚有趣味；若以之而赠吾国人，则必曰，此物果何所用乎？盖西人之爱物，以有趣味为前提；吾国人之爱物，以有用为前提也。三曰太重古文字。专重古文字，则解者必少；解之者少，则知识不能普及。此为社会进化之障碍。侯官严氏之译《天演论》也，可谓译界杰作；然而能读而领悟之者，究得几何人？其能作此种文字者，则更有几何人乎？作者尝读英文原本之《天演论》矣，其文字之浅显，虽小学学生，亦能解读。而严氏矜尚古文，从事翻译，其得名重于一时，要亦迎合社会重古文字之心理耳。此种心理不改，则必使译者搁笔，将何所藉而输入新思想乎？欲改良以上诸缺点，第一当讲论理学科学之方法，盖此二者，学术系统之基础也。第二提倡精神上之兴趣。夫应用二字，当以物质的或社会的用处为限。若夫精神上之兴趣，则以求得新理为愉快。新理愈多，则社会愈进化；而后始得言永久之应用。牛顿见苹果坠地而明地心之吸力，岂为应用哉！然而于物理上应用正无穷也。笛卡尔之造微积分，岂为应用哉！然而于工程上之应用正无穷也。西洋种种新理之发明，出于精神上之兴趣者甚多。因有精神上之兴趣，故不以目前物质社会之应用为限。因有种种新理之发明，则新理日出，而后应用乃无穷。故精神之趣味，应用之源也；物质社会之应用，新理之流也。吾国数千年来，过重应用，迄今新理用尽，而源绝矣，源绝而流涸矣。杜威博士有言曰："太应用，则反不应用。"愿吾人三复斯言也。第三革新文学。文学革新之方法，作者不敢于此短文中武断之。然就教育方面言，知必先求言文之接近。言文接近，教育方能普及。八股敝，改策论；策论敝，将何改乎？文学革命乎，将来必澎湃全国，无可疑也。作者复有一言，为今日之著作家忠告曰：欲求学术之发达，必先养成知识的忠实。读者试观今日之出版物中，有明明抄袭而成也，则美其名曰著；明明转译自日文，而曰译自英文、法文或德文。

夫对于金钱不忠实，不可以为商；对于行为不忠实，不可以为人；对于知识不忠实，其可以言学术乎？作者又为教育部忠告曰：教育部为全国教育界观感所系也。当设种种方法，奖励学术，为全国倡。人民亦当结社研究，激发一般社会尊重学术之精神。学术兴，则中国之精神必蓬勃蒸发，日进无疆。

虽然，欲实行以上种种之政策，必有千万阻力，当于我前。必用全力奋斗，乃克有济，不可以苟安几也。以正义为先导，以养成健全之个人进化的社会为后盾，张旗鸣鼓，勇猛前进，此即所谓为和平而战也。战而胜，则平民主义由是而生存，真正和平由是而永保。和平与教育之关系，如是如是。

原刊于《教育杂志》第 11 卷第 1 期(1919 年 1 月)

建设新国家之教育观念

中国处此过渡时代,国民无积极的标准,乏独立之思想,上下疑惧莫知适从。国内外士夫,咸抱教育救国之义。教育之重要,人人知之。可无庸作者多言。兹但论其性质与方法,愿与用思想力者共研究之。

(一)德美英三国教育宗旨之不同

教育为发展个人能力,增进社会幸福之具。讲教育者,当时时将个人与社会两方面记住在心。然后能得持平之学说,即大学所谓明德亲民。明德者发展个人之能力;亲民者明人民之德,增进社会之幸福也。然二者不过为抽象的。对于实际问题,其推行之方法不同。应时势之要求,作特别之方法以推行之,此所以各国教育宗旨有不同也。德国之教育,其宗旨为巩固国防,开浚富源。英之教育,其宗旨为养成政治家与行政者。美之教育,其宗旨为养成有知识的选举人。盖各以社会性质不同,定特殊之宗旨。以德言之,一八〇六年之战,普受大挫,欲恢复国势,不得不整顿国防。此国防主义之所由来也。德国地狭民众,不得不开发富源以利民生,此富源主义之所由来也。英之立国以殖民与商务,管辖殖民地及拓展商务,非有大政治家与行政家不办。故其教育宗旨为养成此种人物者也。美国共和国家,其政治良与不良,以选举人之有知识与无知识为断。故其教育以养成有知识的选举人为宗旨。读者至此,请先停读一思,中国之教育宗旨,究以近何种为宜,思定后,再请前读。与作者之意见相比较,或匡不逮,或为同志,则幸甚矣。

(二)中国社会之缺点

教育之宗旨,既当视社会之特性为标准,则于未言宗旨以前,当约略言中国社会之大概。作者对于中国社会现状，多抱悲观，故所见多为恶德。撮其荦荦大者，厥有四端。一曰人民知识之浅劣。吾国普通人民，非惟于共和政体、世界大事，绝未习知。即于日常起居饮食之浅理，一未梦见。居处卑陋，卫生不讲，瘟疫一起，死亡枕藉。推其源，非人民之乏常识而何？二曰人生之微贱。我国生命之贱，几同牛马。一般人民，亦不自知其贱而苟生，凡可苟延残喘之业，则无不乐操。例如上海之东洋车夫，拉车飞奔，以人作马。不肖之西人，复加以鞭笞，而彼恬然受之。但能多得青蚨数枚，则已心满意足。他如街巷之乞丐，衙署之差役，与夫种种之操贱业者，与牛马何异？人生既贱，社会习惯，视杀死人命，不足轻重，是何怪外人之藐视中国民族乎？三曰无建设的领袖人物。社会之进行也，必赖领袖为之先导。夫舟必待驶，车必待驾，领袖者驾驶社会者也。凡为领袖，必具三种资格。一曰识社会之心理，犹驶舟者之识风向与潮汛也。二曰识群治之天然律，犹驶舟者之识罗盘与地文也。三曰忠诚，此为取信于社会所必需之具。无此，则社会不信任之。其言其行，均无效力。犹驶舟者不忠于所事，则舟中之人，必生疑虑矣。故为领袖者，当抱绝对的忠诚。我国社会中，其有此种领袖人物乎？有之也不过凤毛麟角而已。四曰无积极的标准。此为过渡时代之通病，盖过渡时代，旧标准已不足应新趋势之用，新趋势之流行，非好学深思者，不能得其方向，犹暗潮流行，不识水性者，勿之觉也。社会受外界之刺激，生一种新趋势。往往存于不知不觉之间。旧者不知不觉而递之。新者之尚感情派，不知不觉而横行。故其结果，则一为消极之违反新趋势，一为消极之破坏旧观念。一为旧势之奴隶，一为新势之牺牲。此其弊在无积极的标准，一般社会，无由循行，此所以造成今日之人心惶惑，罔知适从之时期也。以上四大缺点，实为群治不进之基本问题，以此种社会而欲建设新国家，犹就泥沙之基建设大厦，又何往而不仆哉。欲图积极之进行，舍教育其末由。

（三）新教育之标准

教育新旧一而已矣。所谓新者，不过应时势之变迁，改造教育之方法以适应时宜耳。推行教育之正式机关,以习惯而言,学校可分三种,一曰小学,二曰中学,三曰大学。此三种学校,各当立一标准,使全国一致共图进行。今请略言之,小学为普及教育之机关,使国人具有常识,非从小学教育入手不可。其标准当使生徒具有日用所必需之知识。中学教育则不同,国人既不能尽入中学,则中学校之生徒必为社会之一部分。此一部分必较普通社会稍占势力。故中学当以培养初级领袖为标准。大学者,为研究高等学科而设,其学生为将来增进文明之领袖。故当以思想自由为标准。三级学校,其标准虽有不同,其最后之目的惟一,曰养成国家的人民。

(四)学校中之新国家

泛言改革政治,其效必浅。泛言改革社会,其祸必巨。欲图积极之进行,必须有一入手之办法。此法惟何? 曰:建设新国家于学校之中。中国之社会,一罪过之社会也。中国之家庭,一罪过之家庭也。以罪过之社会,建神圣之国家,犹设天堂于地狱,恶乎能? 此作者所以有学校中之新国家之说也。然此非倡自作者,德意志行之。其成效已卓著矣。一八〇六年,也那之役,德军为法人所歼,种族之亡,危若累卵,乃德人取费希特(Fichte)之议,建新国于学校之中。不数十年而德意志联邦遂致富强。一八七〇年,普法之战,围巴黎,败法军,称雄西欧。吾国苟行适宜之教育,他日之称雄世界必无疑也。凡国有其特性,甲国之教育,未必适用于乙国;如完全模仿,即不张冠李戴,亦必失其独立之精神。然假鉴他邦,智者为之,当是时也。德处列强之间,强邻环视,不得不提倡国防主义,与吾国现在之情形同也。德国人烟稠密,生活艰难,不得不提倡辟富主义,此亦与吾国现在之情形同也。德国当时人心涣散,公德坠落,兵士专横,未战先走,社会腐败,人各自私,当时费希特所谓罪过的社会,亦与我国现状同也。德国以此社会状况,倡建新国于学校之说,将青年子弟送入学校。严师督责,启其知识,养其品格,并与社会隔绝,使不染社会恶习。凡中学校之教师,必择其品格高美,学问优长,并具有爱国之观念者。如此办法,待学生自中学卒业后,已成一独立不移、血心爱国之人民。然后送入大学,一切学科行为,悉听自由。所谓大学自由是也。世界之大学,最自由者,莫若德国。其成绩优美,亦远出各国。此即孔子所谓从心所欲,不逾矩是也。中国不欲再造则已,苟欲再造,非改订学制不为功。兹采建设新国于学校中之义,与诸君略言吾国应采之学制。

小学之标准,当取增进国民常识主义,作者前已言之矣。兹姑勿具论,请言中学。夫中学者,养成初级领袖之机关也。初级领袖者,即教育总长汤君济武所谓社会中坚是也。非有领袖之资格不足以为社会中坚。此作者进汤君之说而言之也。以此为标准,则现在吾国中学,当善为改革,使合于标准。其最要之目的,当以养成国家的学生为主。曷为国家的学生?曰:人生但知有国不知有他也。吾国家族制度太严,于社会之进化有相对的妨碍。作者考察社会一般心理,大凡父母送子弟入学,其惟一之宗旨,为将来学成可为家族增光荣。吾国历史上之习惯,最光荣者莫若做官,故其良子弟之所欲以报父母培养之恩者,咸以做官为目的。长此以往,则国家但有贪鄙之官吏,而无爱国之人民矣。国而无民其能为国乎?欲革其弊,当于学校中提倡国家主义,使学生等但知有国,不知有他。个人与国家相比,则个人轻若鸿毛,而国家重若泰山,个人为国而生,为国而死。于国有利者,则尽心而为之。国家有难,则舍生以赴之。此种观念贯注于青年脑部,而养成一种充实不可以已之爱国心。此种学生,方有国民之资格。不然,国家岁掷巨币,徒为家族养私人,政府造贪吏耳,何贵乎有此不祥之学校哉。

中国社会之罪过,作者已于前略言之矣。故欲造成国家的人民,必将生徒与社会隔绝,使不为恶习所污。学校之中,建一理想的国家,其学生即为理想的国民。欲实行此政策,须注意下列数端:(一)独立之思力。人之最贵者,莫若思,思为求知识之最要方法。不思即无真知识,然思尤贵独立。大凡教习授课,最下者,徒使生徒记忆而不使领悟,次下者领悟与记忆并行之。下者但讲解明了,使学生易于领悟。上者使学生能思。最上者使生徒有独立之思力。所谓独立之思力者,教习但授生徒以思想之法,使之自己想出道理,不求他人而求领悟。

凡为领袖者,必具有此种能力,不然,将来必不能为社会之先导也。

(二)健全之体力。中国学生,将来出而为社会任事,其责任较他国学生倍徙,若无健全之体力,其能负此重任乎?且国势积弱,强邻环视,苟一旦国有大难,咸须舍身救国。故以国防而论,体力更为重要。

(三)严整之训练。中国人之乏训练,为世界先进国所共知,即吾国人,现亦稍稍觉悟。街上共行,步伐不齐。车站购票,拥挤窗前。立则弓背,坐则曲腰。此非乏训练而何?二人对谈,声满全室,三人共处,声溢户外。他人被扰,于我何干。此非乏训练而何?他如起居不常,饮食无节,昏沉颠倒,几乎若牛马矣。学校之中,视此种恶习,当如传染病,极力防止,务使养成一种庄严有秩序的国民。

爱国心当为无上之美德,凡中国之新国民必具是,无此则为家族之私人,非国家之国民。爱国心既具,必复有独立之思力,健全之体力,庄严之人格,加以学校中所应教之科学知识,优美性情,则方成二十世纪之人格。此吾国教育家当持为标准者也。

中国当此危急存亡之秋,国防问题,实为首要。然欲解决此问题,非养成一种新国民不可。非将学生与旧社会隔绝不可,此作者所以主张严格的中学也。此种学校养成之学生,将来应世,足以为社会之领袖。入大学可以享学问自由之幸福,造成从心所欲不逾矩之人物。中国将来文明之进步,其此是赖乎。

(五)新国家之观念

个人无观念,则其人虽生犹死。国民无观念,则其国虽存犹亡。观念高者,则为大人。观念低者,则为小人。孟子所谓养其大体者为大人,养其小体者为小人即此意也。夫国亦然,国民而有高尚之观念也,则其国虽小犹大,反是则其国虽大犹小。所谓国民高尚的观念者,爱国之观念是也,无此,即为卑下之观念。虽然,空言爱国而无方法以达之,爱国两字,一空架而已,一死体而已。所谓真观念者,必具有活泼动作之精神,国民以此而生,以此而死。凡一切行为思想,皆依此真观念为标准。欲养成此种活动的观念,第一当知个人为民族而存立,第二当养成无我之领袖资格,第三当养成知识与道德调和之个人。以此三事,作求学行事之标准。时时思维省察,久而行之,想象之中,自有一活动的观念出现,此即作者所谓新国家的观念也。中国将来在世界之位置如何,以国民能有此观念与否为断。苟国民能具此活动的观念,则中国无量之幸福,即在是矣。

原刊于《教育与职业》第 5 期(1918 年 4 月)

个性主义与个人主义

何谓个性主义(Individuality)？曰，以个人固有之特性而发展之，是为近世教育学所公认，教育根本方法之一也，无或持异议者矣。何谓个人主义(Individualism)？曰，使个人享自由平等之机会，而不为政府社会家庭所抑制是也。趋乎极端者，吾国之老庄学说，西洋之无政府党是也。极端反对之者，德国、日本之国家学说是也。中正和平之个人主义，英、美之平民主义(Democracy)是也。

老子曰："弃仁绝义，民复孝慈。"又曰："剖斗折衡，而民不争。"庄子曰："奈何以仁义胶天下乎？"老庄所谓仁义者，社会所公认之道德标准是也。个人为道德标准所束缚，则桎其性。此庄子所以谓"凫颈虽短，续之则忧"也。无政府主义者曰：政府万恶之源，社会万恶所归，皆所以戕贼个人之性者也，除而去之，则个人得以自由发达。是两派者，西国学者称之曰极端的个人主义(Radical Individualism)，现今之世界，不可行也。行之，则社会之秩序乱。

德国与日本之国家学说曰：国家为无上尊严之所寄，个人当牺牲一己以为国家谋强力；国家有存在，个人无存在。是极端反对个人主义者也。两端之中，有中正和平之个人主义在，是即上所谓英、美之平民主义是也。

平民主义者曰：个人有个人之价值，不可戕贼之。国家与社会者，所以保障个人之平等自由者也。故个人对于国家社会，有维持之责任；国家社会对于个人，有保障之义务。个人之行为有违害国家社会者，法律得以责罚之。

国家社会有戕贼个人者，个人得以推翻而重组之。故平民主义者,个人与国家社会互助之主义也。以平民主义为标准之个人主义,即作者之所谓个人主义也。

共和之国,其要素为平民主义。平民主义之要素,在尊重个人之价值。所谓自由平等者,非尊重个人之价值而何!

个人之价值,当以教育之方法而增进之,此即所谓发展个性是也。发展个性之基本学说,即孟子之性善说。夫性既善,则教育所当事者,发展此善性而已。故孟子曰:"恻隐之心,仁之端也;羞恶之心,义之端也;辞让之心,礼之端也;是非之心,智之端也。"又曰:"凡有四端于我者,知皆扩而充之矣,若火之始燃,泉之始达。苟能充之,足以保四海,苟不充之,不足以事父母。"此孟子发展个性之说也。近世心理之学大昌,各个人有其特性,已成科学上之事实。孔子因人施教,证诸心理,实为正当之教育法。西洋教育大家,如卢梭,如佛洛倍尔,如裴斯泰洛齐,又近今如蒙特梭利,如杜威,莫不以发展个性为教育之原则。盖善性非此不展,个人之价值,非此不能增进也。

对社会国家而言,曰个人主义。平民主义所主张之自由平等,即保障个人之说也。

对文化教育而言,曰个性主义。发展个性,养成特才,则文化得以发达。不然,人类中无特出之材,则其文化必在水平线下。

大战告终,武力摧折,平民主义已占胜势,欲解决中国社会之基本问题,非尊重个人之价值不为功。

吾国文化,较诸先进之国,相形见绌。吾人其欲追而及之乎,则必养成适当之特才。欲养成适当之特才,非发展个性不为功。

原刊于《教育杂志》第 11 卷第 2 期(1919 年 2 月)

今后世界教育之趋势

大战方终，创巨痛深。今后欧美之思想，将易其方向乎？战前之思想，一国之中，贵族压制其平民，富人凌驾乎劳动，阶级之思想也。国际相接，大者制小，强者凌弱，国家主义之思想也。方欧战之初起也，国中之阶级主义，潜伏蛰息，贵贱贫富，联袂齐赴前敌。彼操国政者，方喜藉此战争，利用平民，共为国家主义而战。岂意俄民发难，俄皇就戮，强熊俄罗斯之帝国，一败而不可收拾矣。德皇维廉，喜强邻之既挫，西阵之胜利，以为一举灭法，称雄世界之大梦得以实现。岂意频年用兵，内乱蜂起，而俯首求和矣。挑国外之战争，弭国内之革命，政治家之所认为善策者也。今其结果与希望完全相反对，是乃此次大战之一大教训也。欧美思想界受此大打击，而深思其故，知此中有大原因存焉。夫贵族宣战，平民殉身于战场，贵族坐享其利。然而平民之视死如归者，盖有二大原因存焉。一曰保护同胞之权利、战之本义也。欲保权利，愿以身殉。二曰迷信。帝权时代，为帝皇而死者荣。国权时代，为国家而死者荣。因有所迷信，故愿以身殉。迨时迁势移，贵族利用人民，以图一己一党之私利。及为其所利用者，一旦觉悟，迷信顿去，则倒戈相见矣。德、俄两国，以帝国之权而驱平民战，故当其迷信未去也，则军队横行，有万夫不当之勇。及其觉悟，则千万之壮士，如怯孤而遁逃矣。思想之变迁，其势力足以左右一国之命运。观夫强俄狠德之挫败，其理灼然自明矣。

爱国犹爱家矣。当其全家和乐，为子弟者，见家有患难，莫不奋身以救之。若家主专横，驱子弟以攫取邻家之物，则为子弟者宁有不叛者耶？此德之所以败，而英、法、美之所以胜也。

然前此家主之专横，子弟不敢抗也，胡为此次战争而独然耶？曰：此平民主义发达使然也。俄德之民苦专制久矣。昔日之不敢动者，以有军队之压力故也。今雄兵在外苦战，国内实力空虚，是与平民以莫大之机会也。酝酿已久，一旦冲动，轰然暴发，莫能阻也。故其势澎湃，世界各国咸受其冲，而阶级制度、国家主义，不能当此猛力之潮流，而倾倒无余矣。

吾之作此言也，非谓世界今后无国界也。千百年后或能臻此理想世界，若孔子之所谓大同，耶稣之所谓天国者，而今犹未也。然以趋势而言，平民主义之发达，足以杀军国主义之势焰。此吾教育界之所当注意者也。德既败矣，采德国主义之日本，近亦渐渐觉悟，观夫东京普通选举之运动，与夫各报之同声鼓吹可知矣。又近月以来，日本教育杂志，对于平民主义，连篇不绝之议论，尤足证日本教育界之感受世界潮流也。若夫美利坚者，固平民主义滋生滋养之地，今其发达，正未有艾也。

吾人平心思之，地球之大，物产之众，固足以养众生而有余。今夫贫家之子，衣不御寒，食不能饱，而贵族军阀，复驱之于死地，以求少数人之虚荣厚利，试问当乎不当？

孟子曰："逸居而无教，则近于禽兽。"故凡为人类者皆当有教。教何以哉？教为人耳。今之教者，或教之以为兵，或教之以为工，或教之以为农，而不知教之以为人。是以教越敝，而世事越不可问矣。夫古代之贵族军阀之所以能生存者，为其能保民也。然以权利所集，其结果竟至于祸民以自祸，而其教育遂为祸民之教育矣。故贵族军阀之教育，养成魔鬼而已。

世界之进化，有阶级焉。最初为神权，降而为帝权，再降而为国权，由国权而蜕化，则将为人权。介乎帝权与国权之间者，日本是也。介乎国权与人权之间者，英、美、法是也。然观夫今日之大势，将群趋于一途，而咸以人权为归。故图百年之大计者，必以人权为教育之目的。德国近日教育界之觉悟，英国及法国义务教育期限之延长，美国注意乡村小学之改良，日本国民平民主义之主张，皆受此人权潮流之影响者也。孟子、卢梭、裴斯泰洛齐及佛洛倍尔诸哲教育学说之所以经世而不磨者,以其但认有人而不认有阶级社会与夫国家主义也。教育云乎哉,行之而得其当,则养成有真价值之人,行之而不得其当,则造成魔鬼。社会之退化,国际之冲突,人类之痛苦,皆此魔鬼教育为之厉阶也。

溯自吾国变政以来,八股之科举敝,改策论,策论之科举敝,改学校。今学校已成变相之科举,将何改乎?驱天真烂漫之儿童,而入变相科举之学校,危乎不危?吾非谓国中无良善之学校也。吾为大多数之学校言之耳。国家之进步,人类之幸福,赖教育平均之发展,少数之良善学校,不足以致此。查先进国之入学人数,占人民总数五分之一。据教育部最近报告,吾国入学人数共占人民总数百分之一。即使吾国所有之学校,尽施适当之教育,而此百一之势力,能有几何?平均云乎哉,吾为吾国之社会,抱无穷之隐忧也。

总之今后世界教育之趋势,以发达人权为归。而国中发达人权之教育,当求其平均与普遍。顺乎此,则社会进化。逆乎此,则文化凋敝。苟明此道,则教育之方针得以定矣。

原刊于《新教育》第 1 卷第 2 期(1919 年 3 月)

进化社会的人格教育

何谓人格？本个人固有之特性，具独立不移之精神，其蕴也如白玉，其发也如春日，而此特性，此精神，即所谓人格也。以此为目的之教育，即所谓人格教育也。

何谓进化社会？进化社会有三条件：一曰社会所贮蓄之文明，能日日加增也。不能保守固有之文明，不必言进化。能保守矣而不能加增，亦不能言进化。故进化社会，须日日加增其文明也。二曰社会之度量，能包容新思想也。退化的社会，度量狭窄，凡有新学说出现，必挫折之，使无存在之机会，而后乃快。有清之文字狱，与俄帝国时代之压制言论自由，即其例也。三曰大多数之人民，能享文化之权利也。如文化限于少数之人，则此少数人之思想纵或高尚，往往与一般普通社会相扞格。其结果也，于俄国则酿成虚无党，于中国则养成迂远不切事务之书呆子。少数之人，高谈阔论，不可一世，而多数国民，其劳力如牛马，其愚鲁如蠢豕，社会之前程，遂黑暗而无光。

以上之三条件具而后社会始能进化。故个人之居进化社会中，当负此三种之责任。欲负此三种之责任，必先养成有负此责任之能力。

此能力之基础有二：一曰能行，二曰能思。所谓能思者，养成清楚之头脑，并有肝胆说出其思想，不可抄人成语，亦不可唯唯诺诺地随人脚跟后讲胡话。所谓能行者，做事担得起责任，把肩膀直起来，万斤肩仔我来当。夫如是，始能增加文化，生出新思想。致使大多数人民能享文化之权利，则须仗教育之普及。

进化社会的人格　本上文人格之定义，与夫进化社会之条件，个人能力之基础，而作进化社会的人格之解释曰：本个人固有之特性，具独立不移之精神,其蕴也如白玉,其发也如春日,具清楚之头脑,担当万斤肩仔之气概,能发明新理而传布之,勇往直前,活泼不拘,居于一社会中,能使社会进步,而此特性,此精神,即所谓进化社会的人格也。以此为目的之教育,即所谓进化社会的人格教育也。

原刊于《教育杂志》第 10 卷第 6 期(1918 年 6 月)

职业教育与自动主义

职业界有两种人才，曰自动的，曰机械的。何谓自动的人才？曰：具远大的眼光，进取的精神。事事图改良，著著求进步。人未敢行者，吾独敢行之，人未及知者，吾独察先机而知之，此即所谓自动的人才也。何谓机械的人才？曰：具一艺之长，精一部分之事。人先提倡，吾能随之，此即所谓机械的人才也。若夫界以一部分之事，为之而不善，鞭策之而始动，此其下者，不足以称人才，称之曰劣工可矣。

一工业社会中，自动的人才众，则社会竞争烈而进步速，机械的人才为所庸雇而共成其事。工业社会中自动的人才少，则社会乏竞争的能力而进步迟，一部分机械的人才必失其业。故社会工业之发达，使自动的人才以兴之，机械的人才以辅之。有自动的人才而无机械的人才，则此一般自动的领袖必设种种方法以养成之。机械的人才越众，成事越多，而工业遂因之而发达。

以德国而论，其工业社会有自动的而更多机械的，故其制造之精甲天下。以英美两国而论，其工业社会有自动的而少机械的，故其出产虽多，而其物之精美，远不如德国。盖自动的人才，犹良将也，其机械的人才，犹精兵也。有良将，有精兵，则百战百胜。有良将，少精兵，则战或胜，而消耗必巨。美国近年以来，提倡职业教育，不遗余力，盖有慨乎有良将而少精兵也。

然则机械的人才，皆不能自动乎？曰否，所谓机械的，非不自动之谓也。苟不能自动，不足为良机械也，不过以比较的而言，有所谓自动与机械之别，实则所谓良机械者，不尽为被动，盖一部分内之事，其成功之大小，多以工人之能自动与否为断。主持之人，必不能于纤细之间,尽指导之责。故于某种界限之内,其成绩之优劣,实赖乎操作之人,若事无巨细,事事被动,则必不能成良工也。

故从大处着想,能自动者,曰自动的人才。从小处着想,能自动者,曰机械的人才。若处处被动,即所谓劣工者是矣。故讲职业教育而不言自动,其结果也,养成劣工而已。

从大处着想,养成自动的人才,高等专门教育事也。从小处着想,养成自动者,职业教育事也。一则养成工业社会之领袖,一则养成工业社会之良工,两者备则社会之实业兴。

原刊于《教育与职业》第 8 期(1918 年 8 月)

世界大战后吾国教育之注重点

欧战开始以来,已经四载。于戎马倥偬军书旁午之际,欧美人士,不忘百年树人之计,对于教育问题,煞心研究,不遗余力。去前两年之间,欧美报章,对于战后教育之进行,论著甚多。而专书论此为余所见闻者,英有伯特来氏(Badley)之《战后教育》(Education after the War),美有地恩氏(Arthur Dean)之《战时及战后之学校》(Our Schools during and after Wartime),法有彼高氏(Pécaut)之《战后之学校》(L'Ecole aprés la guerre),日本有民友社发行之《战后之教育》及同文馆之《战后我国(日本)之教育》。回顾吾国,对于此大问题发布言论者,凤毛麟角,不可多见。

当今之世,世界潮流之趋势,无国能逆之。甲国与乙国起重大交涉,而丙丁戊等国,决不能处旁观地位。是以此次欧战之初,因俄奥交涉而牵动德法英比诸国,既而及于土耳其,而日本,而意大利,而美利坚,而中国。夫兵,凶器也;虽所不愿,无可为力;潮流横来,莫能幸免。此所以今日之谈政治、实业、学术者,不得不察世界之大势,而为相当之设备。夫教育何独不然?战后之教育,实为立国之一大问题。然欲言战后之教育,不得不先言欧战之原因及希望战胜之基本需要。

欧战之原因,甚为复杂。若历史、地理、人种之关系,非千百言所可得而尽。今撮其荦荦大者,厥有两端:一曰经济之竞争。德国于近数十年来,重科学,讲制造,辟商务,其目的在经济之发展。而英国之开辟殖民地,其目的亦在此。英、德两国,各以全力图经济之发展。在南美、南非、巴尔干及亚东诸地,利益之冲突,已日甚一日。识者固早知两国必有一日而决裂也。德之与俄战,其目的物在英。英助比、法、俄,其目的物亦在德。故欧战之初期,为英、德两国经济之冲突。厥后各国各以利害关系,加入战团,遂成世界战局。二曰国家主义之竞争。奥之欲并吞塞尔维亚也,其蓄志已久。塞人杀奥太子,奥将乘机以灭塞。俄以塞为斯拉夫人种,故与奥战。德以奥为同盟,故与俄战,又以法与俄同盟,故亦与法战。德自以武力之足恃,梦想灭法败俄而雄视世界,英于是不得袖手旁观矣。德以有精练之军队,视世界若无物,苟其战胜联军,则首受其祸者美国也,故美亦不得袖手旁观矣。欧战之始也,为国家主义之冲突。连战三载,而世界思想在烟阵云雾之中,究莫知其何为而战。自美加入后,威尔逊始以"为世界求平民主义之安全而战"(Make the World Safe for Democracy)号召天下,与德皇之条约为"一撮碎纸"(Scraps of Paper)相对待。于是国家主义之激战,转而为平民主义与武装主义之激战矣。

将来之结局如何,当以下列三条件为断。今请为读者诸君析而言之。

世界战争结局之条件:一曰经济之能率。二十世纪为经济社会。其经济能力低下之国,在太平世,不足为人民求幸福,在战争时,不足为国家实军备。况近世战费浩繁,一日之军费,动以百万计。经济能率低下之国,其败也必矣。美国加入战团,为德之所畏者,美之经济力也。故经济之重要,不待言而自明。二曰个人之能率。无健全之个人,必无强壮之士卒;无强壮之士卒,其能组织强有力之军队乎?美之初入战团也,议者谓美国向不重军事训练,驱一无训练之国民而与德战,其前途恐多悲观。然而今日美军之在欧洲战线者,已成德人之劲敌矣。此无他,美国人民素具强伟之体质、独立之精神,故易于训练也。三曰社会之进化率。有强健之个人,处不进化的社会,而卒遭大失败者,俄国是也。有强健之个人,处进化的社会,总统一呼,全国响应,将来必告大功者,美国是也。方美国与德宣战之时,总统以一纸文告,令全国青年自十九岁至二十九岁者,一律注册,预备入伍,一日之间,而全国青年均往就地各机关注册,无敢不到者。他如全国人民,受政府之忠告而节省食物,学校儿童,种植园地以增加食料,及制作绷带以助红十字会,全国实业机关均自愿听政府之调度,以助战事之进行,其预备之神速,运用之敏捷,殊足令人钦佩,此无他,其社会进化率高故也。有雄伟之经济,强健之个人,进化之社会,则战时可制胜势,平时可求国利民福。故战后之教育,其目的不外乎求此三者而已。英国国会近来提出一议案,欲延长义务教育之年限,及提倡体育及补习教育。美国有请中央政府提拨美金一万元,作为推行补习教育,奖励体育,改良师范学校,延长义务教育之用。法国亦有延长义务教育年限之议。此足为吾人借鉴者也。

依上列三条件而谈战后之教育,吾人所当注意者,以教育行政方面言之,厥有四端;以学校设施方面言之,厥有五端。今请析而言之。

(一)教育行政方面

(甲)随地随时推行义务教育以促进社会之进化 欧美各国,自实行义务教育以来,社会进化,一日千里,彼犹以为不足,欲延长其年限。而吾国则虚耗巨币,从事国内战争,国民教育,视若无足轻重。社会之进化与退化,于此已判,遑云其他?然吾国一旦欲全国实行义务教育,殊非易事。故入手办法,须随地随时,按年进行,先施诸京师及各省会,次及府会及县会,划定区域,节节进行。作者于旅行东三省时,见吉林省会,已试办义务教育,划省会为若干区,凡居住区内之儿童,必须入学,今其成效卓然可观。又浙江慈溪山北地方,以沪商虞和德之提倡,由虞氏族中公共主持,凡居住该地方区内之儿童,必须入学,其家甚贫者,由学校每日津贴洋一角,初办之时,受津贴者约百人,至今只六七人而已,此虞君之亲为作者言者。是随地随时,划分区域,酌量地方情形,兴办义务教育,必非甚难。吉林省会,慈溪山北,足为吾人参考者也。

(乙)随地随人施设职业教育补习教育以加增经济之能率 去年美国国会,通过一议案,由国库提拨巨款补助各地方之职业学校;逐年加增,八年后,增至美金一千一百万元;每年由中央政府按地方所出款项之多寡分配(例如地方出百元者,中央补助百元,地方出千元者,中央补助千元,照地方所出之数补助之)。他若英国强迫补习教育之议。

德国之推行职业教育，固为各国之先导，今其战时之经济力，仗此者正不少。吾国今日民穷财竭，流氓遍野，补救之道，舍职业教育、补习教育，其道末由。试办之法，可就大都会大商埠中，调查职业状况，参酌地方需要，设立乙种工商业等学校，惟实习务须注重，其实习时间，至少居校课之半，则纸上谈兵之弊，庶几可免。

（丙）推广大学及专门教育，以养成倡导社会进化加增经济能力之领袖　义务教育、补习教育、职业教育，足以增进平民之知识技能，而促社会之进化。然而平民主义，非有领袖为之先导，必难进行。大学及高等专门教育者，所以养成平民主义之领袖者也。观英、美大学学生，对于战时之多能牺牲者，可知矣。以我国幅员之广，人民之众，而全国国立大学，只北京一处，将何以养成将来之领袖乎？世界各国大学及高等专门学生数，每人口十万人中，瑞士得二百六十二人，德国一百七十八人，苏格兰一百七十三人，美国一百七十一人，英国一百人，奥国九十九人，法国九十人，意大利八十八人，俄国四十四人，中国则七人而已（由民国四年度至五年教育部报告推算而得）。西人尝谓中国少领袖人物；今受高等教育人数若尔之少，领袖将从何出乎？除出产草莽英雄，如《水浒传》中之领袖人物外，以今日高等教育之幼稚而论，吾又将何处觅平民主义之领袖乎？

（丁）推广童子军以养成自动自助之能力　童子军非为武装主义之预备也。其宗旨在使儿童于种种动作多兴趣时，导以作种种有益之动作，养成自动自助之习惯。果使吾国懦弱怯后之儿童，加以训练，而成强毅活泼之儿童，则今日懦弱怯后之国民，他日庶几蜕变而为强毅活泼之国民乎？

（二）学校设施方面

（甲）发展个性以养成健全之人格　人格教育，非道德教育之代名词也，亦非保守遗传道德之谓也。人格云者，本个人固有之特性，具独立不移之精神，其蕴也如白玉，其发也如春日，而此特性，此精神，即所谓人格也。此特性，此精神，均为个性分内之物。发展个性，即所以发展此特性此精神也。欲增进个人之能率，此其一端也。

（乙）注重美感教育体育以养成健全之个人　美感教育者，所以发展个人优美之感情，即王阳明所谓唱歌即所以发扬其意气之谓也。西洋人以增进个人之欲望为则，东洋人以抑制个人之欲望为归。吾国若不采取西洋之文明则已，如欲采取，当以增进个人之欲望为前提。欲增进个人之欲望，则图画所以发扬其想象力，舞蹈所以发扬其奋兴力，音乐所以发扬其感情：此数者，皆足以养成活泼之个人也。又人类有天生优美之身体，所以寓天生优美之精神也。希腊人有恒言曰"健全之心寓于健全之身"（Mens sana in corpore sano），或译健全为美丽，则美丽之心，寓于美丽之身矣。盖希腊人之观念，美丽者必健全，健全者必美丽，二者不可须臾离也。故欲发扬美感，非有健全之身体不为功。体育者美育之基础，两者并进，健全之个人乃成。欲增进个人之能率，此其又一端也。

（丙）注重科学以养成真实正当之知识　近世西洋学术，莫不具科学之精神。科学云者，好求事实，使之证明真理是也。我国思想学术，向不注重系统，故往往以一人之言，前后冲突，东西背驰。欲却其病，科学其良剂也。欲养成头脑清楚之国民，科学其圣药也。又近百年东西洋种种进步，其原因在能制天然力而为人用。科学者，即制天然力惟一之利器也。

（丁）注重职业陶冶以养成生计之观念　尊重劳动，为欧美经济发展之基础，二十世纪工业社会之柱石也。儿童求学，除训练其思想技能身体外，须养成其劳动之习惯。德国教育部于千九百十二年（民国元年）发一通告云："公家学校中大半学生，未受工作之教育，故儿童对于劳动之兴趣，甚为薄弱，勤劳之习惯，渐渐消灭。此非但大城市中之学校为然，国中多数之学校，大都若是。是以手工业中，多抱乏良徒之叹，工业界中，缺乏有技能之工人……故训练勤劳，为工业社会之所必需。工人受训练，则社会始获种种新发明之利器，而德国得操胜势于世界商业竞争之场矣……"吾国今日之情形，能劳动者，不受教育，受教育者，不能劳动，甚至轻视职业，以不作工为高。则学校愈多，而游民亦愈众矣。职业陶冶者，所以养成尊重劳动之精神，而为世界工业竞争之基础也。

（戊）注重公民训练以养成平民政治之精神，为服务国家及社会之基础 由健全之个人，组织进化的社会。进化的社会，还以养成健全之个人。个人与社会，实为一有机体。凡训练个人以服务国家及社会者，曰公民训练。学生自治团也，学校服务团也，公民团也，童子军也，皆所以训练公民之方也。欲解决将来政治上之问题，使我国达到完满平民政治之目的者，当于今日之学校开其端也。

原刊于《教育杂志》第 10 卷第 10 期（1918 年 10 月）

杜威之道德教育

杜威把他的人生哲学为本,讲道德教育。他说学校对于社会的责任,好像工厂对于社会的责任。譬如一家织布厂制造布匹,要先考虑社会之需要。知道社会的需要后,照这样需要去造各种样儿的布。布厂不能造社会不需要的布。至于什么造法最经济,要布厂里的人自己设法讲求。学校教学生,亦要先考察社会的需要。知道了这个需要,然后教他们,至于什么教法最经济、最有功效,要学校里的人自己设法研究。

察社会的需求,就是社会方面的人生哲学,是实质的。研究什么教法最经济、最有功效,就是心理方面的人生哲学,是方法的。

杜威最不信道德是可以和他课分离讲授的,他说:"'道德'一个名称,不是指着人生的一个特别区域,也不是特别的一段生活。"照他的眼光看来,各种功课,都有道德的价值,都是道德教育(不能设那什么叫做道德一科,在纸上谈兵)。他举了几个例:

手工——教授,不是专教手工,也不是但增进知识,教了得当,能养群性的习惯,是很有社会的价值的(杜威把道德和社会联合在一块儿,照他的意思,讲道德离不开社会,讲社会的幸福就是讲道德。他说社会的价值,就是道德的意思)。从康德至今,大家都知道艺术的利益,是要社会公共受享,不是个人所可私的。养成群性的习惯,就是道德教育。

地理——是能使学生知道物质和人群很有关系,如两种民族,如何为物质环境所分离,以及河流道路如何能使各民族交通。湖、山、河、平原种种,表面看来,是物质的,究竟的意义,实在是人群的。我们大家知道，这是和人类发达和交通，很有关系的。

历史——其道德价值，是讲明社会的来历，使学生对于社会种种形态、动作，都知道意义。社会如何发达，如何衰落，都可从历史上讲明白。其余如文字为社会思想交通的利器，算术为比较社会各种事业好歹的利器，只要教师有眼光，哪一课不是道德教育呢？

杜威又十分反对学校中教授没有理由的遗传道德。他说："格言（moral rules）（遗传道德）往往成一种和人生没有关系的东西，变成一种律令，要人顺从他。这样就把道德的中心，移出人生的外边，凡重文字，轻精神，重命令，轻自动的道德，好像用外面的压力，把人里面活泼的精神压住了。"他又说："命令式的遗传道德，不过是一种过去社会的习惯，是过去的经济和政治的景况所造成的。"

杜威的意思，以为现今社会的罪恶，并不是因为个人不知道德的意义，也不是因为个人不知道德上的普通名词（如诚实、耐苦、贞操等），其实在原因，是个人不知社会的意义。因为现今社会是十分复杂；若非受正当教育的人，哪里知道人生的真意，使他的动作、行为，都合社会的要求呢？多数的人，或被遗传道德压倒，或为一时感情所牺牲，或为一阶级的人所欺骗，哪里有机会识社会的真相？

杜威脑中，想着道德两字，就想着社会的生活——现今社会的生活，不是古代社会的生活——道德的程度，就是人生的程度。道德的观念，就是人生的观念。人生以外无道德，社会以外无道德。他的道德范围甚广，不是在遗传道德圈里弄把戏的。

杜威说："我们对于道德教育的观念，实在太狭，太重形式，太像病理学。我们把道德教育和一种道德上的特别名称紧紧抱住，和个人他种行为分离。至于个人自己的观念和自动力，竟全然没关系。这种道德教育，不过养成一种无能力、无用处的'好人'罢了。能负道德责任和能干事的人，不是这样教育法可养成的。这样教育法，都是皮毛的，于养品性全没有关系……"

什么样才算是真道德教育呢？照杜威的意思，有三件事：（一）社会知识，（二）社会能力，（三）社会兴趣。社会知识（social intelligence)，是使个人知道社会种种行动，种种组织的意义。社会能力（social power），是个人知道群力之趋向及势力。社会兴趣（social interests），是使个人对于社会事业有种种兴趣。学校中对于三件事有什么原料呢？（一）使学校生活成一种社会生活，把学校造成一个社会的小模型。（二）学与行的方法。（三）课程。学校生活，是代表一种社会共同的精神。学校训练、管理、秩序等，要和这精神相合。要养成自动的习惯、创造的精神、服务的意志。课程一方面要使儿童对于世界生自觉心，他们既生在这世界，和这世界有密切关系，要使他们知道世界事业的一部分，他们要担负的。这样的办法，道德的正当意义就得了。

以上讲的一番话，是社会方面的人生哲学，这是实质。对于这个见解不差了，我们就可以讲心理方面的人生哲学，这就是方法。社会的价值一句话，对于儿童不过是一种抽象的意思。若不把这抽象变作具体的，他们小孩子便不能懂。做到这道德的地步，究竟是儿童自己的事，所以我们就要从儿童个人身上着想，要使他们个人的生活，代表社会生活的一部分。

心理一方面的人生哲学，是用什么法儿推行呢？杜威说道：

> 第一步就是观察儿童个人，我们知道凡是儿童都有一种萌芽的能力——本能和冲动（instincts and impulses）——我们要知道这种本能究竟做什么，有什么意思。讲到这事件，我们就要研究这种本能有什么结果和功用；怎么可使他变为有组织的动作利器。我们讲起这粗浅的儿童本能，就要记得社会生活。讲那社会生活，我们就可知道这种本能的意义和陶冶方法。到了这儿，我们再要回到个人身上，找出来用什么方法，把儿童自动的本能，达到社会生活的目的。又用什么方法是最经济的、最容易的、最有效力的。我们所应做的事，就是把个人活动和社会生活联接起来，这只有儿童自己做得到，教员实不能越俎代谋。即使教员能勉强做到，亦没

有什么人生哲学上的价值。教员所能做的,不过把环境改良,使儿童受了环境的影响自己动作起来(如儿童没有团结力,教员不能把他们勉强团结起来,只能改良环境,使他们自然团结起来。开运动会、游艺会、展览会等,就是改良环境的方法)。道德的生活,是要儿童个人知道自己的意义、动作的时候,又要有精神上的兴趣。对于动作的结果,是自己用力得来的。到底我们逃不了用心理学的方法,研究个人的心理,找出一个法儿来,使儿童勃发的天能,和社会的习惯智慧相适应。

照杜威的见解,这心理学的研究有几个道理:

(一)第一件要知道凡儿童的行为(conduct),基本上是从他们固有的本能和冲动(instincts and impulses)上发出来的。知道这个本能和动作是什么东西,在什么时候,有什么本能动作发现,我们才能利用他,使成为有用的。不是这样办法,各种道德教育,都是机械的、外铄的,和个人内部没有感动的。若我们以为儿童天然的动作,就有道德的意义,便放纵了他,这就坏了,我们太娇养儿童了。这种天然动作,是要利用的,或是要引导到有益的地方去;这是教育的原料,是给我们用他来造成一种有用的人。

(二)人生哲学要从心理方面看,因为儿童自身,是教育惟一器具。各种功课如历史、地理、算术等,若非从儿童个人经验上着想,都是空虚的。

总而言之,照杜威的意思,我们讲道德教育,是发展儿童的品性或人格(character)罢了。然而讲起这品性一个名词,大家就弄不清楚,所以杜威把他说明白。

杜威说品性是指儿童内部动作的程序。是动的,不是静的,是心的原动力,不是行为的结果。照这看来,发展品性一句话,有几件事情,要讲明白的。

(甲)能力(force)(行为的能力)。我们讲道德的书,都注重存好心

(intention)一句话。谁知道我们要讲道德，不是存了好心便罢，我们还要有能力把好心推行到实际上。若有了心，没有力，便成一被动的"好人"，有什么用处呢？所以我们要养成一种人，使他有肩膀担负责任。不怕难，不怕苦，自动非被动，敢言又敢行，这才算一个有道德的人。这种能力，我们就叫他品性的原动力（force of character）。

（乙）但有能力，还是不足。能力不善利用，就会变成危险的东西。有大能力的人，有时会把人家的权利摧残。所以有了能力，还要把他引到一条正路里去，使他成有用的能力，这种能力，方才可宝贵。

照这看来，智力（intellectual）和感情（emotional）是要并重的。智力是具有一种有判断力的常识，看事能明白，知轻重大小，遇事能措置得当。抽象的是非，空悬的好意，是不能成这种判断力的，要个人从实际上磨练，方才能到这地步。

（丙）徒有智力，还是不足。我们知道很有判断力的人，还是不做事情。这是因为没有一种活泼泼抑不住的感情，在里边发出来。（孟子说恻隐之心，仁之端也，又说扩而充之足以保四海，都是讲这道德感情之作用）所以我们要讲感情一方面。我们可知有判断力、有忍耐力、不畏难的人，固然也能做好事情，但我们把"铁面"与"婆心"两种人相比较，觉得"婆心"的人是和蔼温柔的，是慈悲的。"铁面"的人是形式的，是照格式做的。要养成和蔼温柔的品性，是要把感情注重。

学校中应该是什么样做法，才能养成有能力、有判断力、有感情的品性呢？

杜威有几句话，请列位听：

第一件，品性的能力是不能用抑制（inhibition）法养成的。我们不能从消极的抑制里边，找出积极的自动来。有时因为要将各种能力聚在一块儿，使专心致志做一件事，我们不得不防止他的能力在他方面乱用。但这是引导，不是抑制。这是贮藏，不是塞住。好像园中一池水，我们要作灌花之用，便不能让他东西乱流。这贮藏的时候，便有许多真正的抑制力在里面，不必另外再用抑制方法。倘若有人说抑制力在道德上是比较引导力为要紧，这好像说死是比生为贵，消极比积极为贵，牺牲比服务为贵了。有道德教育价值的抑制力，是包括在引导力里边。

第二件，我们要问学校里的功课，从心理上看来，是否为养成判断力所必需的。识得比较的价值，就是判断力。故欲养成这种能力，必须使儿童具有一种选择的能力。徒然读书听讲，不能办到。学判断力的好方法，就是要儿童时时下判断，作选择。还要自己来判断，自己来选择。判断选择之后，自己去做，使他知道他自己行为的结果，或成或败，有了结果，才能下判断。

第三件，慈悲心，或与人表同情的心，必须养成的。要养成这种感情，须要留心美的环境，使儿童受一种美的影响。若校中功课是形式的，学生又没有社交生活团体集合的机会，感情的生机就会饿死，或从不规则的一方面去发泄，更把他弄坏了。有时学校以实用为名，使学生但习读、写、算三者（Three R's），和其他干燥的功课，把他的耳掩住，不闻好文学，不听好音乐；把他的眼遮住，不见好建筑、好雕刻、好图画。这样办法，我们就没有把儿童的感情养好的机会。他的品性，就缺这一部分重大的要素。

原刊于《新教育》第 1 卷第 3 期（1919 年 4 月）

改变人生的态度

我生在这个世界，对于我的生活，必有一个态度；我的能力，就从那面用，人类有自觉心后，就生这个态度。这个态度变迁，人类用力的方向，也就变迁。

希腊时代，那半岛的人民，抱美感生活的态度。"美是希腊做人的中心点。"(Dickinson：Greek View of Life，p. 187)"无论宗教、伦理和种种人生的活动，都不能和美感分离。"(Ibid，p. 728)"希腊的神，以世间最美丽的东西代表他。"(Maxims of Tyie)希腊人对于生活抱这美的态度，所以产生许多美术品和美的哲学，希腊文明就成了近世西洋文明的基础。罗马时代，人民对于生活，抱造成伟业的态度，所以建雄伟的国家、统一的法律、宏壮的建筑、广阔的道路。凡读史的人，哪一个不仰慕罗马人的伟业呢？罗马帝国灭亡，中古世起，一千年中，欧洲在黑暗里边。那时候人民对于生活的态度，是在空中天国，这个世界是忘却了。所以在这千年中，这世界无进步。

十五世纪初，文运复兴，这态度大变，中古世人的态度，是神学的，是他世界的，文运复兴时代人的态度，是这世界的，是承认活泼泼的个人的。丹麦哲学家霍夫丁氏（Hoffding）著《近世哲学史》，对于文运复兴说道：

> 文运复兴是一个时代，在这一时代内，中古世狭窄生活的观念，是打破了。新天新地生出来，新能力发展起来。凡新时代必含两时期：（一）从旧势力里面解放出来，（二）新生活发展起来。

文运复兴的起始,是要求人类本性的权利,后来引到发展自然界的新观念和研究的新方法。

这个人类生活的新态度,把做人的方向,基本上改变了,成一个新人生观。这新人生观,生出一个新宇宙观;有这新人生观,所以这许多美术、哲学、文学蓬蓬勃勃地开放出来。有这新宇宙观,所以自然科学就讲究起来。人类生活的态度,因为生了基本的变迁,所以酿成文运复兴时代。

西洋人民,自文运复兴时代改变生活以后,一向从那方面走——从发展人类的本性和自然科学的方面走——愈演愈大,酿成十六世纪的大改革,十八世纪的大光明,十九世纪的科学时代,二十世纪的平民主义。大改革是什么呢?宗教里边,闹出了一个发展人类的本性问题。大光明是什么呢?政治里边,闹出一个发展人类的本性问题。科学时代是什么呢?要战胜天然,使地上的天产为人类丰富生活的应用。

当人类以旧习惯、旧思想、旧生活为满足的时候,其态度不过保守旧有的文物制度。把一切感情都束缚住了;这活泼泼的人,一旦从绳索里跳出来,好像一头牛跑到瓷器店里,把那高阁的盆碗都撞破了。所以人的感情一旦解放,就把那旧有的文物制度都打破。

文运复兴、大改革、大光明、科学时代,都是限于中等社会以上的。文运复兴不过限于几个文学家、美术家、哲学家的活动。大改革、大光明也不到中等社会以下的平民。科学的应用,也不过限于有财资的少数人。所以世界进化,要产出二十世纪的平民主义来。托尔斯泰说:

近世的医学新发明、医院、摩托车和种种科学上的发明,都是为富人应用的,平民哪得享受这些权利;故我以为真科学不是这些物质科学。真科学是孔子、耶稣、佛的科学(按此指尊重人道而言)。(Tolstoi:What is to be done?)

从文运复兴人类生活抱新态度为起点,这八百年中,欧洲演出了多少事。请问我国于元、明、清三朝内,做些什么? 朝代转移,生活的态度不变,跑来,跑去,终跑不出个小生活的范围。

我要问一句,活泼泼的人到哪里去了? 你有感情,为何不解放? 你有思想,为何不解放? 你所具人类本性的权利放弃了,为何不要求?

"五四"学生运动,就是这解放的起点,改变你做人的态度,造成中国的文运复兴;解放感情,解放思想,要求人类本性的权利。这样做去,我心目中见那活泼泼的青年,具丰富的红血轮,优美和快乐的感情,敏捷锋利的思想,勇往直前,把中国萎靡不振的社会,糊糊涂涂的思想,畏畏缩缩的感情,都一一扫除。凡此等等,若非从基本上改变生活的态度做起,东补烂壁,西糊破窗,愈补愈烂,愈糊愈破,怎样得了!

读了上文后,于人生态度,改变的必要,大概明白了。我现在把这个意思收束起,简单地提两个问题:

人生的态度从哪一个方向改变呢?

从小人生观到大人生观——从狭窄的生活到广阔的生活;从薄弱的生活到丰富的生活;从简单的生活到复杂的生活。

从家族的生活到社会的生活。

从单独的生活到团体的生活。

从模仿的生活到创造的生活。

从古训的生活到自由思想的生活。

从朴陋的生活到美感的生活。

人生的态度用什么方法来改变呢?

推翻旧习惯旧思想。

研究西洋文学、哲学、科学、美术。

把自己认作活泼泼的一个人。

旧己譬如昨日死；新的譬如今日生。要文运复兴，先要把自己复生。

原刊于《新教育》第 1 卷第 5 期(1919 年 6 月)

何谓新思想

本志(《东方杂志》)第十六卷第十一号伧父君有《何谓新思想》一文。今梦麟君又有《答伧父先生》一文,登载《时事新报》。今转载于此。并附伧父君意见于后。

《时事新报》双十节纪念号,我做了一篇文章。题目为《新旧与调和》。我说:"新思想是一个态度。"伧父先生在他的文章里说:"态度非思想,思想非态度,谓思想是态度,犹指鹿是马耳。"(《东方杂志》第十六卷第十一号)这是伧父先生误会我的意思了。我说"新思想是一个态度",是说新思想是指一个态度而言,并非说思想等于态度,态度等于思想。我说旧思想和新思想的不同,是在那个态度上。若那个态度是向那进化方面走的,抱那个态度的人的思想,是新思想。若那个态度是向旧有文化的安乐窝里走的,抱那个态度的人的思想,是旧思想。胡适之先生作《新思潮的意义》文一篇(《新青年》七卷一号),他也说"新思潮的根本意义只是一种新态度"。我们两个人,不谋而合地都承认新思想("思想""思潮"两个名,是没甚分别,故可作同义)是指一个新态度。他叫这新态度为"批评的态度",并对于批评的意义和方法,讲得十分详细。我于《新旧与调和》篇说:"他们(抱新思想的人)既视现在的生活为不满足,现在的知识活动为不能得充分愉快,所以把固有的生活状况,与固有的知识就批评起来。"胡先生把"批评"来解释"新"的意义,我把"进化"来解释"新"的意义,以批评为求进化的一个方法,两者措辞稍有不同,实际上实无甚差别。伧父先生也承认现在他们讲新思想的是指一个新态度,他说:"此解答固承认其确当,盖今日之揭橥新思想者，大率主张推倒一切旧习惯，而附之以改造思想生活之门面语；其对于新思想之解答如是也。"他并叫新态度是"时的态度"。伧父先生这番话，实在是太武断了。他们抱新态度的人，何尝一味主张推倒一切旧习惯？不过先把他来下一番批评，认为不对的，就把他痛痛快快地推翻了，没有说把一切都推翻。胡先生引尼采"重新估定一切价值"语，说"'重新估定一切价值'八个字，便是批评的态度的最好解释"。譬如从前的一把太师椅的价值是银四元，八仙桌的价值是银十元，现在要把他们的用处和式样与现在的新式椅桌比起来，下一个批评，重定一个价值，没有把他们都当柴烧的意思。我并没有说思想即是"等于"态度的话。所以伧父先生送我的"张冠李戴"、"卖狗插羊"、"谓鹿是马"种种徽号，我视作文虎章嘉禾章一样，概不敢当。

后来伧父先生把思想来解释，说："思想者，最高尚之知识作用，即理性作用，包含断定推理诸作用而言。外而种种事物，内而种种观念。依吾人之理性，附之以关系，是谓之思想。"这个解释，是本于宋儒性理说。视思想为不痛不痒的一种知识作用，但抽象地论事物之关系，把活泼泼的感情和意志，都划出思想范围以外。这样办法，就把活思想化作死焦炭，还有什么价值呢？伧父先生解释"新思想"，说："新思想者，依吾人之理性，于事物或观念间，附以从前未有之关系，此关系成立以后，则对于从前所附之关系即旧思想而言，谓之新思想。"这是以事物或观念的新关系，解释新思想，其中确有一部分的真理存在。譬如旧时论夫妇父子的关系，说夫为妇纲，父为子纲，这是旧伦理。现在夫对于妇，为个人与个人平等的关系。子对于父，当视他是一个社会的分子，不是爸爸的附属品，这是新伦理。夫妇父子仍存在，不过他们的关系变了，这就是伧父先生说的以关系定新旧。但我们更进一步，问这个"从前未有之关系"从何生出来的呢？第一步是因为夫对妇、妇对夫、父对子、子对父的态度变了。第二步因为态度变了，对于以前的纲常，就下起批评来，经过种种辩论和困难，然后生出夫妇父子新关系来。这才到第三步。未到这第三步以前，必经过许多感情和意志的作用，因为感情和意志是活的，是造成新关系的原动力，徒有那抽象的理性，怎么能创造新关系出来呢？

官觉、感情、意志、理性四者，是在思想中各占一部分。官觉是脑和事物相通的路径，感情是脑对于事物的感应，意志是脑的所欲，理性是脑的推测和判断力。这四者合起来，方才成一完全的思想。从美术方面讲起来，譬如一幅好图画，我看见这图画，是我的官觉；我爱他，我的感情；我要学画，我的意志；我画的时候，定远近线，择颜料，定比度，这样对，那样不对，这是我的理性。从科学方面讲起来，譬如观察一种微菌。我用显微镜去照，这是用我的官觉。我欢喜研究微菌，这是我的感情。我经过种种困难，一定要考察这微菌，这是意志。我定了方法，分门别类，耐了心试验，到底寻出微菌的道理来，这是理性作用。桑戴克说：理性不是惟一的王，他是一个大哥哥。伧父先生但认定这位大哥哥，把几位小弟弟都忘了。我为一帮小弟弟呼冤。

我说现在的"新思想"，是指一个向进化方面走的态度；因为要进化，就要遇着阻挡的东西，就要碰见不可解的老习惯，就要问问他们是什么意思，就要批评他们。

这态度非内也非外。伧父先生说"态度呈露于外，思想活动于内"，并且没有什么玄妙的意思，这是很平常很普通一个名词。我说对于固有的生活为不满足，就是我的态度。他说他固有的生活是他的安乐窝，就是他的态度。

态度变了，用官觉的方向就变，感情也就变，意志也就变，理性的应用也就变。

所以求新思想的劈头一斧，就是改变我们对生活的态度。

附伧父文：

梦麟君此文，对于"新思想是一个态度"一语加以解释，谓"新思想是抱那个态度的人的思想，那个态度，是向进化方面走的态度"。鄙人承认前此批评，是误会的。但"新思想是一个态度"一语，究有语病，想梦麟君亦当承认也。至梦麟君谓"抱新态度的人，何尝一味主张推倒一切旧习惯？"但鄙人曾见《新教育》第一卷五期"改变人生的态度"中所说的三个方法，第一个就是推翻旧思想旧习惯。鄙人谓"揭橥新思想者，大率主张推倒一切旧习惯"，实有所感触而发，并非武断。鄙人甚望梦麟君对于旧习惯加以批评，若批评之后，确是应该推翻，然后大家推翻他。不要不加批评，先说推翻。譬如犯了罪不经审判，即便处死，未免冤枉。现时学时髦的人，对于旧习惯，不论是非善恶，都主张推翻，说这个就是新思想。所以"张冠李戴""卖狗插羊"等徽章，是鄙人赠送一般假冒新思想的人。又梦麟君谓鄙人"把感情和意志都划出思想范围"以外，诚然诚然。在心理作用中，因感情意志发生思想，或因思想发生感情意志，固有密切关系。然谓感情与意志为思想之因果，固属不误。若为思想二字下界说，则不能将感情与意志，划出范围以外。此种界说，固非鄙人所创作，毋待详论。又梦麟君此文之意，以感情与意志为思想之原动力，先改变感情与意志，然后能发生新思想。是将人类之理性，为情欲的奴隶，先定了我喜欢什么，我要什么，然后想出道理来说明所以喜欢及要的缘故。此是西洋现代文明之根柢，亦即西洋现代文明之病根。我喜欢他人的土地，要用武力来侵略他，就用国家主义、民族主义、竞争主义来说明。我喜欢他人的产业，要用资本来侵略他，就用亲善和平协助种种道理来说明。其结果一切哲学、科学，都变成武人及资本家的工具。此种活思想，乃听人随其情欲而活用的思想，其价值何在！鄙人不能不更用宋儒的性理说来批评他，即所谓"人心之灵，莫不有知，天下之物，莫不有理，但为情欲所蔽，则有时而昏"。西洋现代文明的病根，即在于此。鄙人之意，以谓人当以理性率领情欲，不可以情欲率领理性。譬如我见一幅好图画，我爱他，我要学他，此是情欲的冲动。我当即用理性来判断此图画究竟好不好，当爱不当爱，当学不当学，然后决定我的态度。若理性并没有决定态度的权力，不过于态度已定之后，用理性来考察如何爱他如何学他的方法。照此说来，鄙人亦无可批评。不过鄙人要请问诸位批评旧习惯的人，究竟是何意思？譬如有人见了盘古时代的图画，爱他，要学他；你们却批评盘古时代的图画，如何不好，不当爱，不当学，但他们的态度是已定的，理性的权力不能改变他的，你们批评他，要他们用理性来改变态度，是心理上所没有的。请问求新思想的劈头一斧，如何下法？伧父附志。

原刊于《东方杂志》第 2 卷第 5 期(1920 年 1 月)

社会运动与教育

旧历元旦无事,我忽然想到天津学生的惨剧。于是联想到我于一月十八日,对他们的演说。那天到的男女青年很多,他们满堂活泼泼的笑容,犹在我心目中,我觉得很有一种感触。就握了笔,把当时的演说写出来,作一个纪念。

1920 年 2 月 20 日

文化运动有两方面:(一)是传布学术和思想,但学术思想,是限于知识阶级的,是局部的。(二)是社会运动的教育,这是提高社会程度的方法,对于受不到普通教育的平民,给他们一种教育。

现在我们大家称赞欧美的普及教育,我们都知道欧美社会进化,是从普及教育里来的。但我们研究西洋教育史,知道这教育普及,是从社会运动的教育里面化生出来的。

当十八世纪的时候,英国教育状况,也和中国差不多。那个时候,英国工业矿业,尚未发达,工价低贱,全国六分之一的人民是做劳力的,穿破衣,住茅屋,蠢如鹿豕。有了几个普通学校,多被政治宗教上的变动摧残了。所以苦百姓的儿女完全没有受教育的机会。这班平民完全不知道教育的价值。于是慈善家捐了钱,来开学校。十年之中,伦敦十里路内,开了八十八个学校,男女学生有了三千多人。又是十年,英国全国,有慈善学校一千二百所,学生男女有了二万七千人。后来逐渐增加,学校之数,有了二千所,学生男女五万人。课程是识字、宗教、道德、算术、清洁等科。这慈善团体的主持人是教会。他们组织了一个会,叫做宗教知识传布会。他们的宗旨,原来是传布宗教;

但做一个好人，须有一种知识，所以同时也授识字、算术等课。这种带宗教气味太盛的学校，后来渐渐变了无生气的，所以另外有一个团体起来，叫做全国贫民教育促进会。他们所办的学校，课程虽也不十分适当，但是因此打定了普及教育的基础。可见现在普及教育，是由贫民学校产出来的。因为政府和人民，见了教育有些益处，大家想到普及教育的有用处。几千个慈善学校，有这样好处，若是全国办普及教育，他的益处，不更大么？我们现在讲教育普及的人，要谢谢当时的慈善团体。

这种慈善学校，美国后来也仿办，美国普及教育的基础，就是这种学校。法国见了英国的办法，也来仿行。十八世纪的下半，可算是慈善学校发生的时代。

慈善教育的结果，是增进劳动阶级的知识，引起普及教育的意义，社会运动的教育中最要紧的一件事。

以上所说的，是社会运动的教育之历史，十九世纪欧美的社会进步，靠这种教育的力不少。以美国而论，现在教育终算是普及了，但美国人还是注意社会运动的教育——改良社会非正式的教育。美国纽约城，人民有了五百万，贫苦的百姓，自然很多；贫家的小孩子，虽受了小学教育，但十四岁就离学校了，他们的知识是有限的；还有欧洲来的工人——从社会不十分进化的如意大利、希腊、俄罗斯等国来的移民——多数不但不识字，而且讲不来英语，所以纽约慈善团体和市政府，在贫苦区域内设立夜学，教育他们。还有大学之中，设立夜班，使一般平民可以听讲。

美国多数的大学，有校外教育，在城市中设学，讲演时事和商业上应用的知识和技能。农科大学，备有火车，陈设讲演材料，如图画、标本、农事化学试验种种，到乡间演讲农事知识，如农民卫生等科。医科大学设卫生陈列所，以便一般人民参观，传布卫生知识于社会。

讲起这社会运动的教育问题，头绪觉得很纷繁，有许多是应该由慈善团体办的，还有许多应该由高等以上学校办的。我今日单讲置身文化运动的学生，可以做应该做的事。

中国实业不发达，工价低贱，平民的子弟，实在没处受教育，还有那年长失学的人，没有机会入正式的学校受教育；现在做学生的，可以给他们想个法儿。

我想四个具体的办法，可以供诸君参考：

（一）借学校里的校舍，来开夜班。学校校舍，晚间用处不多，把他空在那儿，岂不是不经济么？学生可以把不用的课堂借来，办个平民夜学。如北京大学学生会办了一个平民夜学，就在第二院的课堂作讲堂，现在学生有五百多人，男女都有；最幼的是七岁，最大的也有三十多岁的。教员就是大学学生，教科书由大学学生捐钱买的。这不过举一个例，其余学堂开办夜校的，也有好几处。

（二）学生和商界合办。由商铺子捐钱，出房租、器具、油火、书籍等费。房子不妨简陋，空气流通就是了。器具如桌椅等件，亦不妨简单，适用就是了。所费无几，开办费一百元，每月费用十余元，就可办能容二三十人的一个夜校。如有公共地方，如祠堂庙宇可借最好。学生，每人每晚授课一小时，两个人就可以办一个夜校。

（三）开游艺会筹款，充房租、器具、油火、书籍等费（我写这篇文的时候，听说北平的医学专门学校学生，正在开医学展览会，为平民夜校筹款，入场券每张售铜元二十枚）。

（四）组织社会进化促进团。集三个同志，就可组织一团，共同办一个夜校，轮流教授。三人中每人须劝三个朋友另组一团，就另生了三团。三团生九团，九团生二十七团。以此类推，推广很速，不久就布满全国。

我们要讲文化运动，纵横两方面须并进，传布学术思想，是为一般知识阶级的人增进学识，这是纵的。社会运动的教育，是为一般平民得一种应用的知识，这是横的。纵的一方面，是提高；横的一方面，求普及。提高与普及，都是社会进化不可少的事。若要实行德谟克拉西，要从社会运动的教育着手。没有这种教育，文化运动就渐渐儿变成纸上运动。即使不成纸上运动，就会养成知识阶级一部分的势力，平民得不着好处。

社会的进化，不是少数知识阶级的人能够做到的；要老百姓大家进步，方才能做到。一个社会里边，少数的人，天天讲文化；多数的人，不知道地球是方的或圆的；一个社会里有了两个世界，彼此不通声气，社会怎样能进化！

从十八世纪起，社会的进化，是从下层运动起来的。下层的平民动了，上层的贵族就站不住。譬如一座屋子，基础动了，上面的梁柱壁瓦纷纷倒下来。知识阶级的人呀，你们作了社会的上层，将来下层的苦百姓都动起来，你们就站不住脚。

俄国贵族和知识阶级的人，都很有学问。但普通百姓，差不多都没有受过教育的。这班普通百姓，现在都动起来了。贵族和知识阶级的人，都被他们推翻。所以现在俄国的变动，真是百姓全体的变动，中国的变动，还是限于知识阶级一部分。四万万人民中，有三万九千万还不知道有这么一回事；其余一千万中，有固执不化的，有关了门不管闲事的，有若知若不知的，有一味盲从的。现在全国学校的学生，据教育部报告，计四百二十九万人，内中等以上学校的学生约计五十万人。此五十万大、专、中三种学校的学生，实为文化运动的中心。全国人口数比较起来，八百人中只有一人。照此看来，一个学生，负了教育八百人的责任，这是办不到的。我但愿一个学生负教育十五人的责任；全国人民中，就有七百五十万人受益处，岂不是一件好事？

欧美先进诸国，百人中有二十五人在学校里求学；我国百人中只有一人……以国中不识字的人而论，英、美、德、法四国中，最多是英，百人中计十三人半；最少的是德，百人中计三人（均以入伍者计算）；美百人中计七人又小数七（以十岁以上人口统计）；法百人中计三人半（以入伍者计算。若以十岁以上人口计算，百人中当得十四人又小数一）。

其余进化较迟的国，如奥国百人中不识字的人数计二十六人有奇，意大利百人中计四十八人有奇，俄罗斯百人中计七十人。中国不识字的人数，百人中有几人，既无表册可据，无从推算。查印度三年前（一九一七年）教育报告，全国有学生七百八十万人，以印度人口二万四千四百万计算，百人中在学者计三人有奇；而中国在学人数，百人中只占一人。照此看来，中国教育之推行，其广还不及印度，吾国识字的人，虽不必尽从学校里来的，但可见教育不普遍的一斑了。

我们推度起来，中国不识字的人数，大概在俄国和印度之间（中国不识字的人，想比印度为少，因以前科举的影响，现在的私塾，都是我国教育的特殊情形。据南京高等师范陶行知君调查南京私塾学生数，实比公学学生数为多。故以教育部报告来定中国在学学生数，有些靠不住）。百人中大概有八十人至九十人不识字。不识字的人这样多，社会进化，从什么地方发出呢？

我们现在就算我国百人中有十五人识字；这十五人中，能够识字，不能看文的算他有五之四；能够看文而不能写文的又算其余的三之二；这样看来，能够看文的人，百人中不过二人，全国不过八百万人（此以白话文而论，若以文言为准，尚不及此数）。这八百万人中，有多少喜读新出版物的人呢？现在全国讲新文化的出版物，约有四百多种；每种平均销一千份，计有四十万份。每份读的算他是三人，计一百二十万人。八百万能读文的人，只有一百二十万人受着文化运动的影响；若以能读文的人数计算，百人之中只有十五人。若以全国人口计算，千人之中只有三人。所以从全国人口数计算起来，这传布学术思想的势力，还觉得太小。我们大家可以不注意社会运动的教育么？

原刊于《新教育》第 2 卷第 4 期（1920 年 2 月）

新文化的怒潮

凡天下有大力的运动,都是一种潮,这种潮澎湃起来,方才能使一般社会觉悟。若东抽些井水,西挑几桶湖水,浇将起来,这些水就被干燥的泥土吸去,我们虽终日为挑水劳苦,究竟没有什么结果!

大凡惊天动地的事业,都是如潮地滚来。西洋文化的转机,就是那文运复兴。文运复兴的潮,发源于意大利,后来卷到全欧,使欧洲人民生活的态度都改变。

十八世纪法国的大革命,把一切旧文物制度都打破:这就是一种革命潮。二十世纪的科学发达,把一切制度思想都变成科学的:这就是科学潮。一个大潮涌起来,必有几个原因在里边,断不是凭空起来的。譬如钱塘江八月中秋的大潮汛,来的时候,浪头一奔到非常的高,断非偶然的事;秋水的积聚,月光的吸引,江口的阻力,是钱塘大潮的三个大原因。讲到西洋文运复兴时代的潮,也是有几个原因。君士坦丁被土耳其人夺去,一班希腊的学者都逃到意大利来,聚在罗马天天讲学;希腊的哲学美术文学都运到罗马来,发生一种光彩;封建制度倾倒,个人获得自由;人民对于旧生活抱厌倦心,人人要求新生活。这几个原因合起来,就成了这文运复兴的大潮。

十八世纪法国的大革命潮,是什么东西酿成的呢?专制的淫威,卢梭的学说,就是两个大原因。二十世纪的科学潮,是十九世纪末叶几位大科学家如达尔文、斯宾塞的学说,和工业社会应用科学的要求所酿成的。

以上所讲的原因,未免太简单;但我的用意在讲明世界大潮流,是有原因的,并非要讲他的种种详细原因;所以但把重大的说出来,其余只好从略了。

总括说一句，凡一个大潮来，终逃脱不了两个大原因，一个是学术的影响，一个是时代的要求。换言之，一个是思想的变迁，一个是环境的变迁。

杜威先生说："社会学说是为什么生出来的呢？因为是社会有病。"因为社会有病，所以几个学者便要研究他是什么病，这就生出一种学说来了。所以环境变迁的时候，就会生出新学术来。用了这新学术去改变环境，这环境更加改变了；环境更加改变，要求学术的人更多；于是愈演愈大，愈激愈烈，就酿成新文化的大潮。

讲我们现在的中国，这二十年中，环境的变迁，速度也大极了。这样看来，要求学术的趋势自然大得很。若环境变迁，没有新学术去供给他的要求，社会的病，就会一天重一天，必至无可救药！

我们都知道，中国社会的病重得很。因为社会病，所以我们要讲新学术来救他。讲到这事，我们就说着这回五四学潮以后的中心问题了。这个新学术问题，就是新文化运动的问题。预备酿成将来新文化的大潮，扫荡全国，做出惊天动地的事业！

这个大潮，非一担一桶的水可做得到的；必须决百川之水，汇到一条江里，奔腾长流，到海口的时候，自然澎湃腾涌起来。这个势力，是没有人可以挡得住的。文运复兴，十八世纪大革命，二十世纪科学时代的势力，扫荡一世，都是因为成了一种大潮。

新文化运动的目的，是要酿成新文化的怒潮；要酿成新文化的怒潮，是要把中国腐败社会的污浊，洗得干干净净，成一个光明的世界！

我们因为有这个目的，所以不要青年在一担一桶水里费尽心力；我望青年决百川之水，这决百川之水的方法是什么呢？

（一）我愿青年自己认作富于感情、富于思想、富于体力、活泼泼的一个人。

（二）我愿青年用你们活泼泼的能力，来讲哲学、教育、文学、美术、科学种种的学术。

（三）我愿青年用你们宝贵的光阴，在课堂、图书馆、实验室、体育场、社会、家庭中作相当的活动。

（四）我愿青年抱高尚的理想，望那理想中拼命的做去。

（五）我愿青年多团体的活动，抱互助的精神，达到团体的觉悟。

青年，青年，你们自己的能力，就是水；运用千百万青年的能力，就是决百川之水；集合千百万青年的能力，一致作文化的运动，就是汇百川之水到一条江里；一泻千里，便成怒潮，——就是新文化的怒潮，就能把中国腐败社会洗得干干净净，成一个光明的世界！

原刊于《新教育》第 2 卷第 1 期（1919 年 9 月）

托尔斯泰的人生观

做人究竟做什么？这个问题，凡人终有一个时候想到的；但要答这问题，觉得真不容易。平常的人，偶然问到这问题，糊涂答一句，就算了结，仍旧照常做人，一年复一年，到死的时候，还不知道他做了一世人。只有抱高尚思想的人，想到这个问题，就好好儿去研究；终要得一个满足的答复，方才肯休。

俄国托尔斯泰是一个贵族，他年轻的时候，享尽贵族所享的一切快乐；到了后来，觉得这种快乐都是虚幻的，都是和禽兽相同的肉体的快乐，和这人生的真快乐是无关的。于是他抛弃一切，做一个乡下人，过平民的生活，自己耕作，供给自己。他晚年所著的书，多哲学的。他说以前所著的种种美丽的小说，都是虚费光阴和精神。他晚年所著的书中，有一本叫做《生》。我这篇文章的材料，就是从那英文译本中得来的。

现时人生观的批评——托尔斯泰以现时人生观分两种，一种是科学的。科学的人生观说：生活的本源，在原子泡里。又一种是盲从先觉教言的。这派人盲从先觉的遗言，不考查他的意思，以为但守外面的教规教礼，便能求幸福。托尔斯泰说，这两派都是不对。原子泡的生活与"我"的生活是无关的。这原子泡的生活，不但在人身里，在兽身里也是一样。原来人的肉体，和兽的同；肉体就是兽体，兽体的生活和"我"的生活怎样可说是一样呢？这兽体的生活，是怕老、病、死、苦；所以兽体的幸福，是靠不住的。真生活的幸福，是要跳出这老、病、死、苦以外。自培根、孔德这辈人出来，认兽体的生存为人生，不知道孔子、老子、释迦、耶稣的人生观，是真有道理呢。

那一派盲从孔子、老子、释迦等等的人，以为生活的快乐在死后。苦是前定的，这生是永远苦的，若要得真快乐，非在死后不可。

贫家儿，富家儿，生长的时候，就受这两派的教训。若问生活是何物？科学家答：生活是天然律成的，我们研究天地昆虫禽兽草木的生活，都是靠着这天然律。盲从先觉教言的人说：这世是没有快乐的，要求快乐，须修来世。于是贫家儿、富家儿，得不到正当的答复，就没法子了解人生的真义。但做人终要生活的，所以只好随外面景况做人；听了外面习俗的引导，一年复一年，一代复一代，糊糊涂涂地做过去。这种外面习俗的引导，是没道理的，然而人人都跟着了走。愈不知人生真义的人，愈为这种外面习俗的权力所屈服——中国人拜祖宗就算了事；伊斯兰教徒参圣地就算了事；印度人念几句佛，就算了事；基督教徒到教堂，就算了事；军人对国旗行礼，猎人械斗；这都是算神圣不可侵犯的责任。生了养，死了葬，谁知道为什么做人！托尔斯泰的意思，以为现在科学派只知道有肉体的兽性的生活，视生物界为同一兽性的存在，忘却了真"我"的生活；这兽性的存在，哪里靠得住呢。你杀我，我杀你；你吃我，我吃你。真是一个互相吞食的世界。盲从派只知有习俗，千千万万的人都被那习俗关住了；不知不觉地一天一天做过去，到这个肉体死的时候，还不知道有真"我"呢。

理性——这真"我"真生活是什么呢？托尔斯泰说：这就是真理性。这个理性的存在，是不靠肉体的，是无老死病苦的。要求这个理性，先要把这个肉体兽性的幸福抛去，求个理性幸福。理性是什么呢？理性就是生活的天然律；理性有天然律，好像物质之有天然律。由这"理"做人，就是真幸福。怎样由这"理"做人呢？须把肉体兽性的活动，制配于理的里边。这就是人生的真活动，这就是爱。

爱——兽性的个人向那幸福方面去走，所以要争夺。这理就会对人说：争夺是苦的原，兽性的个人要争夺，所以这肉体是没幸福的。真幸福是不与人争夺，这就是爱。爱是使人觉得他的生存，是为他人的好处，不是为自己的好处，兽性的个人是受苦的；故要免除一切苦，非忘却这兽性的个人不可。爱能忘却兽性的个人，兽性的个人要求幸福,就一步一步地投到孽网里去,就向那死的方面走。爱能消灭怕死的心,能使人牺牲自己肉体的存在,为人类求幸福。

服务——人为什么怕死呢? 因为他求个人兽性的幸福,所以时时怕死,因为死后就没有这幸福了。若人以服务他人为幸福,就不怕死了,因为我的生存,是为他人求幸福的,他人的幸福,就是我自己的幸福,那末我死之后,他人的幸福仍然存在,我怕什么死呢? 所以理性的一个天然律,就是各个服务全体,全体服务各个,大家互助,不相残杀。所以人到完全受治于理性的时候,不自相残杀。只吃禽兽的乳和蛋,不吃他们的肉,即对于植物也不敢无故毁灭他。若我只管求我个人的幸福,我就会害人。因为我要我的幸福,人也要人的幸福。我夺人食,人就夺我的食,那末人在世上就时时在危险之中。你看世界的苦处,哪一件不是你抢我夺的行为造成的? 所以要讲人生的真幸福,先要把自己忘却了。忘却了自己,是求真生活的第一步。能忘却自己,才能为人服务。

人生达不到幸福的三个缘故——有三个缘故,使人的生活枯涸。第一是人只知道自己的幸福,所以看见这个世界里边,都是互相争夺,互相残杀。要医这个病,须认人类的幸福为自己的幸福,互相扶助。第二是个人求虚荣的快乐,求肉体的快乐。——只要我的肉体得种种快乐,人家的苦处我都不管。要救这个弊,对于人家的受苦,要表同情,要有一个恻隐之心。第三是怕死。人以肉体的快乐为快乐,这肉体死了,快乐就没有,所以他怕死。要救这弊,须爱人过于爱己;若能爱人到极点,我死后人家还生存,人家仍享快乐,我怕什么死呢?

人与世界的三个关系——这三个关系:(一)是理性的知觉和世界的关系;(二)是兽性的知觉和世界的关系;(三)是肉体的物质和世界的关系。人不知道理性的关系是人和世界惟一的关系;所以他想他的生活,是在兽性的知觉和世界的关系里边;若兽性的知觉和世界的关系一旦断绝,他就没知觉了。这种人以为兽性的知觉是从物质里来的;理性的知觉是从兽性的知觉里来的。后来这理性的知觉渐渐弱起来,就回到兽性里去;这兽性到了极弱的时候,就回到无生气的物质里去了。

照这种人的眼光看起来,以为理性的知觉和世界的关系是偶然的,是暂时的,是容易消灭的。兽性的知觉和世界的关系是不灭的,因为有种族生存在世界,来保存他的兽性。若物质和世界的关系,更是永远不灭了。照这样看来,理性的知觉,非但是不能永久存在,而且是一种用不着的,可省去的一件东西。

然而人类的感觉,终觉得这种人生观是不对。做人一死就消灭,终觉得可怕。因为要免去这个恐慌,于是就有两种见解出来。一种人说:这肉体的兽性知觉,即是理性的知觉,个人要消灭,但人的种类是永远存在的。所以理性寄在种类的兽性中,也永远存在。又一种人说:人没有产生以前,是没生活;有了肉体,这生活就发现;肉体灭,这生活亦灭;将来还会随肉体复活。这两种说法都是不对,因为都没有认着理性和世界之关系。

照这种眼光,生活是一种浪。从死物质变人,人中生理性的知觉,——浪花,——达了浪的极顶,就从理性的知觉回到个人,回到物质,便消灭了。这两种人,以眼所看得到的为生活的界限。

生活不灭——托尔斯泰比理性的生活为一立体弧三角:今生所见的,立体弧三角的中段;其尖顶为前生,其底为后生,今生心目中,想见不到尖顶及底。我始觉自己与世界关系的时候,是立体弧三角的最狭部分,我现在最高生活的见解,是最阔的部分。我生产的时候,见不到生前的尖顶;其下段的延长,为我的肉体和死亡遮住,也见不到。我起初的时候,以为我今生所见的一段,为我生活的全部;后来我知道我生产以前,我已与过去有关系;我肉体灭亡以后,我与将来也有关系;这眼所看得到的,不过是生活的一段,不是生活的全体;我现在很显明地见到我生产以前有生活,我肉体灭亡以后有生活——有无穷的生活。

托尔斯泰人生观的大意,我已讲完了。我现在把上文所说的意思总括起来:

一、人生以前有生活,死后也有生活——人生不灭。

二、现世的生活为全体生活的一段。

三、现世的生活有两方面：（一）理性的生活；（二）肉体兽性的生活。理性的生活，承生前，启死后，是无穷的。兽性的生活，有生有死，是有穷的。

四、理性的生活，是博爱，是服务，是忘却自己，是互助，是不畏死的。

五、兽性的生活是自私，是争夺，是残杀，是畏死的。

原刊于《新教育》第 2 卷第 1 期（1919 年 9 月）

新旧与调和

什么叫做新思想？这个问题大家以为容易答的。但把这个问题提出来要人答，大家就知道是不容易答了。若把说文里的字义来讲，哪一个讲新思想的，曾经想到说文的字义呢？若说从西洋输入的思想是新思想，那西洋的思想也有很多是旧的。若说西洋输入的新思想就是新，那古代希腊的美术、人生观，罗马的法律、建筑，在我国都可算是新的。所以新思想不能用时代来定，也不能以西洋输入的来做标准。

照我的意思看来，新思想是一个态度。这一个态度是向那进化一方面走的。抱这个态度的人，视吾国向来的生活是不满足的。向来的思想，是不能得知识上充分的愉快的。所以他们要时时改造思想，希望得满足的生活，充分愉快的知识活动。他们既视现在的生活为不满足，现在的知识活动为不能得充分的愉快，所以把固有的生活状况，固有知识就批评起来。这就惹起旧思想的反抗。旧思想的人说，你们天天讲什么新思想，迎合青年厌旧喜新的心理，把我国的国粹都抛弃了，把我国的道德都破坏了。于是凡有讲新思想的，就送他一个过激派、共产主义派、无政府主义派的一个徽号。这是他们消极的反抗新思想。从积极一方面做，他们就讲起来古文是这样好，向来的道德观念是那样好。简单说一句，他们以现在的生活为满足的。即使不满足的，也是国粹伤失的缘故。以现在的知识活动为不能得充分愉快，是不尽心讲国学的缘故，但把国粹国学发挥起来，满足的生活就来了，充分的知识活动也就"乐在其中"。他们对于西洋思想未必是不欢迎，不过不要和他们向来的见解太离奇。所以他们听惯了一种新学说，起初以为离奇，极力反对的。后来也渐渐地受不知不觉的感化，倒也赞成了。两三年前他们所反对的"个性主义""自动主义",到今日成了各个人的口头禅,就是一个证据。我曾记得三年前有人说,什么自动主义不自动主义,学生自动教员不动。照这样看来,所谓新旧调和是自然的趋势。抱新思想的人,渐渐把他的思想扩充起来了。抱旧思想的人,自然不知不觉地受他的影响,受他的感化。旧生活渐渐自然被新生活征服,旧思想渐渐被新思想感化。新陈代谢是进化的道理,自然的趋势,不是机械的调和。我想两个学派是有调和的价值的,如黄梨洲说陆王是先尊德性,后道问学,程朱是先道问学,后尊德性,两派不过是先后次序不同。这就是朱陆学派的调和说。这两个学派调和说,自然有哲学上的价值和位置。宗教家说,宗教是最要紧的。科学家说,科学是最要紧的。詹姆斯说,只要于人生有实在的受用,宗教和科学都是要紧的。这是实验主义的主张于哲学上自然有价值的。现在我们中国的新派,并不是说凡我国所固有的都不好。他们说,我们固有的思想有碍进化,所以要改造。旧派并不是说新派都不好,他们是恶新派要推倒他们所据为安乐窝的固有观念。新派是要改造旧观念,组织一使生活丰富的新系统。旧派是怕他们组织新系统,因此打破自己的安乐窝。新派现在正在组织新系统的试验期内,怎样和旧派调和? 若要他们停止试验,新生活从什么地方产生出来呢? 若要求新生活,必要组织思想的新系统,必要改造有时或要打破旧观念,旧派肯不反对么? 旧的本来不与新的争,实在新的活动太利害,打破了旧的安乐窝,若要免去争端,非新的停止活动不可。要新的停止活动,就是要中国停止进化。调和派如要中国进化呢,这调和的方法,就是推倒自己的目的。调和派如不要中国进化呢,他们就变了守旧派。所以他们如要中国进化,快快换他们的方法罢。照此看来,爱进化的人讲调和,是自己没主张,从这面看,觉得有些道理;从那面看,也觉得有些道理;听见两方面辩论起来,不敢开罪这面,也不敢开罪那面,自己又不肯痛下工夫,就说些那老大人对小孩子争论时候的话:"你有道理,他也有道理,你有不是的地方,他也有不是的地方,照我看来,大家还是讲和,不要闹罢。"这一派的人,对于新思想,未必是反对的。不过是有些怕麻烦,怕多用脑力。求新思想是很费脑力的,改变人生观,是很要有魄力的。

还有一派调和家,是认差了题目。他们把新旧两派作两个学派看了,于是想来居调和的地位。不知道程朱道问学,陆王尊德性,是方法不同,目的是一个求真理。后来的人盲从程朱的,把道问学认作目的,忘却了求真理。盲从陆王的,把尊德性认作目的,也忘却了求真理。所以有黄梨洲出来,指破他们都走差了路,认差了目的。宗教家是求丰富的生活,科学家也求丰富的生活,宗教是一个方法,科学也是一个方法;后来的人把宗教认作目的,把科学也认作一个目的,却把生活忘记了。所以詹姆斯出来,指破他们走差了路,认差了目的。现在中国新派的目的,在求丰富的生活,充分愉快的知识活动。他们的方法,并不是一个方法叫做"新"。他们正在创造方法的时候,正在试验时期,还没有认方法作目的。旧派的目的,在保守安乐窝,他们的目的与新派的目的是不同的。两个不同的目的,怎么可调和呢? 我不是说调和派是没有用的,我说现在讲调和还太早。即使到了全国的学者,都求丰富的生活,充分愉快的知识活动的时候,各派有了一个系统的方法,还用不着调和的地方。要到大家忘却了真目的,认方法作目的的时候,方才用得到那黄梨洲、詹姆斯来唤醒他们。新陈代谢的时候,讲不来调和的。

把以上的意思总括起来,"新"是一个态度。求丰富的生活,充分愉快的知识,是个态度,不是一个方法,也不是一个目的。"旧"是对于这态度的反动,并不是方法,也不是目的。新旧既不是方法,又不是目的,所以不是两个学派。两个学派之中,能容调和派。新旧之间,用不着调和派。

原刊于《上海时事新报》1919年双十节纪念号

(1919 年 10 月 10 日)

为什么要教育

教育二字的解释，其说不一，不能遍举。大多数的人，大约都以为教育是万能的，是可以强国的；因为他们看着俾士麦注重小学教育而一战胜法，日本也因注重教育而胜强俄。也有些人以为教育就是教导儿童做好人。其实都不是教育的真实。教育的真义，从心理方面讲，贵在教育儿童的本能；从社会方面讲，贵在以社会已有的文明，灌输给儿童，使他将来在社会上可得正当的生活。

再生时代（Renaissance）以前，个人很受束缚；到了十八世纪，卢梭主张释放个人，提倡个人主义的教育，注重个人的发展；到了十九世纪，又进一步，以为教育所以促全社会的进化，应该于发展个人以外，还须谋全社会的均等发展。

研究教育，又须分作心理及教授法两方面。

（一）心理方面　教育在使个人发展本能，使与社会环境适合，并且同时要培养他，使有改良环境的能力。我们常听杜威先生讲道："问题总是发生于环境有病的时候，如社会问题及政治问题，必发生于社会及政治有病的时候。"讲到教育，也何尝不是如此。假设各个人的本能，都能自然而然地充分发展，毫无不健全的状态，那末，教育便直是废物。所以教育是人类本能的指导者，扶助他，带领他，使他向正路上去，像大禹治水一般。这是教育的宗旨。

（二）教授法方面　教授法就是教育的方法，是求如何可以实行他的宗旨的手段。研究方法是进化的一大原因，近世各种学术的进化，都因为注重方法论。中国从前讲教育，从前没有提出过一个明了的方法。朱子主张"今日格一物，明日格一物，到功夫纯熟的时候，自能豁然贯通",固然没有说什么方法,但是主张释放个人的陆象山、王阳明,一说先执大端,自然能逐节而解,一说要求良知良能,也不曾说出一个切实的办法。

讲教育必须先研究几种基本科学,如心理学、生理学、生物学、社会学等等,而尤以自然科学为最重要。近代教育的进步,即在采用自然科学的方法来研究,一方面可以得真实的根据,一方面可以免凿空的弊病。至于如何可以发达个人的本能,将来讲儿童心理时再说。

原刊于《北京大学日刊》第 552、556 号

(1920 年 3 月 4 日、3 月 8 日)

知识阶级的责任问题

我们未讨论知识阶级的责任问题以前，先须问谁是知识阶级中的人。现在所谓知识阶级，大都指投身教育事业者而言。其次为出版界的著作者和编辑者，再其次为其他操必以高等学术为基础的职业者，再其次为散于各界中之对于学术有兴味者。教育界及著作界以知识为终身职业，故为知识阶级之本位，余者只可谓与知识阶级接近者，因其职业本不为单纯之知识。若以全国之人口区域两者而论，此种人在中国实居少数。以少数之少数，欲负何等重大之责任，而能胜任愉快者，实为不易之事。

更进一步，知识界是否能成一阶级，在今日中国亦属一疑问。因既成一阶级必须具有两个条件：第一，在社会上必占有一种相当的势力。第二，本身必有一种团结和组织。现在中国的知识界，不能谓在社会上无相当的势力，亦不能谓无一种比较薄弱的团结。但组织两字，实在还谈不到。现在所有的组织，或者为太近于形式的，定期开几次会，通过不关痛痒的或肤浅可笑的几个议案，打几个铺张门面的通电。即使有几个有价值的议案，事后大家也都忘了的。或者为特别事故，临时结合的团体，风潮一过，就无人过问。

照此看来，我国所谓知识阶级，人数既少，又加散漫无组织，哪里配当得起这个名称。所以在社会上，虽占有一部分的势力，其薄弱也可想而知了。不过其中还有几十个人，比较的思想尚清楚，事实尚能研究的。这几十个人有时发言，尚能唤起一般人们的注意。所以外面的人看着，似乎有一个知识阶级存在于中国，实际上亦不过是一个"纸糊老虎"罢了。只要"有枪阶级"的枪刺一戳，就成一个窟窿，从窟窿窥视，里面是一个空架子。不过有几个人，尚能在"纸虎"以外单独地奋斗，这"纸虎"也仅仅因为靠着他们的奋斗，还在那边雄赳赳地蹲着！

"纸虎"终有一天要戳破的，奋斗的同志们呀！你们也何苦要这个"纸糊老虎"。现在所谓什么会，什么团体的本身，是要不得的了。其中的个人，快快释放出来，单刀直入地奋斗。匹夫之勇，究比睡觉的大队人马好些。

外边的人们，要认这几个个人，为知识阶级的代表也好，只认他们是个人也好。只要是精神上的联络，暂时无形质上的组织，也不妨事。与其为奄奄无生气的组织，不如和活泼泼的个人联络。

我们把所谓知识阶级的现在的地位和状况解释明白后，我们可以谈外界的人们，对于知识界的希望了。外界的人们所关心的，就是切身苦痛。大多数的人们，大凡利害不切身，是不顾问他的。这也是人类共同的弱点。一旦痛苦切身，有能力的，就直接求解免的方法，间接求他方之同情和助力。能力薄弱的，自己无求直接解免的能力，就间接地希望他人代为解免。乱世愚民希望"真命天子"出现，乡民遇水旱之灾，希望老佛爷发慈悲心，都是从这个心理中出来的。就是我们希望军阀自己觉悟的人，也是同一心理。然而要希望军阀自己觉悟，直是希望老虎不吃人了。

"真命天子"是不会出来的，北京城里有一个"假命天子"，前几日还被人撵跑了（指溥仪被逐出宫）！老佛爷坐在莲花上，在极乐世界里闭了眼打坐，早忘却了我们小百姓。老虎不吃人，是生物学上所不许的。

自己无直接解免痛苦能力的人们，他们的希望不会临到知识界的头上来的。知识界现在所负的责任，在尽力符间接求同情和助力的人们的希望。知识界也可以间接求他们的同情和助力。不必抽象地唱救国拯民的高调了。抽象的国和民，是无从着手拯他们的。

我们把知识界的责任，已假定了一个范围。不能自助者，除灌输常识给他们为自助之资料外，不必助他，也无从助他。反言之，知识界不能自助，也不必求人助。知识界的责任，在与有相当能力者之互助。

在这互助范围以内，我们希望他界辅助知识界的，不在本文范围以内，姑置弗论。我们先推测他界希望知识界的是什么。要推测这个问题，先要认定他们所感的切肤之痛是什么。简而言之，就是政治上的捣乱，影响于经济和治安。表面上似为军阀问题，基础上究竟是政治问题。这不但是他界所受的苦痛，也是知识界所受同样的苦痛。

对于政治问题，他界视之过于近；知识界视之过于远。他界看政治上的捣乱，以为赶掉几个贪官污吏、强暴军人，求几位贤父母来做省长督军，就好了。稍远的以为把制度改订，如废止议会、设立委员制等类，政治就可改良。这种办法，我们不能不承认是有益的。但不过是头痛医头、脚痛医脚的办法。根本的病症，还潜伏在里面。知识界看政治上的捣乱，以为根本在社会不良的缘故，社会一日不改良，政治的清明一日无希望。要改良政治，先要改良社会。更进一步地说，社会不良，根本的原因，在科学、学术、思想的不发达。要改良社会，先要提倡科学、学术、思想等等。

他界希望知识界的，是什么帮助他们来解决现在的政治问题，减少他们的切肤之痛。知识界答他们的，是先改良社会，或发展学术、科学、思想等等。这不但是他界看了，有些迂远，知识界自身有时也觉得有讨论的必要。因为政治不良，于改良社会，发展学术、科学、思想等等，有许多的阻力，有时简直是行不通。知识界这几年来，自己所受的苦痛，所得的经验，足以证明这话是不错的，不必我们去详说了。

知识界看政治问题、社会问题、学术问题，彼此循环不息，好像走进一个万恶的圈子里，转来转去转不出来。这个问题，好像古代的一个老问题：鸡生蛋的呢，还是蛋生鸡的呢？这个问题，以纯粹论理学去辩论，是达不到断语的。我们只好说，鸡是蛋所生的，蛋亦是鸡所生的。有了好鸡，自然能生好蛋；有了好蛋，自然能生好鸡。善养鸡的，择好鸡来生好蛋，择好蛋来生好鸡，两面都要做的。社会能影响政治，政治也能影响社会。社会能影响学术，学术也能影响社会。无论哪一方面做起，都是有效的。

但知识界往往藉口社会和学术的重要，来躲避实际政治的麻烦问题,这是不对的。许多人看见实际问题解决的困难,知道唱几句社会和学术的高调,最容易缴卷,就把学术和社会的研究,作为避世的桃源。或者钻进学术和社会的研究里面,忘了应世的目的。前者之结果,必养成万恶的政治;后者之结果,产生一班不切世务的迂儒。照此看来,研究实际政治的责任,知识界是不能逃避的。

若我们承认知识界应负研究实际政治问题的责任:更进一步说,知识界对于政治,以发表言论,必引起政治界的干涉而起冲突,因冲突而引起实际参与的兴味。故最后是避不了参与的。不过我们须认定参与要有界限罢了。

我们以为知识界参与实际政治问题,要有两个条件:(一)维持现状的实际政治,是不必参与的。因为维持现状的政治人物,国中很多,不必知识界来供给。(二)改革或革命的实际政治,才有参与的价值。然亦须以不妨害研究学术和较远的问题为界限。不然,知识界失去自己的本职,还有参与政治的资格么?

知识界要讨论或参与实际政治,决不可忘了自身的本职;发展学术、科学、思想等等。于本身上站不住脚,哪里配谈改良政治。也不可利用自身的本职,作避世的桃源,或忘了那学术、科学、思想等等和世务不可隔离的。亚里士多德说:"人们是政治动物。"

造成将来光明灿烂的世界,是知识界应负的责任——重而且大的。但不可仰望了头上的蜃楼海市、玉宇仙宫,不顾脚下荆棘、道旁地狱。

原刊于《北京晨报六周增刊》(1924 年 11 月)

儿童心理

人类初生下地的时候，最软弱无用，还不及动物，所以有婴儿保育法之研究，但这是医学家的事，不是教育家的责任。讲到教育，我们从儿童心理之研究始。讲儿童心理，我们从研究遗传学始。儿童本性不同，本能的程度也各异，究其来源，父系母系，实应并重。从父系来的就像父，从母系来的就像母；还有跳隔一代的就许像他的祖父祖母或外祖父外祖母。兄弟姊妹常有各不相同的，即是此故。

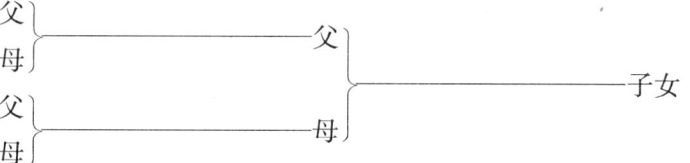

吾人对于犬马的配合，常很留意，而于人类的配合，反漠不加意，不管好歹，随便配上，就算了事。近世优生学的发明，即所以挽救此弊。今试讲鼠的遗传，大概言之，平均一黑鼠一白鼠相交而生的小鼠，譬如生四个，其趋势是一黑一白二灰（即黑白相间的）。纯种的二白相交，全生白鼠，二黑相交，全生黑鼠。二灰相交，生一白一黑二灰。但是人类的遗传，决不如是简单，善恶智愚，各各不同。所以教育对于个人不能不有分别，而对于种族绝无可以歧视的理由，与其说此种族与彼种族有别，不如说此个人与彼个人有别。至于男女更无可以区别的理由，男子中有智愚贤不肖，女子中亦有智愚贤不肖，所以与其说男女有差别，也不如说此个人与彼个人有差别。但是男女之间，却另有一个异点，我们也应注意，就是女子多在中人的地位，而极愚恶与极贤智的地位多为男子所占。所以从各方面看来，教育只要注重个别，即为

已足，不必管什么种族男女的关系。

鼠因毛色分明，所以他的遗传，容易看得出来；人则不然，必须考察神经系，方才可以区别。各人个性不同，就是神经系的关系，智的和愚的，往往差得很远。神经系有受的和出的二种。譬如我们拿一件东西，一定这东西的影像，先由眼睛神经进去，方可看见，再由手神经出来，方能去拿；又如狗吃骨头，也是如此，一方面骨头的影像，入了眼神经，它就看见，一方面立刻从嘴神经出来，它就去吃。但是关于知识的神经系，却不是如此的简捷，一方刚进，一方就出；这就是所谓第二等神经系，有传达的作用，能将事物的影像，传到他最相近习的地方。据近来的研究，说学习是神经网改变位置以相接触的结果，如三加四等于七，就是这个神经网记住三，那个神经网记住四，两个互相传达，联到一起，结果自然得七。兽类的第二等神经，不及人类发达，所以知识就不如人类。松鼠到了冬天，把果实藏在地穴里面，是天性的习惯，不是第二等神经的作用，因为他藏果的时候，并无备饥的意思。又动物的神经作用，都是极短时间的，如狗见骨就吃，猫见鼠就捕。愚人的神经系，也是不易活动，有时很简单的事理，无论如何替他解释，终不明了。聪明的人，就是很繁复的算术，也可以立时解答。神经系变动的能力，于年岁老少也有关系，少年神经尚未固定，容易教导，一到四五十岁，神经固定，变动能力也就大减，教导也就比较的困难。所以教育最注重儿童时期，因为这是最好的机会。

神经改变的结果，就是满意与不满意的关系，如三加四得七为大家所公认，就是满意的结果。学习就是设法使神经系按着满意的方向，互相接近，养成习惯，结果满意，否则下次另改方法，务求满意。现代的教育，就是研究如何使神经变动得满意的结果。满意有远的和近的二种，近的如小孩得着食物，立时止哭，远的如成人晓得过饱便要致疾。教育应该注重远的满意，儿童不愿读书，要设法使他了解读书可以求远的满意。从前私塾里边，用板子和鞭子做劝学的利器，儿童只觉得读书比挨打稍胜一筹，所以为避重就轻起见，不得不勉强咿唔一下，这竟是与满意没有关系了。但是话虽如此，也不可陈义过高，使儿童莫名其妙。比方要奖励清洁,可以向他说:"洁净受人喜欢,不洁净要惹人厌恶,你要不洗手,客人一定笑你。"比方要奖励求学,可以向他说:"你要是学会了,某人必定夸奖你,给你糖吃。"这种说法,总比用什么"卫生""自立"的道理,比较的容易领会。

所以智愚的不同,完全是神经系的改变能力的关系。教育儿童,就是设法使他的神经改变能力逐渐发展。

儿童的良能

儿童都有天赋的良能。孟子说良能都是好的,如"恻隐""辞让""羞恶"诸心。然按实际上说,不但好的(如仁义等)趋势,就是坏的(如不仁不义等)趋势,也都是从良能里出来的。良能可分为两种:

(一)非群性的良能。可用良好的教育,使他变成群性的。

(二)群性的良能。如无好教育,也可渐渐消失。

(一)非群性的良能 是当人与事物相应接而生的,现在约举下列数种:

1. 体力之活动 小儿初生的时候,头颈总是东倒西歪,不能竖立,后来渐渐长大,才能立颈、坐、立、行动、嬉笑、哭、滚地,这都是天然的活动能力,在那里发展,也就是所谓良能。训练这种活动能力,应该先大肌肉运动(如体操、跳、掷等),而后小肌肉运动(如剪纸及弄小动物、写字等)。中国小学教育,不注重这一点,所以一般国民的大肌肉多不发达,这是与胆量魄力很有关系的。小孩无时无地不活动,是他的天性使然。很幼的小孩,不能静坐到三十秒钟,五岁至十岁的小孩,不能静坐到一分半钟。所以要是强迫小孩,不许活动,无异于阻碍他的生机。

2. 发音 发音是言语的起点,言语是由经验积聚而成的。小孩发音,也是良能;他学话之先,一定先是吹口作响,成"布布"的声音,随后再呼爸爸妈妈。从这一点,因势利导,至能说话,就全仗别人的教育。小孩生在什么地方,就说什么地方的话,也是满意不满意的关系;他说出来,别人懂得,就是满意,别人不懂,就是不满意,他自然会设法改变,使人懂得。教育就是要利用这种趋势,千万不可错过,错过就格外费力了。

3. 探机和造作 小孩都有探机的天性，他得到一种玩物，一定要把他弄破，看看里面到底是什么东西，如拆毁摇鼓及小火车等。所以小孩实在都是科学家。这种良能，千万不可抑制，哥伦布探得新大陆，何尝不是这种良能发展的结果？

小孩又有天然的造作性。我记得幼时读孟子"筑斯城也，凿斯池也"，我就跑到书房外面，团泥筑城，掘地作池，不幸被老师看见，一脚踢翻。这就是造作性的自然流露，应该十分奖导的。一味偏重灌输，叫小孩死记了许多"赵钱孙李""一只狗一只猫"，简直是戕贼本能。我幼时听老师讲"神农尝百草，日服七十二毒而不死"，就问他"为什么神农不会毒死"，被老师大骂一顿，不许再问；后来药王庙旁一个老妇告诉我说，"神农的肚子，是水晶造成的，所以不会毒死"，我才恍然大悟，原来老师的本领，还不及这个老妇。

但是利用这两种良能，也有不可不注意的地方，就是探机性容易变成残忍，如见蛙跳蝇飞而剖视之，即宜切戒。教手工应该先粗后细；先用沙、土、木，后用剪、刀、笔；先教他随意乱造，后教方法。

4. 取食和猎 小孩手初能拿的时候，一定是眼睛不看，拿来就往嘴里去塞，要是没有东西，就去吃手，这是取食的良能。后来的规规矩矩，正坐徐食，是因求满意而学成的习俗。华人啜汤有声，到了外国，自然就改，也是求满意。

5. 戏弄 小孩喜欢戏弄，也是天性。只要有度，即足以发达群性，若过了一定的限度，就要弄出弊病来了。比方小孩用纸套人帽结，一定要有人见而大笑，他才高兴，别人愈笑，他戏弄得愈高兴。西方俗语说，"你笑，天下人和你；你哭，就只你自己"，即是此意。戏弄太过度，就要酿成以强侮弱的现象。如张献忠幼时杀蝇游戏，竟养成一个残忍的恶魔。

6. 所有权和收集 小孩不准别人坐在他母亲的膝上；看见东西，常常说"我的"；打了他心爱的东西，他一定立时大哭，如打了他自己一般；买了花炮，不许别人放。这就是天生的所有权性。这种天性，渐渐发展,就有什么乡、省、国等等的界限。到了现在,有"我的主义"与"某某主义"之争,也就是此性的发展。

小孩有天然的收集性,无论什么东西都要,如鸟毛、蚌壳、石子、香烟牌子,都是好的。后来成人的收集古董字画,设博物院,守财虏罗掘钱财,便都是此性的发展。各种学问,都是由收集而成,所以这种良能,应该分类地去帮助他,不可抑制。

7.打架 小孩喜欢打架,也是天性。只要有人阻止他的兴趣,他就生气要打。常常因为很小的事物,彼此大起冲突,互相扭打。但这也是勇敢的动机,只要教他知道"为公理而战,勿为私利而战",也是好的。女子少有打架的动机,所以有人说,女子多诡诈。

(二)群性的良能 是社会组织的要素。无论何人,不愿独居,就是群性的起点,兹举其最重要者数列如下:

1.慈爱

(甲)和蔼(慈善)的心 如见人饥寒,就可怜他,见人喜欢,他也喜欢,又如望人得福、怜人遇祸等等,实在也就是道德的根源。教育的责任,就是要保护这种慈善的趋势,免其浪费,从物质的方面引到精神的方面。

(乙)同情的心 就是反应的模仿(reflex imitation)。看见大人哭,他也哭,看见大人笑,他也笑。就是自己的感情受别人的感情的影响。小孩虽有时也有残忍的行为(如杀蛙捉蝇),那是他种天性过度发达,或是不知受害者的痛苦,并不是丧失了同情心。教育的责任,就是要养成他"知人痛苦"的想象。

2.群聚 小孩喜与年岁相近的儿童在一处玩耍,即群聚性的表现。这种良能,在野蛮时代,用以取食卫群;在文明时代,就可用以促进文化。爱群是人类的天性,一个人若是不爱群,一定是他有病。

3.喜人称许 小孩穿了新衣帽,有人夸奖他好看,就非常高兴。这种趋势,也应该奖诱他,利用他;不可有过分的苛责,使他失望,一失望,他就要气沮,不愿再往前进了。

4.竞争 这是学术进化的大原因。如学校里的考试分数及运动会等。但须注意的，就是要养成他"各自发达自己"的竞争心（如竞争清洁、竞争学问等），阻止他"物质上自私自利"的竞争心（如侵略抢夺）。

5.模仿 小孩见大人背着手走路，他走起路来，也将两个小手背在后头。大人穿拖鞋，他也把鞋跟故意踏倒。有人说这是天性的，桑戴克说这是"学习效果律"（除反应的模仿）。总之这是有益的趋势，因为人类中能创造者很少，能模仿者很多，并且各种学术，也往往因模仿而能传之久远，所以这也是文化进步的一大原因。所当注意的，就是要替小孩选择好模范。现在有人反对模仿，主张创造，但不是个个小孩能有创造能力的，所以最初只可教他模仿，但须为他择好模范。

儿童的良能，近来发见得很多，以上所举，不过是几个最重要的罢了。有人说小孩是"良能一束"，若是把他搬在书房里面，叫他死记"一只狗，一只猫"，走路快点就要骂，两人打架就把各人痛打一顿，实在不是爱护良能的办法。所以教小孩贵在因势利导，固不可强施抑束，也不可拔苗助长。无论群性的和非群性的良能，只要利用得当，都是好的（如打架竞争等）。

教育只能指导良能，不能像用草喂牛，喂到一个程度便能长大的。儿童的良能，就是他的资本，只要利用得法，即能生利，教育不过是帮助他经营一下罢了。

儿童的感情

宋儒重理性而轻感情。其实人类所以能活动，多仗感情；理性只是能指导感情，离开了感情，就没有理性可以存在。教育就是要发达感情，使归正道。中国人的生活力太薄弱，不能活动，也就是吃了教育不重感情的亏。西洋人注重各个人发达正当的欲望，所以他们的生活那样丰富；他们种种制度的改革进步，也都由于感情不能忍受。要养成感情，使入正路，也不外上面讲过的满意与不满意。譬如无故发怒而受人厌恶，他下次就留心了；又如过饱致疾，下次就要少吃一点，这都是因求满意而改变其神经系活动的方向。只要看儿童的感情是否正当,而使其满意或不满意,他自能改正方向。无论喜怒哀乐,只要利用得当,都是好的感情。最好用正当的娱乐去改正坏的娱乐,如提倡美术及运动以代替赌博;只要正当的娱乐发达起来,不正当的自然就会消灭,若仅仅从禁止方面着手,是没有效果的。

儿童天生即有美的感情,如爱看花纸,爱穿有颜色的衣服。未开化的野人,听见歌声,也能击节,都是天然的美感。讲教育即应利用此点,如星期日率领儿童游博物院,或作郊外旅行,以发达其美感。

美感有创造的与审美的两种。创造的美感,是从天才里发生出来的,不是个个小孩都能的,若审美方面,人人都能,所以要使儿童看图画,听音乐,以引导其审美的感情。

感情这东西,到底是先天的或是后天的? 这个问题,至今尚无定论。也没有什么的研究;但于"畏"一项,研究得最深。

畏 畏的知觉,是已经受惊之后,方才发生,并非遇着某种事物,即已知道恐惧,如遇蛇、闻炮,必先发畏的感情而后方觉畏。又如误犬为熊而狂奔,见毛虫而发指,怯黑暗,怕面生的人,怕独居,怕怪声,都是先畏了而后觉畏。

畏的心理的来源又有两种关系:(一)遗传的关系,原人社会时代,穴居野处,即有怕蛇虫、怕黑暗、怕孤独等等的习惯。(二)社会的关系,如中国小孩怕洋鬼子、怕鬼,都是社会养成的。

一切法律、礼仪、宗教,都是根据于"畏"的心理;又如舆论的势力,也是从这个"畏"里生出来的。

但是要发达感情,却也不可过于放任,过于放任就要发生种种弊病。如"五四"以后,讲自治,有些学校生徒的自而不治,和以前学校里治而不自,是走相反的极点了。

还有一个重要的点,就是设法使其注意功课,若任其像大学上说"心不在焉"的样子,那是绝对没有好效果的;同班学生的程度不齐,注意力不同的关系不小。

注意力 上班的时候,忽闻教室外发生大声,大家的注意力,即不知不觉地移向室外;譬如有一人在马路上仰天呆看,顷刻之间,即可招惹许多闲人；小孩读新书，头一课一定格外读得纯熟：这都是天然的注意力。成人的注意力较长，小孩较短，成人能同时看见许多东西，小孩只能看到一样两样。成人之中，注意力也有强弱的不同，即如读书报看信，有的人很快，有的人很慢，还有必须"念念有词"地自读自听，方才可以了解的。

孟子言"收放心"，即是讲注意力。孟子牛羊之譬，王守仁说"人之为学，在求放心，心苟或放，学乃徒勤"，亦即此意。成人与小孩不同之点，除多少长短以外，还有复杂程度的不同：成人同时构成一气的注意多少事物，小孩只能注意一件一件的不相联络的事物。还有机械的习惯也不相同：成人能同时数个官觉并用，如上课时，一面听讲，一面笔记；弹钢琴时，眼睛要看谱，手要弹，脚要踏。小孩走路时眼不看地，就要跌倒，别的更不必讲了。机械的习惯也是于人生极重要的，若是事事时时，无不加以注意，人生就苦极了。打算盘、打字等等娴熟的技术，都是机械的习惯。教育的责任，在教导儿童的习惯，使成为机械的，然后再教他用最高的脑筋，来研究种种复杂事物。还有深浅的不同：成人在人群丛杂中可以读书，又可以"发愤忘食，乐以忘忧"；小孩的注意力都是很浅，如同时必须旁注他事，就不能专一，读书时听见怪声或觉肚饥，他的注意就变迁。又有久暂的不同：成人经验既多，看见事物，研究的意义格外丰富，所以注意的时间可以久；小孩经验太少，又不能联贯，看见事物，"一目了然"，更无剩义，所以注意不久，并且容易困倦。幼稚园的学生的注意时间不出十五分钟，国民学校的学生不出四十至四十五分钟，中学以上，即可渐渐延长。成人读书，大约以连读一点半钟为最适宜，但有只能连读一点钟的，也有能连读两点钟的，各人习惯有不同；若是过了适宜的限度，无论如何读，总是读不上。又有范围广狭的不同：成人注意的范围狭，所以觉着可注意的事物较少；小孩的范围广，他觉得鸟飞、鸡啼、花开、人走，无一不可注意。课堂中多备图书等物，也就是因为小孩的注意范围太广，多备东西，可以增加他的兴趣。所以完全受环境的感应的，实在只有小孩，成人比较少。

注意力之种类　小孩的注意力为官觉的，成人的为知识的：小孩见物,无不注意,成人则否。成人见了"佳山水",每每与过去的感想联贯起来,高兴时还要动动"诗兴",即是从知识方面来的;小孩则不然,他只看见一座山、一条河、几株树、几个亭台楼阁,完全是官觉的注意,绝无丝毫感想夹杂其中。比方秋天到钱塘江观潮,在成人看来,觉得那波涛雄壮的气概,真像千军万马,说不得就要摇摇头,念那"立马吴山第一峰"的佳句了;但是在小孩看来,只是一片大水,许多人,几只船,至多不过想起他去年来时,在此买过几块糖罢了。

强制的注意力 因社会的逼迫,或远大前途的关系,成人往往能为强制的注意力,勉强注意他所不愿注意的事。我们研究学问,用强制的注意力的时候很多。因社会,或时势,或志愿之需要,我们就会勉强用功。所以要养成儿童用强制的注意力之习惯,当以儿童的需要为基础。任意的注意力,刚弄这样,又弄那样,不能成就有系统的学问;必须慢慢地利导他,养成强制的习惯,过一年半载以后,小孩便不觉得苦了。这就是由官觉的注意引入智慧的注意的历程。自然人只看见事物的近的结果,文明人可以看得较远;由近而远,就是养成强制注意力的方法。

讲到注意力方面,即发生两大问题:即教育功效是否由"困勉"(用力)方面得来,抑系由兴味方面得来。兴味方面,因为外国行自由选科制的大学,已经有学生避难就易以期多得单位之弊,所以有人反对;而一面则以为困勉终嫌太不自然,不能造就上好人才,况且勉强的也不能持久。现在新的教育学说,要注意"最后的兴味",既不取无为的勉强,亦不偏重近的兴味。旧教育只知困勉为好训练而完全不管兴味,固然不对;过于偏重近的兴味而丝毫不加强制,也易生弊。最后的兴味即是远的价值,只要使学生了解"现在多用功夫,将来多得价值"的道理,他自不致一味盲目地去"舍难就易"了。但是这种学说,只可适于成人,小孩便不懂什么叫做"最后"。所以对于小孩,应当设法引起其可以觉察得到的兴趣。近来国内教育现状,差不多这两派都已各走极端,或偏重困勉,或偏重兴味。偏重困勉,不但使学生受无为的苦,使他们畏学校如囚牢;而且会阻碍他们的生机。偏重兴味,就养成"避难就易"的习惯,浮而不实的知识。

儿童的官觉

官觉是传知识的机关,所以官觉教育也很重要。官觉若不健全,知识就不能十分正确。按近代心理学说,要发达儿童的官觉,应当顺应着他的天然官能,因势利导。

官觉的感觉范围,也有一定限度,如距离过远,不能闻见就是。物理学中的三棱镜,照于日光中,只现七色,紫以外及红以外之色,即不能见;猫能黑夜观物,狗能以鼻识途,而人则不及。盲人的听觉特别发达,惯于打牌的人,用手一摸,就知道什么牌,都是特殊官觉。教育不能打破官觉的天然限度,勉强使人能见紫红以外的颜色,只能以训练使人免去色盲之病。只要有训练,官觉即易发展。

小儿的官能发展时期不能一定。初生即能辨味,但眼睛不能向远处看。二三岁以前,各种官能,都不完备,以后方渐渐发达。等到后来能辨别颜色,则须仰仗教育。教育并可训练官觉,使之精确。

意大利蒙得苏利(今译为蒙特梭利——编者注)女士的教授法,就是发展官能的最妙方法。如以有扣有带的布板,给小孩作玩具,使他练习扣缚,渐渐即能自穿衣服。这种教授法,早已风行西方,其实于中国尤为合宜,因为中国孩童,官能多不发达。

小孩摇了摇鼓,一定往嘴里乱塞,即是先试听觉而后试味觉。官能于注意力亦有关系。小孩初生,脑是散的,不能注意。同一用官觉,而受过训练与否,即大不相同。同是一块石头,地质学者见了,他的见解必与常人不同。初打电话,听不清楚;不常同外国人来往,听外国语不大方便;外国人吃中国菜,莫名其妙。这都是训练不足的缘故。没有训练,官觉就常常要错,如小孩闻雷声以为神怒,乡人以云为烟所成,以幻想为见鬼。西洋小孩,常以"butterfly"为来自"butter",以"oats"为来自"oaktree",即因知识不足,易起误会。中国孩童知识如何,还没有精确调查。美国波斯顿的小孩,有百分之五十三,不曾见过日落的,有百分之三十,不曾见过云的(因为房屋太高),有百分之五十五,不知木料来自何处的。美国中学生中有因苹果与番薯相似,即以为苹果也是由地中掘出来的。所以,一方面用官觉,一方面还须观察事实。官觉若未经训练,常易变成幻觉,小孩看见剃头刀及牙医的大钳,他就觉得理发匠及牙医也非常可怕。成人有习惯上的幻觉,如写字写得多的时候,"psychology"与"physiology"互相写错而不觉错误。

官觉发达与年龄

婴儿只能见大见近,又不能将东西一件一件地分析而观,又因视觉上没有远近的经验,所以看见远的东西,也要伸手去拿。到六个月方能辨明暗,十个月至十一个月能别红黄而不识蓝。小孩最初只能辨别浓色而不能辨别淡色。十二个月至十三个月的小孩看深红与浅红,以为是两个颜色,必至六七岁方能辨别。至七八岁才晓得房间大小及道路远近,但此处至彼处有几里路,还不能知道,教他们记某处至某处若干里,是无用的,因为他们不懂若干里是多远。所以教小孩地理,只可教以最浅近的东西,如山水房屋等等。教习教他,说地球是圆的,好像橘子,他下次看见橘子,就说这是地球。美国有一个故事,有一天,有一位先生叫一个小学生说出三个证据,证明地球是圆的,他就举了三个:(一)先生说是圆的,(二)教科书上说是圆的,(三)母亲说是圆的;教习问林肯是谁,他说林肯是林肯公园里的铜像。这都是知识不足的错误。讲到听觉方面,一岁以内的小孩,不能知道声音所来的方向。到六岁还只有百分之六十能记声调的。也有一二岁即能辨别自然韵调的,如小孩唱"萤火虫,夜夜红,飞到西来飞到东,替我糊盏小灯笼"即是。四岁的只能辨今天,不知道什么明天、昨天、下星期。六岁的还不辨去年、今年。到八岁,觉得上午下午长短不同。九岁以前,觉得一年的光阴,非常之长。此等自然发达的迟早,不是教育所能为力,教育只能因势利导。

按近代教育学说,一切知识和观念都由官觉得来,所以训练官觉,即是造就精确的知识和观念。纯用理性,极易引起误会,近世各种学问,哪一件不是实地观察得来?所以养成正确的官觉,的确是当务之急。最好顺着小孩喜用官觉的趋势，因而利导。提倡音乐手工等等的训练。

以上总讲儿童本有的资本之利用，及如何使其自然发展。

讲到此处，发生两个问题，与儿童知识有密切关系的：（一）记忆力，（二）思想。

（一）我们常常听说，中国人太重记忆而不重了解。实在说起来，记忆实为求知识之基本观念所由来。记忆力分自然的及方法的两种。小孩的记忆力，多为自然的。如记地理名词，必用种种方法以补助之，即是方法的。记忆力是神经系变动的结果，人之高于禽兽，就在记忆力较好。至于生理上的记性好不好，则非教育所能为力。从前记典故的，即是只有生理的机能而无理想上的训练。

记忆力，儿童与成人不同。小孩的记忆力多为单独的，所以外国文应在高小就学，算学倒可暂缓。成人的记忆力多为论理的，故成人对于观念容易记得，因为他有意义，单字就比较难记。儿童各种的记忆，十四岁耳力最好，以后渐退，十五岁目力最好，以后渐退，九岁以前，耳力比目力好，十九岁以前，各种都好，以后就要渐渐地退化了。十二岁以前，具体的事物易记，抽象的不易记。单独的记忆力，只可纯任自然，论理的可以设法增进。

（二）思想也出于天然。十二个月的小孩就能想，但是不精确罢了。普通言之，小孩思想比成人少，然终身在工厂度最简单生活者，就许不及五岁小孩的思想复杂。成人动作，必先思想，小孩则否。儿童的思想，多偏于游戏方面。他们思想不精确的缘故，计有六种：（1）知识不足，如因为拔洋娃娃的头发，也会拔母亲的头发，以为一样不痛。（2）知识不正确，易于误会。（3）注意不专。（4）无系统。（5）整块的，不能分析，如指橘为地球。（6）无批评力。

原刊于《北京大学日刊》第 558、562、564、566、
567、568、573、574、590、591 号（1920 年 3 月至
4 月，为陈政君笔记）

第二辑　大宗精神

北大之精神

本校屡经风潮，至今犹能巍然独存，决非偶然之事。这几年来，我们全校一致的奋斗，已不止一次了。当在奋斗的时候，危险万状，本校命运有朝不保夕之势；到底每一次的奋斗，本校终得胜利，这是什么缘故呢？

第一，本校具有大度包容的精神。俗语说："宰相肚里好撑船。"这是说一个人能容，才可以做总握万机的宰相。若是气度狭窄，容不了各种的人，就不配当这样的大位。凡历史上雍容有度的名相，无论经过何种的大难，未有不能巍然独存的。千百年后，反对者、讥议者的遗骨已经变成灰土；而名相的声誉犹照耀千古，"时愈久而名愈彰"。

个人如此，机关亦如此。凡一个机关只能容一派的人，或一种的思想的，到底必因环境变迁而死。即使苟延残喘，窄而陋的学术机关，于社会决无甚贡献。虽不死，犹和死了的一般。

本校自蔡先生长校以来，七八年间这个"容"字，已在本校的肥土之中，根深蒂固了。故本校内各派别均能互相容受。平时于讲堂之内，会议席之上，作剧烈的辩驳和争论，一到患难的时候，便共力合作。这是已屡经试验的了。

但容量无止境，我们当继续不断地向"容"字一方面努力。"宰相肚里好撑船"，本校"肚里"要好驶飞艇才好！

第二，本校具有思想自由的精神。人类有一个弱点，就是对于思想自由，发露他是一个小胆鬼。思想些许越出本身日常习惯范围以外，一般人们恐慌起来，好像不会撑船的人，越出了平时习惯的途径一样。但这个思想上的小胆鬼，被本校渐渐儿地压服了。本校是不怕越出人类本身日常习惯范围以外去运用思想的。虽然我们自己有时还觉得有许多束缚，而一般社会已送了我们一个洪水猛兽的徽号。

本校里面，各种思想能自由发展，不受一种统一思想所压迫，故各种思想虽平时互相歧异，到了有某种思想受外部压迫时，就共同来御外侮。引外力以排除异己，是本校所不为的。故本校虽处恶劣政治环境之内，尚能安然无恙。

我们有了这两种的特点，因此而产生两种缺点。能容则择宽而纪律弛。思想自由，则个性发达而群治弛。故此后本校当于相当范围以内，整饬纪律，发展群治，以补本校之不足。

一九二三年十二月十七日

原刊于《北京大学二十五周年纪念刊》

北京大学新组织

西谚云："旧壶不能盛新酒。"北京大学为新思潮发生地，既有新精神，不可不有新组织，犹有新酒，不可不造一新壶。

（甲）选科制：北大内部更改，逐渐进行，已两年于兹；先援美国哈佛大学例，采选科制。往日之规定，四年功课，为学校所规定，不论学生性之所近与否，均须一律学习。犹如西谚所谓"强马饮水"。选科制准学生于性之所近，于规定范围内自由选择，愿饮水的马则饮水，愿吃草的马则吃草，人各随其个性而发展其学力，岂不其善。东京帝国大学，现亦采行矣。

兹本教授治校之宗旨，定新组织如下：

（乙）组织四大部：北大内部组织现分四部。（一）评议会，司立法。（二）行政会议，司行政。（三）教务会议，司学术。（四）总务处，司事务。教务会议仿欧洲大学制。总务处仿美国市政制。评议会、行政会议两者，为北大所首倡。评议会与教务会议之会员，由教授互选，取德谟克拉西之义也。行政会议及各委员会之会员，为校长所推举，经评议会通过，半采德谟克拉西主义，半采效能主义。总务长及总务委员为校长所委任，纯采效能主义，盖学术重德谟克拉西，事务则重效能也。

（丙）诸系：大学各科分四组，计十八系。已有数课而尚未成系者计五系。现已实行者计十三系。将来添一门学科，多一系便可，不必设某科大学矣。

（丁）各系主任：各系有一主任，由教授互选。现计已实行者十三系，有主任十三人，任期三年。十三主任合组教务会议，操全校学术之大政。

（戊）教务处：教务处为教务会议所组织，各系主任互选教务长一人，长全校之学术，任期一年。

（己）评议会：评议会会员由全体教授互举，约每五人中举一人。现有教授八十余人（讲师助教百五十余人不在内），举评议员十七人。校长为评议长。凡校中章程规律，均须经评议会通过。

（庚）行政会议：由十一个委员会委员长（临时委员会不在内），及教务长总务长组织之。校长为当然议长。会员资格，以教授为限。行政会议，操全校行政之权。

（辛）各委员会：由校长推举，评议会通过，操一部分行政之权。（一）庶务委员会，操校舍杂务斋务卫生之行政。（二）组织委员会，主管大学改组，整理、起草章程，修改规律等事项。此次改组由该委员会起草者也。（三）学生自治委员会，接洽学生自治事项。有学生代表三人。（四）出版委员会，审查出版书籍，并策划出版之行政。（五）预算委员会，制造大学预算。（六）审计委员会，审查大学账目。（七）图书委员会，操图书馆之行政。（八）仪器委员会，操仪器室之行政。（九）聘任委员会，审查各方面荐来教职员之资格。（十）入学考试委员会，定入学考试之标准。（十一）新生指导委员会，为新生入学时之顾问。

（壬）总务处：由校长委任之总务委员会组织之。其中一人，由校长委任为总务长，操全校事务之权。总务处分校舍、杂务等十三课。其组织，合数课为一部，以总务委员掌之，曰某部主任。现合校舍、杂务、斋务、卫生四课，曰庶务部。庶务主任掌之。合介绍、询问、注册、编志四课为一部，曰注册部。注册主任掌之。出版自立一部，出版主任掌之。文牍、会计两课，直隶于总务长。图书自立一部，图书主任掌之。仪器自立一部，仪器主任掌之。各员合之总称总务委员，公决事务之进行，总务长执行之。分之为各部主任，执行一部之事务。

原刊于《申报》（1920 年 2 月 23 日）

我们对于学生的希望*

今天是五月四日。我们回想去年今日，我们两人都在上海欢迎杜威博士，直到五月六日方才知道北京五月四日的事。日子过得真快，匆匆又是一年！

当去年的今日，我们心里只想留住杜威先生在中国讲演教育哲学。在思想一方面提倡实验的态度和科学的精神；在教育一方面输入新鲜的教育学说，引起国人的觉悟，大家来做根本的教育改革。这是我们去年今日的希望。不料时势的变化大出我们意料之外，这一年以来，教育界的风潮几乎没有一个月平静的，整整的一年光阴就在这风潮扰攘里过去了。

这一年的学生运动，从远大的观点看起来，自然是几十年来的一件大事。从这里面发生出来的好效果，自然也不少。引起学生的自动精神，是一件；引起学生对于社会国家的兴趣，是二件；引出学生的作文演说的能力、组织的能力、办事的能力，是三件；使学生增加团体生活的经验，是四件；引起许多学生求知识的欲望，是五件。这都是旧日的课堂生活所不能产生的，我们不能不认为学生运动的重要贡献。

社会若能保持一种水平线以上的清明，一切政治上的鼓吹和设施，制度上的评判和革新，都应该有成年的人去料理；未成年的一代人（学生时代之男女），应该有安心求学的权利，社会也用不着他们来做学校生活之外的活动。但是我们现在不幸生在这个变态的社会里，没有这种常态社会中人应该有的福气；社会上许多事被一班成年的或老

＊ 本文发表时，由胡适、蒋梦麟联合署名。据蒋梦麟自注，此文"由胡适先生起草"。

年的人弄坏了,别的阶级又都不肯出来干涉纠正,于是这种干涉纠正的责任遂落在一班未成年的男女学生的肩膀上。这是变态的社会里一种不可免的现象。现在有许多人说学生不应该干预政治,其实不是学生自己要这样干,这都是社会和政府硬逼出来的。如果社会国家的行为没有受学生干涉纠正的必要,如果学生能享安心求学的幸福而不受外界的强烈刺激和良心上的督责,他们又何必甘心抛了宝贵的光阴,冒着生命的危险来做这种学生运动呢?

简单一句话:在变态的社会国家里面,政府太卑劣腐败了,国民又没有正式的纠正机关(如代表民意的国会之类),那时候,干预政治的运动,一定是从青年的学生界发生的。汉末的太学生,宋代太学生,明末的结社,戊戌政变以前的公车上书,辛亥以前的留学生革命党,俄国从前的革命党,德国革命前的学生运动,印度和朝鲜现在的运动,中国去年的五四运动与六三运动,都是同一个道理,都是有发生的理由的。

但是我们不要忘记:这种运动是非常的事,是变态的社会里不得已的事,但是他又是很不经济的不幸事。因为是不得已,故他的发生是可以原谅的。因为是很不经济的不幸事,故这种运动是暂时不得已的救急的办法,却不可长期存在的。

荒唐的中年老年人闹下了乱子,却要未成年的学生抛弃学业,荒废光阴,来干涉纠正,这是天下最不经济的事。况且中国眼前的学生运动更是不经济。何以故呢? 试看自汉末以来的学生运动,试看俄国、德国、印度、朝鲜的学生运动,哪有一次用罢课作武器的? 即如去年的"五四"与"六三",这两次的成绩可是单靠罢课作武器的吗? 单靠用罢课作武器,是最不经济的方法,是下下策,屡用不已,是学生运动破产的表现!

罢课于旁人无损,于自己却有大损失,这是人人共知的。但我们看来,用罢课作武器,还有精神上的很大的损失:

(一)养成倚赖群众的恶心理 现在的学生很像忘了个人自己有许多事可做,他们很像以为不全体罢课便无事可做。个人自己不肯牺牲,不敢做事,却要全体罢了课来呐喊助威,自己却躲在大众群里跟着呐喊,这种倚赖群众的心理是懦夫的心理!

(二)养成逃学的恶习惯　现在罢课的学生,究竟有几个人出来认真做事? 其余无数的学生,既不办事,又不自修,究竟为了什么事罢课? 从前还可说是"激于义愤"的表示,大家都认作一种最重大的武器,不得已而用之。久而久之,学生竟把罢课的事看作很平常的事。我们要知道,多数学生把罢课看作很平常的事,这便是逃学习惯已养成的证据。

(三)养成无意识的行为的恶习惯　无意识的行为,就是自己说不出为什么要做的行为。现在不但学生把罢课看作很平常的事,社会也把学生罢课看作很平常的事。一件很重大的事,变成了很平常的事,还有什么功效灵验? 既然明知没有灵验功效,却偏要去做;一处无意识地做了,别处也无意识地盲从。这种心理的养成,实在是眼前和将来最可悲观的现象。

以上说的是我们对于现在学生运动的观察。

我们对于学生的希望,简单说来,只有一句话:"我们希望学生从今以后要注重课堂里、操场上、课余时间里的学生活动:只有这种学生活动是能持久又最有功效的学生运动。"

这种学生活动有三个重要部分:(一)学问的生活;(二)团体的生活;(三)社会服务的生活。

第一,学问的生活　这一年来,最可使人乐观的一种好现象,就是许多学生于知识学问的兴趣渐渐增加了。新出的出版物的销数增加,可以估量学生求知识的兴趣增加。我们希望现在的学生充分发展这点新发生的兴趣,注重学问的生活。要知道社会国家的大问题决不是没有学问的人能解决的。我们说的"学问的生活"并不限于从前的背书、抄讲义的生活。我们希望学生——无论中学大学——都能注重下列的几项细目:

(1)注重外国文　现在中文的出版物实在不够满足我们求知识的欲望。求新知识的门径在于外国文。每个学生至少须要能用一种外国语看书。学外国语须要经过查生字、记生字的第一难关。千万不要怕难。若是学堂里的外国文教员确是不好，千万不要让他敷衍你们，不妨赶跑他。

（2）注重观察事实与调查事实 这是科学训练的第一步。要求学校里用实验来教授科学。自己去采集标本，自己去观察调查。观察调查须要有个目的——例如本地的人口、风俗、出产、植物、鸦片烟馆等项的调查——还要注重团体的互助，分工合作，做成有系统的报告。现在的学生天天谈"二十一条"，究竟"二十一条"是什么东西，有几个人说得出吗？天天谈"高徐济顺"，究竟有几个指得出这条路在什么地方吗？这种不注意事实的习惯，是不可不打破的。打破这种习惯的惟一法子，就是养成观察调查的习惯。

（3）建设的促进学校的改良 现在的学校课程和教员一定有许多不能满足学生求学的欲望的。我们希望学生不要专做破坏的攻击，须要用建设的精神，促进学校的改良。与其提倡考试的废止，不如提倡考试的改良；与其攻击校长不多买博物标本，不如提倡学生自己采集标本。这种建设的促进，比教育部和教育厅的命令的功效大得多啊。

（4）注重自修 灌进去的知识学问是没有多大用处的。真正可靠的学问都是从自修得来。自修的能力是求学问的惟一条件。不养成自修的能力，决不能求学问。自修应注重的事是：①看书的能力；②要求学校购备参考书报，如大字典、词典、重要的大部书之类；③结合同学多买书报，交换阅看；④要求教员指导自修的门径和自修的方法。

第二，团体的生活 五四运动以来，总算增加了许多学生的团体生活的经验。但是现在的学生团体有两大缺点：一是内容太偏枯了，二是组织太不完备了。

内容偏枯的补救，应注意各方面的"俱分并进"。

（1）学术的团体生活，如学术研究会或讲演会之类，应该注重自动的调查、报告、实验、讲演。

（2）体育的团体生活，如足球、运动会、童子军、野外幕居、假期游行，等等。

（3）游艺的团体生活，如音乐、图画、戏剧，等等。

（4）社交的团体生活，如同学茶话会、家人恳亲会、师生恳亲会、同乡会，等等。

（5）组织的团体生活，如本校学生会、自治会、各校联合会、学生联合总会之类。

要补救组织的不完备，应注重世界通行的议会法规（Parliamentary Law）的重要条件。简单说来，至少须有下列的几个条件：

（1）法定开会人数。这是防弊的要件。

（2）动议的手续，与修正议案的手续。这是会议法规里最繁难又最重要的一项。

（3）发言的顺序。这是维持秩序的要件。

（4）表决的方法。①须规定某种议案必须全体几分之几的可决，某种必须到会人数几分之几的可决，某种仅须过半数的可决；②须规定某种重要议案必须用无记名投票，某种必须用有记名投票，某种可用举手的表决。

（5）凡是代表制的联合会——无论校内校外——皆须有复决制（referendum）。遇重大的案件，代表会议的议决案必须再经过会员的总投票；总会的议决案必须要经过各分会的复决。

（6）议案提出后，应有规定的讨论时间，必须限制每人发言的时间与次数。

现在许多学生会的章程只注重职员的分配，却不注重这些最紧要的条件，这是学生团体失败的一个大原因。

此外还须注意团体生活最不可少的两种精神：

（1）容纳反对党的意见。现在学生会议的会场上，对于不肯迎合群众心理的言论，往往有许多威压的表示，这是暴民专制，不是民治精神。民治主义的第一个条件就是要使各方面的意见都自由发表。

（2）人人要负责任。天下有许多事都是不肯负责任的"好人"弄坏的。好人坐在家里叹气，坏人在议场上做戏，天下事所以败坏了。不肯出头负责任的人，便是团体的罪人，便不配做民治国家的国民。民治主义的第二个条件是人人要负责任，要尊重自己的主张，要用正当的方法来传播自己的主张。

第三，社会服务的生活　学生运动是学生对于社会国家的利害发生兴趣的表示，所以各处都有平民夜学、平民讲演的发起。我们希望今后的学生继续推广这种社会服务的事业。这种事业，一来是救国的根本方法，二来是学生的能力做得到的，三来可以发展学生自己的学问与才干，四来可以训练学生待人接物的经验。我们希望学生注意以下各点：

（1）平民夜校。注重本地的需要，介绍卫生的常识、职业的常识和公民的常识。

（2）通俗讲演。现在那些"同胞快醒，国要亡了"、"杀卖国贼"、"爱国是人生的义务"等等空话的讲演，是不能持久的，说了两三遍就没有了。我们希望学生注重科学常识的讲演，改良风俗的讲演，破除迷信的讲演。譬如你今天演说"下雨"，你不能不先研究雨是怎样来的，何以从天上下来；听的人也可以因此知道雨不是龙王菩萨洒下来的，也可以知道雨不是道士和尚求得下来的。又如你明天演说"种田何以须用石灰作肥料"，你就不能不研究石灰的化学，听的人也可以因此知道肥料的道理。这种讲演，不但于人有益，于自己也极有益。

（3）破除迷信的事业。我们希望学生不但用科学的道理来解释本地的种种迷信，并且还要实行破除迷信的事业。如求神合婚、求仙方、放焰口、风水，等等迷信，都该破除。学生不来破除迷信，迷信是永远不会破除的。

（4）改良风俗的事业。我们希望学生用力去做改良风俗的事业。譬如女子缠足的，现在各处多有。学生应该组织天足会，相戒不娶小脚的女子。不能解放你的姊妹的小脚，你就不配谈"女子解放"。又如鸦片烟与吗啡，现在各处仍旧很销行。学生应该组织调查队、侦探队，或报告官府，或自动地捣毁烟间与吗啡店。你不能干涉你村上的鸦片吗啡，你也不配干预国家的大事。

以上说的是我们对于学生的希望。

学生运动已发生了，是青年一种活动力的表现，是一种好现象，决不能压下去的；也决不可把他压下去的。我们对于办教育的人的忠告是："不要梦想压制学生运动；学潮的救济只有一个法子，就是引导学生向有益有用的路上去活动。"

学生运动现在四面都受攻击，"五四"的后援也没有了，"六三"的后援也没有了。我们对于学生的忠告是："单靠用罢课作武器是下下策，可一而再再而三的么？学生运动如果要想保存'五四'和'六三'的荣誉，只有一个法子，就是改变活动的方向，把'五四'和'六三'的精神用到学校内外有益有用的学生活动上去。"

我们讲的话，是很直率，但这都是我们的老实话。

原刊于《新教育》第 2 卷第 5 期(1920 年 5 月)

北京大学开学演说词

今日趁开学的机会，我可以同我们全校的同学，晤聚一堂，实在非常的高兴。我觉得这个机会是很可宝贵的，因为我们平时虽也常同学生接触，但总只是一小部分。近来学校中都有一种通病，就是教员和学生除了课堂见面之外，毫无个人的接触，所以弄得好像不关痛痒的样子。这不但中国如此，就在外国也免不了。现在同诸君虽然不是个人的接触，却也是一个大聚会的好机会。我前天曾同校长谈过，打算下半年办一个校长与学生间的星期茶话会。每星期在第一院对面新租房子的本校教职员公会内，预备一点茶点，约定二三十位同学，同校长随便谈谈，可以彼此互通情愫。

还有关于社会方面的。我们现在不是天天讲新文化运动吗？那天在胡适之先生那儿谈天，他说现在的青年连一本好好的书都没有读，就飞叫乱跳地自以为做新文化运动，其实连文化都没有，更何从言新。这话实在说得非常的沉痛。所以我们此后，总要立志定向，切实读书。还有一层，就是物理化学等等物质上的文化也应该同文字方面的文化并重。比方现在饥民这样的多，因为交通等等关系，赈济就这样的困难；有时传染病发生，也往往弄得手忙脚乱，死丧无算。这都是物质文化太不发达的弊病。我们不可不注意。

最后对于同学自治问题，也有点意见。我近来学生认识得不少，据各方面的闻见，觉得最可惜的就是学生会总没有好好的组织；开会时秩序亦不甚整齐。我们时常说国会省会如何捣乱，其实像这样子，叫学生去办国会省会，又何尝不会捣乱呢！所以开会时必须注重议会法才好。学生会章程，上半年已经订好，采取委员制，现在已经付印。

希望新旧同学平心静气地讨论，确定以后就大家遵守。本校的特色，即在人人都抱个性主义。我尝说，东西文明的不同，即在个性主义。比如希腊的文化，即以个性为基础，再加以社会的发达，方能造成今日的西方文明。孔子虽然也讲个人，但是相对的而非绝对的，讲起个人总是联说到家族和社会上去。所以真正的个人主义，就是以个人为中心，以谋社会的发达，并不是自私自利。西方近代文明之所以如此发达，就因个人与社会同时并重。譬如双马车，定要两匹马步骤和协，这车才能走得快利。我觉得北大这么大的一个学校，研究学问、注重品行的件件都有，就是缺少团体的生活。所以我希望大家，一方各谋个人的发达，一方也须兼谋团体的发达。从前严厉办学的时代，是"治而不自"，现在又成了杜威先生所说的"自而不治"，这都不好，我们要"治"同"自"双方并重才好。因为办学校用法律，决计不行的，只可以用感情化导，使得大家互以良好的情感相联络。这是我最后的希望。

原刊于《北京大学日刊》第 694 号（1920 年
9 月 16 日）

北京大学二十三周年纪念日演说词

今日是我们北京大学第二十三周的生辰。我们来到此地庆祝,可算是家庭中的庆祝,一堂都是自家人,也没有请外宾;全由本校的教职员及同学们自由发表意见,关于校务的进行,好着实地来改良。大庆祝当在二年后本校二十五周纪念时来举行。关于二十三年来本校的经过情形,已在今日的北大日刊上揭载——如校歌、国立北京大学略史、现行组织、图书馆、仪器室、学科课程、现时体育的组织、学生的生活和活动、出版品及修正旁听生的章程;所以在今天开会时,也无须我再来报告了。

我想关于庆祝,约略可分为二种:

(一)来庆祝我们过去的成绩;

(二)来庆祝我们将来的希望。

如果要说今天来庆祝我们过去的成绩、现在的成绩,可以说是没有,这是很觉惭愧的!我们今天所当庆祝者,是在将来的希望。因为盛名之下,其实难副,所以今天开会庆祝的目的,只好在将来的希望上了!

关于将来的希望,我以为有三件重要的事,很应当注意的,由这三件上着力,我们大家一齐地做去,等十年或二十年后,再开会时,我们就许可以庆祝过去的成绩了。这三件就是:

(一)当输入西洋的文化,用全力去注意他——这话虽是老生常谈,不过现在我们是要去实行。从前张之洞说"中学为体,西学为用",总要体用兼备才对。现在我们却要把这句话反过来说了,当以"西学为体，中学为用"。这是我一个朋友说的话，真是有理。因为我们的国学须经过一番整理的工夫才行；整理国学，非用西洋的科学方法不可。所以第一步还是先要研究西学。况且现在应用的学问，大半须从西洋得来。以本校而论，想着实地来输入西方文化，先要改良图书馆，多买西籍，希望诸位同学，熟悉英、德、法……文，能直接看书，不至于有不懂和误解的地方。我们既都是自家人，也不妨老实地说：要是外国文太不好，无源之水，将来一定是要干涸的；能谙习了外国文，能多读外国的书籍，那末"宝藏兴焉"；无奈我们学校的诸同学，外国文的程度，虽然也有好的，但多数同学的外国文程度总有些儿不够！

（二）当整理国学——要是随随便便的，拿起中国的什么书籍来看，是没有什么用处的！我们如果有了学问，应当去做乾嘉时代一般学者的工夫，以科学方法去研究的结果，来把国学整理一番，将来好出一部北大的"国学丛书"。现在商务印书馆，虽说出了一部"四部丛书"，其中善本虽不少，但未经今人用科学方法整理过的。我们若能够以科学方法研究出来的结果，出一部"国学丛书"，使将来一般的国民，领会了国学以科学方法来研究的好处。更能使将来的中学生或是一般国民，拿起一部"国学丛书"来，便可以知个国学的大概，用不着再要拿许多的书来读才知道，这不是求学的经济方法么？

（三）当注重自然科学——这是很重要的；现在文化运动基础不稳固，缺点就因为不注重自然科学。我们若想使文化运动的基础稳固，便不得不注重他。西洋文化所以如此发达者，就是因为他们的根基打在自然科学上；而且现在我们首当明白的，要晓得在中国十年或十五年后，必有一种科学大运动发生，将来必定有科学大兴的一日。所以无论是文科的、法科的、理科的诸同学们，凡关于天文地理……一类的自然科学上，都当着实地注意才好！在学校方面，要把经费节省下来，把理化的仪器室，特别地推广；好请一般的同学们和教职员诸君切实地去研究蹉磨，使有最新式最完全的实验室来实现，且不特我们去研究西洋已发明的科学，且要来发明新原理；这样下去，庶几方有稳固的根底！等到四十周年或三十五周年时，有了显著的好成绩，也可以在世界上去讲，就不至于竟是挂一块招牌的了。等到那时候，我们当举行一个公开的大庆祝，因为已经有了许多的成绩在社会上了！不知我的话，诸君以为何如？

原刊于《北京大学日刊》第 773 号（1920 年 10 月 20 日）

本校全体教职员呈总统文

呈为请予迅即罢斥教育总长彭允彝，并促北京大学校长蔡元培回校任事事。梦麟等于本年一月十九日，呈请罢免教育总长彭允彝，及慰留北京大学校长蔡元培，并经迭次面吁钧座俯准在案。嗣奉国务院函知蔡校长已奉俯谕交院慰留等因。惟彭允彝迄今未蒙罢斥。查蔡校长此次辞职，并无他故，纯为不愿从事于寡廉鲜耻之教育当局之下，以玷人格。既蒙钧座不以蔡校长辞职之理由为非，而俯加慰留，则寡廉鲜耻之彭允彝，不能再令玷教育最高当局之位，理势均不待再辩而明。今留蔡校长而不罢斥彭允彝，将使天下不明是非之所在，而群且以为慰留蔡校长不出于钧座之诚意矣。若谓蔡校长办学成效卓著，故即行慰留，而彭允彝之劣迹尚待考察，则迄今时逾四旬，考察必已周密，自可独奋乾断。而梦麟等私窥窃测，似钧座尚无罢斥彭允彝之意。梦麟等窃疑彭允彝小人之尤，既倚湖南总司令赵恒惕之保荐而得今职，必有以政治上之诡谋，要挟钧座以固其位。不然，则彭允彝以篷篨之质，施其炀灶之技，有以夺钧座之明。用敢复将彭允彝不堪总司教育情形，详为钧座陈之。

吾国教育宗旨，注重道德，早经明定。今以人格扫地之彭允彝当教育最高当局之任，在钧座初以不知而误任之。语曰，"知人则哲，尧舜其难"，天下犹能为钧座谅也。今者彭允彝之人格无存，海内莫不晓然。梦麟等既呈请罢斥之于前，而舆论复斥谪之于后，四旬以来，除为彭允彝爪牙执笔其间之一二报纸偶有左袒之者外，其他京内外各报及外国报纸无不同声一致，以为所亟当斥逐。即国会议员，闻亦有将其弹劾案者，虑钧座听政之暇，聪明亦必旁及于此矣。钧座既知之而不罢斥之,是使天下将疑为有变更教育宗旨之暗示。不然何必以人格扫地之彭允彝,而使据总司道德教育之地耶?此欲为钧座陈之者一也。

蔡校长呈请辞职文谓彭允彝破坏司法,蹂躏人权,初蔡校长一人之言为然耳。然观外国报纸揭载颜前总理之议论,及修订法律馆总裁之辞职呈文,湖北、安徽等省及特别区法院全体人员之与司法总长之反复电话,则彭允彝纵有遮饰,实无解于破坏司法之事实。以破坏司法蹂躏人权之徒,使居教育最高当局之位,而不罢斥,其影响于教育前途为何如?此欲为钧座陈之者二也。

国家不振,其因固众,而事少官多,亦为一因。中央各部,以教育为清曹,故用人比他部少杀。然以历年总次长之所汲引,滥出官制之员,亦不为少。乃彭允彝到部三月,委派编审员数十人,调部任用者数十人。其薪俸最高者月银三百元,至低者亦百五十元。其他巧立名目支与津贴至二三百元者,又若干人。月增支出,几至万元。又有康和声者,报载其曾被法庭判剥夺公权,使其事果实,尚有官吏资格耶?此皆足证明彭允彝任用私人,糜费国款。而彭允彝在报纸登载启事中,尤敢任意遮饰。其为欺罔可知。此欲为钧座陈之者三也。

北京国立北京大学等八校,实为中国教育之中心。比年以中央财政困难,几至中绝弦歌,八校教职员等,力请政府筹拨经费,以冀维持。京内外各界亦无不相与赞助,无非为国家谋根本之计。乃彭允彝到部以后,于部员薪俸,则尽力筹发,梦麟等所知,计已发至上年十一月份。而于八校经费,则仅发至上年十月份之三成。查彭允彝到部之始,曾向八校教职员代表声明必于年内发还两个月积欠经费。今乃不徒积欠经费,一无所发,即每月应发之经费,亦不如数发给。使诿为无款,则何勇于发部员之薪俸耶?盖观其轻重之间,不徒有意失信,而实蓄心摧残教育。此其蔑视历次维持教育之明令,欲为钧座陈之者四也。

比年以来,京内外少数学校,小有风纪不饬者,自无可讳。然此局部之整顿,实为校内之事务。抑且整顿之法,绝非仅凭一纸空文所能收效。贵在用人得当,徐为补救。而彭允彝以整顿学风为号,考其事实,则适相反。如所任京师法政专门等校校长,或用非所学,或确系政客,以致该校等或迹近消灭,或转滋纷扰,三月于兹,犹未回复原状。则其所谓整顿,用意可知。彭允彝现以扬汤止沸之技,遂其倒行逆施之心,犹复欺蒙钧座,屡申明令,盖其过则归人之心,昭然若揭。此欲为钧座陈之者五也。

北京国立专门以上各校,因彭允彝人格扫地,不堪总司教育,合议不受彭允彝署名之命令,所以促其反省,自行引退。乃彭允彝天良渐尽,知其命令不行于直辖各校,复乃诡计百出,辄欲假借钧座,以为挟制。如北京师范大学校长,早已由部定聘定范前教育总长充任,即曰大学校长,依法当由钧座任命,然何以不呈请于各校未经议决不受彭允彝署名命令之前耶?又读本月二日政府公报,载有彭允彝呈请钧座以"北京大学校务重要,拟令该校教职员组织评议会代行校长职务",奉钧座指令照准。查本校蔡校长,虽奉钧座慰留,但以彭允彝未去,为保持人格计,当然不能即行返校。彭允彝果知校务重要,即当急自去职。而乃呈请以评议会代行校长职务,其意实欲阻蔡校长之回校。此又显与钧座慰留蔡校长之意相背。况各校现已决议不受彭允彝署名之命令,则无论直接间接凡经彭允彝署名之文件,自一致在不受之列。彭允彝请命北京师范大学校长及令本校教职员组织评议会代行校长职务,一则明知事无出入,而故作狡狯,以为扰乱该校内部之计,一则明知事必不办,而以此阻蔡校长之归。其尤阴险者,一方既使钧座明令等于未发,一方又以不行尊重钧座命令之过,归于学校。说者谓此乃彭允彝豫为解散各校之地,未始不可信也。此又彭允彝欺罔钧座以遂其谋倾陷各校之计,此欲为钧座陈之者六也。

彭允彝自被教育界共弃之后,多方设法诱贿各校教职员学生,以为破坏各校而维持其地位之计。累月以来,各报所载,或诱以官职,或贿以金钱,卑污之行,不一而足。彭允彝既廉耻道丧,而复坠人节操,败坏学风,贻害无穷,此欲为钧座陈之者七也。

有此七事,彭允彝不堪总司教育情形,当蒙洞察。且钧座慰留蔡校长之谕,天下共见。然彭允彝不去,蔡校长不返,事理显然,为此再请俯予迅即罢斥彭允彝教育总长之职以维教育。一面令饬国务院选

派妥员，讫促蔡校长回校任事。毋任迫切待命之至，谨呈大总统

北京大学教职员全体代表蒋梦麟等谨呈

一九二三年三月八日

原刊于《北京大学日刊》(1923 年 3 月 9 日)

北京大学第二十五年成立纪念日演说词

今天是本校二十五年的成立纪念日，过去的事实和未来的希望，已经校长和教务长讲过了。现在我所要讲的，就是希望要有好的"工具"。本校的设备，因经济关系，不甚完全，我们现在所要的"工具"，就是要一所好的大会堂，能容纳多数人在里边开会，不要再像这次临时搭起席棚子。

还要造一个图书馆，我们方有研究和创造学术的地方。不过现在经济困难，如何去办呢？总务长天天跑来跑去，还是跑不出钱来。又如要想建寄宿舍，必要先觅地基，地基有了，但是没有钱去买。在这种情形之下，实在觉得没有法子。

现在我们预备无论如何困难，自今年起至明年止，必定将图书馆造成。离此不远的地方，有一所房子，中央八十尺宽，六十尺长，将他盖成图书馆后，可容四百人同时在里边看书。

这种小的计划，预备在明年暑假前，一定要勉力办成，诸位暑假后回校，当有新的图书馆，可以看书。

一九二二年

原刊于《过渡时代之思想与教育》(上海商务
印书馆 1933 年版)

为北大念五周年纪念事致学生干事会书

学生干事会并转全体同学诸君公鉴：

昨阅日刊，见诸君对于本校念五周年纪念庆祝之筹备，组织周详，甚盛甚盛。窃思学校亦社会组织之一，师生之于学校，犹父母子弟之于家庭；爱校之心，人所共有；每逢纪念，欢忭可知。故学校执政方面亦曾于数年前拟议，对兹念五周纪念，特举行大庆祝。惟日月不殊，时事顿异，诚有非数年前今日所及料者！是本年之庆祝不可不就目前之情况，再为考虑。兹特条举数事，愿与诸君共审之：华会权利，前倡取消，临案护路，频频刺耳，外交险恶，于兹为甚。至内政不修，校长因而去国；今则不特清明之无望，而每况愈下，正不知伊于胡底！时局艰难，国将不国；前此国庆，吾人既不得尽情庆祝；对兹校庆，亦将何以为情？此当考虑者一。政府视教育如无物，经费积欠已九阅月余，学校势将破产。机关之日常生活，尚虞不给；教职员勉力维持，已久苦枵腹；庆祝事项，在在需款，将从何出？此当考虑者二。学校之惟一生命在学术事业，近年经费困难，不特曩所拟议，如图书馆、大会堂等大建设，不能实现；即添购图书、仪器等一切关于同学修学方面之设备，均无从发展。故今年之大庆祝，理宜展缓。此当考虑者三。现在国立八校，以经费无着，势将关门；本校虽赖教职同人，困苦维持，而来日大艰，正自难言。故不特无举大庆祝之经济能力，实亦无庆祝之可言。不过每周纪念会，例当举行；本年应仍小做，限于校内，届时只放假一天。盖处此时艰，学校生命岌岌可危，吾人愈当利用光阴于学业上，而做事与欢腾，不妨留待异日。所有展览游艺，但以简而易举，无碍学业，不耗财力者为限。其中档案古物出版等展览，手续繁重，此系学校方面之事,应由各该管机关自行决定举办与否。所有缩小庆祝范围,实为情势所迫,愿诸同学共体斯意! 至诸君爱校热诚,固麟之所深表同情也。专此并颂

学祺

蒋梦麟

一九二二年十一月二日

原刊于《过渡时代之思想与教育》(上海商务印书馆 1933 年版)

北京大学开学词

今天同大家聚会一堂，行开学礼，本来是一件愉快的事情，所不好过的就是我们最敬爱的蔡先生不在此地。学校在这种政治的和经济的关系之下，竟能如期开学，是同人精神奋斗的结果。至于物质方面，可说是已到了山穷水尽的地步。恐怕诸君不甚详知，特地略为报告。政府里积欠了我们八个月的经费，计有五十余万，此外学校里还垫出了十七万余。两项共计七十余万，差不多一年的经费没有了，所以去年开学时我们说过要建筑大会堂和图书馆的计划都成了泡影。同人数月来终日奔走经费的事，忙得不了，几乎天天在街上跑。上次京师各法团保安会，京师治安维持会，和教育基金委员会，议决每月筹八十万元，五十万为军警费，三十万为教育费。请汇丰、汇理、正金、道胜四银行垫借。议定以后，即向使团接洽，英法日三使现尚在磋商中，此事能成与否，实难预料，不过我们尽我们的能力罢了。

现在蔡先生不在这里，同人等也略有一点计划，如经费有着，拟将经费划出一部分用在充实学术上的内容。购买图书要注重专门，请各系计划应购的书报杂志。这层做到，学术自能渐渐提高。并且教育方面，因为有了这样研究专门学术的便利机会，学问自然也就日新月异地提高起来。其余应当进行的事还很多，现在先就力所能及的先做起来。

此次还有几件小事可以报告。学校的行政部分向在第一院，从前有过谣传，说是外面对于我们有所误会的，将来放火焚毁。这虽是谣传，却十分重要，不可不注意。学校的会计机关、注册部，以及历来的重要文件，都在第一院，万一不慎，真不得了。现在外面的局势，弄到如此，难保以后外界对于我们的误会不再发生；所以为慎重起见，决定将行政各机关移到第二院去，庶几关防可以比较严密。今年新生投考的几及三千，学校里只取了一百六十余人。外面因为我们取得太少，有许多误会和责难。其实我们录取新生，标准为重，不甚拘守定额。不想近年各地中学毕业生，能合我们标准的，竟一年少似一年，这是现在教育界一个重大的问题。现在我们拟以表册报告各地中学，使他们知道，他们的学生有几分之几不及格，所欠缺的是哪些功课，请他们注意改良。又此次检查体格加了检验粪便一项，结果知道扬子江以南的人，粪中有虫，广东最多，江浙次之，扬子江以北则有虫的很少。这是医学和卫生学上极有科学价值的一种报告。

总之在现在这种情形之下，全靠我们大家共同奋斗，方可维持京师的教育，至少也要维持北大的生命，决不让他中断。

一九二三年九月十日

原刊于《过渡时代之思想与教育》（上海商务印书馆 1933 年版）

蔡先生不朽

"人生自古谁无死,留得丹青照后人。"(此处蒋先生引用有误,原文出自宋·文天祥《过零丁洋》诗:"人生自古谁无死,留取丹心照汗青。"——编者注)这句诗,是说人的身体迟早必死,惟精神可能不死。精神不死,是谓不朽。先生死矣,而先生之精神不朽。今请言先生不朽之精神。

学术自由之精神

先生之治学也,不坚执己见,不与人苟同。其主持北京大学,凡持之有故、言之成理者,悉听其自由发展。

宽宏大度之精神

先生心目中无恶人,喜与人以做好人的机会,先生相信人人可以成好人。先生非不知人之有好恶之别,但视恶人为不过未达到好人之境地而已。若一旦放下屠刀,即便成佛。故先生虽从善如流,而未尝疾恶如仇。俗语说:"宰相肚里好撑船。"古语:"有容乃大。"此先生之所以量大如海,百川归之而不觉其盈。

安贫乐道之精神

先圣有言:"为仁不富。"又曰:"富贵不能淫。"蔡先生安贫乐道,自奉俭而遇人厚,律己严而待人宽。

科学求真之精神

先生尝言,求学是求真理,惟有重科学方法后始能得真理。故先生之治北京大学也,重学术自由,而尤重科学方法。当中西文化交接之际,而先生应运而生。集两大文化于一身,其量足以容之,其德足以化之,其学足以当之,其才足以择之。呜呼！此先生之所以成一代大师欤！

原刊于 1940 年 3 月 24 日重庆《扫荡报》

试为蔡先生写一篇简照

光绪己亥年的秋天，一个秋月当空的晚上，在绍兴中西学堂的花厅里，佳宾会集，杯盘交错，似乎兰亭修禊和桃园结义在那盛会里杂演着！

忽地里有一位文质彬彬、身材短小、儒雅风流、韶华三十余的才子，在席间高举了酒杯，大声道：

"康有为，梁启超，变法不彻底，哼！我！……"

大家哄堂大笑，掌声如雨打芭蕉。

这位才子，是二十岁前后中了举人，接连成了进士、翰林院编修，近世的越中徐文长。酒量如海，才气磅礴。论到读书，一目十行；讲起作文，斗酒百篇。

一位年龄较长的同学对我们这样说：

这是我们学校里的新监督，山阴才子蔡鹤卿先生。子民是中年改称的号。

先生作文，非常怪僻，乡试里的文章，有这样触目的一句："夫饮食男女，人生之大欲存焉。"他就以这篇文章中了举人。有一位浙中科举出身的老前辈，曾经把这篇文章的一大段背给我听过，可惜我只记得这一句了。

记得我第一次受先生的课，是反切学。帮、旁、茫、当、汤、堂、囊之类。先生说：你们读书先要识字，这是查字典应该知道的反切。

三十年后先生在北京大学校长任内，学生因为不肯交讲义费，聚了几百人，要求免费，其势汹汹，先生坚执校纪，不肯通融，秩序大乱。先生在红楼门口挥拳作势，怒目大声道："我跟你们决斗。"包围先生的学生们纷纷后退。

先生日常性情温和，如冬日之可爱。无疾言厉色，处事接物，恬淡从容。无论遇达官贵人或引车卖浆之流，态度如一。但一遇大事，则刚强之性立见，发言作文不肯苟同。

故先生之中庸，是白刃可蹈之中庸，而非无举刺之中庸。

先生平时作文适如其人，平淡冲和。但一遇大事，则奇气立见。"杀君马者道旁儿，民亦劳止，汔可小休。"这是先生五四运动时出京后所登之广告。

先生做人之道，出于孔孟之教，一本于忠、恕两字。知忠，不与世苟同；知恕，能容人而养成宽宏大度。

先生平时与梁任公先生甚少往还。任公逝世后，先生在政治会议席上，邀我共同提案，请政府明令褒扬。此案经胡展堂先生之反对而自动撤销。

我们中国人可以说没有一个人在不知不觉间不受老子的影响的，先生亦不能例外，故先生处事，时持"水到渠成"的态度。不与人争功，不与事争时，别人性急了，先生常说"慢慢来"。

一位在科举时代极负盛名的才子，中年而成为儒家风度的学者。经德、法两国之留学，而极力提倡美育与科学。在教育部时主张以美育代宗教；在北京大学时主张一切学问当以科学为基础。

在中国过渡时代，以一身而兼东西两文化之长，立己立人，一本于此。到老其志不衰，至死其操不变。敬为挽曰：大德垂后世，中国一完人。

原刊于 1940 年 3 月 24 日重庆《中央日报》

战后北大方针

适之兄大鉴：

数月前上一书想已收到。兄卸职后，以行止一时未能决定，故未作函奉候。现闻兄尚有若干时勾留，未识任何工作？弟意兄可在美任教，暂维生活，此时似可不必急于回国。医言不宜高飞，何必冒此一险而强行？战后国家大事，即以文化教育而论，头绪纷繁，吾辈均须努力以赴之，以求成绩于百年之后。兄在任五年，对于国家已有极大贡献，此时稍作休息，谁其能非之。联大苦撑五载，一切缘轨而行，吾辈自觉不满，而国中青年仍视为学府北辰，盛名之下，难符其实。图书缺乏，生活困苦（物价较战前涨百倍以上），在此情形之下，其退步非人力所可阻止。弟则欲求联大之成功，故不惜牺牲一切，但精神上之不痛快总觉难免，有时不免痛责兄与雪艇、孟真之创联大之议。数月前在渝，孟真责我不管联大事。我说，不管者所以管也。我发恨时很想把你们三人，一人一棍打死。但我三年以来，两年中著一本《书法之原理与技艺》，近月来著成第二册。其首册曰"书技"，次册曰"书艺"。自四二年一月起，夙兴夜寐，从事学习英文，亦稍觉进步，去年尽力精读，用字造句丝毫不肯放松，盖以书法而应用于文字也。书法之要道，首造意，艺也。然所以达艺者，在乎技。艺在用脑，技在用手，心手相应，则由技而达艺矣。以此而习英文，则文法成语犹技也，思想艺也，娴于技始能达乎艺。今年起当以写英文为原则，以读文学辅之，盖欲思熟于技也。思熟则文能达吾意矣。古语云"意先笔后"，谓意之所在，笔即随之，作文亦须达此境方能有成。弟今五十八矣，以将近花甲之年，而雄心如此，得毋被人笑为愚而迂乎？然吾之用意，在立身教以启后学耳。吾家有长寿种,先严八十无疾而逝。近来卫生与医学进步,弟希望能至八十以上,或有二十余年可为国效力。以此二十余年中,以三事为目的。一弄书法,二办学校,三写英文(使西洋能真正了解中国);如精力就衰,先去写英文,继去学校,最后以书法终吾身。弟作《书法》首卷成,就教于尹默,尹默曰:言乎法无以复加矣,惜不能兑现耳。弟犹有兑现之雄心也。联大与弟个人之事,大致如此,愿与兄一商北大校事。

一、方针:以北大之向来一贯政策,并蔡先生治学立身之精神为基础,战后在北平创立一文史与自然科学之中心,而以社会科学与应用科学附之,而尤以文史为中心之中心。

二、外国文:凡学生无论习何科,必通一外国语,而习国文者尤所必需。此点不必详说,而兄当与弟同意也。

三、群性、个性均加以适当之训练。

四、学科程度当加以严格之训练,以期一般程度之提高,不及格者饬令留级或退学。

第一条为继承北大固有之历史,二、三、四条为补北大之失。

五、请美国大学在北大设讲座,并准派学生数人留学美国大学,而给以奖学金(scholarship)。此事当与各大学个别接洽。此事请兄在美便中接洽,未识可行否?

以上诸点,年来时萦绕于脑中,故与兄一商之,请求更正或补充。数月前兄回北大之电到昆,不特北大同人得一大鼓励,而联大同人亦颇觉兴奋,弟则气更为之壮。盖弟常与同人言,兄将来必回北大也。

以下谈谈太平洋国际学会事。

太平洋国际学会前次开会(大前年),雪艇兄主张弟前往,中央诸公亦赞成,弟表示如没有人去,弟可参加,如有适当人选,还是以别人去较妥。此时适刘驭万君回国,与雪艇商定颜骏人先生。当时中央颇不赞成,经几番疏通,中央要求颜君赴渝一行,颜允之,而未果行。会后因某种误会,渝中对颜空气颇恶劣,参政会中且有责问,故骏人先生返国后,逗留香港,既不敢回沪,又不愿飞渝,终于陷于敌手,其境遇殊可怜。刘君劝弟为中国分会会长,以为兄守此婴孩,弟允之。弟对此本无兴趣,历年来兄知之,所以允之者,不得已也。其后筹措经费,以战事关系颇不易,且港币价格日高,万元之数不过二千,故屡向复初、雪艇、光甫、咏霓求救。至香港沦陷,遣散人员及以前遣运书籍,及刘君家属入渝。总费超出七万元,故复向庸之、子文乞钱,并今年预算七万元,共十四万元,不久想可办妥。本届开会,本定弟与亮畴、廷黻三人中择一充首席代表。亮畴以身体关系不能乘飞机;廷黻则庸之不允其离院,弟则以联大事不能离国却之,故不得已而定施植之先生。此事经弟留渝二月之久而始告成。其中情形之复杂,一言难尽。会期告终后,不知何以副会长之苹果落在我的衣兜里,下次开会大概不得不去矣。而弟之中国分会会长,亦不得不因之继续下去。弟本月内当赴渝与委员长及子文一商两年内预算办法,以便下届开会时应付,以免临时仓卒之苦。此函因警报关系,屡写屡辍,请宥其草率之罪。

　　此请

旅安,并贺新禧

弟　梦麟启

一九四三年一月二日

原刊于《胡适来往书信选》(中华书局 1979 年

5 月版)

学潮后青年心理的态度及利导方法

我于一个月中，走了北京、天津、南京、上海、杭州五个大城。读了五十多种的新出版物。把朋友的谈论，和出版物的言论归纳起来，知道"五四"以后青年的态度，和从前大变了。这个态度的变迁，和中国将来的事业很有关系。所以我们讲教育的很要注意。前清的时候，到处闹学，青年心理的态度，大大地变迁。——从尊师尊君的心理，变到反对学校主持人和反对清朝的心理。——到底酿成了辛亥的革命。这回五四运动，如狂风怒潮地扫荡了全国，我们大家觉得几年里边，终有一个大事业生出来。这是什么东西，我们大家不敢预言，但我们可预觉终有一出好戏演出来。

我们现在所欲讲的，是近来青年心理的态度。从这个态度，可以预测将来发生的事业。

这个态度，我们可以叫他做"心的革命"的态度。政治革命是外面的；心理革命，是到了人自己的身上来了。人到了革自己的心的命，你看这关系何等重大！我们若将这态度分析起来，可有三个要素。

（一）一个疑问符"？"——这个疑问符飞扬于全国青年脑中，好像柳絮；春风一动，满天皆是。东望西瞧，到处见这些东西。这个"？"的意思，就是"为什么""做什么""这个是什么""究竟做什么"。这就是朱子说的"学要会疑"，笛卡尔说的"真知的起点就是疑"。这个"疑"字即在青年脑中，他们就事事要问，为什么？做什么？这个是什么？究竟怎么一回事？我们若把事事照这样问起来，就会闹出许多"乱子"来。大凡一个老国度里，必有许多遗传下来的习惯——无论是思想的习惯，或行为的习惯——没有用疑问符"？"的时候，不知不觉地人家都会照样做过去。如祭祖时烧冥镪；见长辈叩头；作文时说几句"茫茫大地，浩浩乾坤"；对人说自己称"兄弟"；本来很丰富的省，偏要称"敝省"，县称"敝县"；住了高大的房子，称"敝寓"。这种事几百年地做下去，没有人问他，就不知不觉地行过去；若把这种事的后边加一疑问符，大家就要反抗起来，批评起来，这种习惯就站不住。

（二）自己想自己说——从前一班人的思想，是人家——古人或国人——替他们想的；一班人说的话，是替人家说的。现在的趋势，望那"自己想自己说"一方面走。这是用疑问符的天然结果。我怀疑，我就要问；我要问，我就在那里想；我想，我就要说。我要想，我要说，我就要求思想自由，言论自由。所以一班青年，现在最痛恨的是两件事：一件就是说命令式的老话，阻碍他们的思想；封报馆阻碍他们的言论。

（三）要求新人生观——我怀疑我逢事便问。问这是什么意思，那是什么意思。问来问去，问到自己的身上来，我想，我是什么？我在这里想什么？我在这里做什么？我想，我说，我做，究竟什么？说什么？做什么？于是到底归到一个问题来：人生究竟什么？我们现在的生活，是什么的生活？我们要求的是什么生活？我们理想中应该有什么生活？我们对于向来的生活知足么？我们向来的生活，是中古的生活，不知不觉的生活；我们现在的生活，是干涸的生活，麻木的生活。我们定要跳出这个生活的范围。跳到哪里去？向哪一方跳？我们要有一个新人生观。

简单说一句话，他们看了现在个人的生活都不满足，社会的习惯都可怀疑。现在流行的种种问题如妇女问题、丧礼问题、婚姻问题，都从这里生出来的。

将来问题愈弄愈多，范围愈推愈广。社会必如破屋遇狂风，纷纷倒塌。新生活必如春园遇时雨到处萌芽。几年里边，生出来的大事，从那方向去推测，"虽不中，不远矣"。

凡看得透的人，到了旧社会崩塌的时候，知道补救的法儿。看不透的人，到那时候，就会脚忙手乱，倒行逆施。说到这里，我们恐怕那时执大权的，就是看不透的一班人；他们就会脚忙手乱，用倒行逆施的方法,想阻挡社会的崩塌;中国事就弄得更糟了。唉!我看近来教育部隔靴搔痒的命令,警察厅雷厉风行的封报馆,就是这脚忙手乱倒行逆施的初步。老子说,太上因之,其次利导之,最下者与之争。又说,民不畏死,奈何畏之以死。我愿这班老先生听听古圣贤的教训。

青年心理的态度,和中国社会的关系,我已约略说过了。青年心理是社会的寒暑表,掌政权的人,不要闭了眼睛,不去看他的度数。亦不要看了热度增高,就以为把这寒暑表打破,热度就会减低,那就大错了。办学校的人见热度增,也不要责寒暑表。须知学生行动,是恶社会挑拨起来的。其原因在社会,不在学生。若以此责学生,好像天气的热,来责寒暑表的上升,是愚极了。

所以办学校的人,要知道青年的要求;帮助他们,来求满足的生活,研究社会的问题。学校和学生,以互助的精神,共同做一番功夫,方是正当办法。所以我对于办学校的人,有些贡献,愿大家研究学潮以后的学校问题。

第一我愿办学校的人奖励学生自治。几十年前,英国有位哲学家,名叫斯宾塞,这个人我们大家知道。他作一本书,名叫《教育》。这本书里说,教育是预备生活,这是教育上一个大进步。因为以前的教育,但从知识方面着想;他这学说出世后,大家知道要从生活上着想;教育是预备生活。近来杜威先生的学说,又进了步。他说:"教育就是生活。今天受一天教育,就要有一天好生活。"我们要知道,好生活是自动的。他人代动的不是好生活。学生自治,是自动的一个方法。学生自治团体,是学生求丰富生活的一个团体。学生在校时,有丰富的生活,方能达"教育是生活"的目的。至学生自治的精神、责任和问题,可参看"学生自治"的一篇文章,我在此不多谈了。

第二要给学生思想自由的机会。人生问题和社会问题,要用智慧来解决。思想不自由,智慧就不发达,头脑就不清楚。若以头脑不清楚的人来研究问题,一定没有好结果的。要养成头脑清楚的人,入手办法,就是使思想自由发展。我们以前的教育重记忆;后来进一步,重领悟;现在还要进一步,不但须领悟,还须自由下批评。做教员的,要欢迎学生自由下批评，才不阻碍思想自由之发展。

第三要助学生研究社会问题。使学生批评历史上一段事，或书上一句话，不如使他们批评社会状况。从现在社会状况中提出几个问题，和学生大家研究。照此办法，学生既得批评的机会，又得机会来研究社会活泼泼的问题；从实际问题上运用他自由的思想，最有益处。使他知道思想是研究社会问题的一个利器；思想自由，并不是悬空幻想的意思。

第四要助学生丰富的生活。青年的心理，既以现在的生活为不满足，教师当助学生研究达满足生活的方法。（一）伦理学的研究。伦理学是人生观的比较学和历史，是青年知道欧亚两洲古今对于人生的观念，并生活方法。何者为适当的生活，何者为不适当的生活。（二）养成对于天然物之兴会。如蝴蝶蜜蜂的生活，花木的生长，矿石的结构，天然美丽，能够引起一班青年无限的兴趣。（三）音乐戏曲之习练。音乐可以使青年的感情和乐奋发，加增人生的趣味。戏曲可以使青年发泄胸中的怀抱，并实验他们理想中所有的生活。校内丰富的生活，就是青年天天兴高采烈地作种种健全的活动。

原刊于《新教育》第 2 卷第 2 期(1919 年 10 月)

北大学生林德扬的自杀

前一个月，我在上海的时候，和几个外国朋友，谈学潮后青年的心理。我说现在青年心理的态度有三个要点：（一）事事要问做什么，就是对于事事怀疑。（二）思想自由。（三）改变人生观。有一个外国朋友听了说：好危险，将来恐怕有许多青年要自杀。我回北京后，见杜威先生，对他说这个过渡时代，恐怕有几个青年，因问题解决不了，闹自杀惨剧。第二天林德扬君自杀的新闻传到了。林君自杀的情形，已由罗志希君在十九日的《晨报》说明，并说出三个补救的方法：（一）美术的生活。（二）朋友交际的生活（并男女朋友交际的生活）。（三）确立新人生观。

我对于罗君的三个补救的方法都赞成。但我还有一番申说。我国对于自杀不算是不道德，这是不好的观念。因为杀人尚有人要抵抗，自杀就无人能抵抗。所以西洋法律上对于尝试自杀者加以罪。宗教上也视自杀为罪过。天生我堂堂的一个人，要我自己保护。我不保护，还要自杀，岂不是罪？罗君把这个罪加在社会身上，我国这种恶劣社会，固当承受这个罪。但社会本来不能自己改良，要我们个人去改良他。社会还没有改良，我就把自己杀了。这社会还有改良的日子么？

罗君说中国自杀之风稀少，正是中国人心气薄弱的一种表现。我想青年自杀，也足以表现中国人心气薄弱。德国因中学课程太重，学生时有自杀的。但通行的风气是决斗，不是自杀。两人决斗，败者伤或死，伤也伤了痛快，死也死了痛快，这是人心强毅的表演。自杀是自示其弱。

曾国藩和英国治印度有名的海斯丁皆曾尝试自杀。他们都成大功,若当时不幸死了,这大功岂不是同冢土穴了么?然而华盛顿、俾士麦,没有尝试自杀,也成了大功。自杀岂能作为成功的条件么?

林君确是一个好人,并不是因为他自杀了,我们承认他是个好人。"好人"的名号,是从平日行为判断的。林君是个好人,因为他平日行事表示出来是一个好人。他若不自杀,岂不是一个社会有用的人么?他自杀,这个结果和杀了社会上一个好人相等。青年呀,自杀是一个大罪恶。

罗君说我们要奋斗到极点,才可自杀,我想这也是不对的。我们奋斗到极点,还要奋斗。人家杀我,我没法想,我们万不可自杀。

以上为我反对自杀的理由,补救的方法,罗君已说过了,我除赞同外,没有话说。青年,青年,新人生观一时不能造成的。过渡时代,终有许多困难和失望的事,这是一定要经过的。困难是成功的路,开辟一个新天地,终要遇着许多荆棘。我们终须用大刀阔斧斩一条路。为后人造幸福,万莫灰心。

新生活不是望空能得到的。今天活一天,活得正当,明天也如此,一天一天地过去,就会达到。新生活是要用试验的态度得来。试验的时候要耐心。从地狱里造天堂,也是可乐的事。

我还有一句话,请青年听听,凡人自十六岁至二十岁的时候,个个人想着自杀的。诸君心里烦闷的时候,要请你们平素最信仰的朋友或先生帮助你们来解决问题。不要"孤注一掷"。生命只一个,可宝贵的。我们常常要抱乐观才好。斯蒂文斯说道:

这世界里有那末多的事物,
我们天天应该像王侯的快乐。

原刊于《北京晨报副刊》(1919年11月21日)

这是菌的生长呢还是笋的生长

四五月里的时候,天气晴煦,晚间忽然来了一阵春雨,明天早起开窗,见里面有许多菌,生气勃勃地生长起来。你说,唉! 生了好快。二三天后,他们就枯死了。你说,这菌的生长,是不久的。

二三月中,时雨之后,散步竹林里,你看那些笋发生出来,一日长数寸。三星期后,长了数尺。一二月后放出叶来,变了青色的竹,好茂盛!

这回五四运动以来,几个月以内,从北京到广东,从上海到四川,不知生了多少新势力。有人说这起来了太快,恐是菌的生长。但我们要知道笋的生长,亦很快的。所以现在我们的问题,就是这回新势力起来,是菌的生长呢,还是笋的生长?

要答这个问题,我们须分两段研究,第一段是研究这新势力的现状,第二段是研究它的将来。

我于近一个月中,在北京、天津、南京、上海、杭州五个大城市中各住了几天,所以能在黄河流域和长江流域的重要文化中心,都亲身吸了几口新鲜空气。其余太原、长沙、成都、广州等地方虽没有到,亦曾读过他们的新出版物——现在这种新出版物全国约有二百五十余种,我看过的约五十余种——我把和五处友人的谈论,同五十余种新出版的言论,归纳起来,他们的思想和感觉可以归到三大点里去。

(一)一个"?"疑问符——这个疑问符我在前篇已经说过了,现在再说几句。这个"疑"字不但把我国固有的思想信仰动摇了,而且把"舶来品"的思想信仰也摇动起来。若非真金,无论中国铜、外国铜,都被这个"疑火"烧熔。我这句话，并非说他们思想革命的人，不要西洋输入的思想；他们的意思，以为西洋思想进来，也要去问他究竟什么一回事。不肯盲从讲赫胥黎、达尔文、密勒的一班人。盲从"物竞天择"和盲从"三纲五常"的，是犯同一个毛病！

这回思想革命，和辛亥政治改革，一个不同的要点就是这个"疑"字，这个"？"疑问符。辛亥革命成功后，一班革命家都兴高采烈的，我说是我的功，你说是你的功。他们都以为革命成功，中国就能发达；不自己问一问，"这革命究竟是什么一回事？"这回思想革命，大家的态度和辛亥不同。我听见许多人说：这回闹了一番，确是好事情，但闹过了后，我们回想起来，很愿意知道"究竟是什么一回事"。

所以他们讲思想革命的人，不但对于遗传的或"舶来"的思想抱一种怀疑的态度，对于自己的思想行动也是如此。"觉悟""彻底觉悟"等名词，就是从这里生出来的。

（二）自己想自己说——这个问题，在前篇已经说过了，没有别的话补充。

（三）要求新人生观——这个问题，我也在前篇说过，现在再加上几句话。作者有一天对杜威先生说，现在青年要求一个新人生观。杜威先生说，他在奉天的时候，忽有人问他什么是人生的真义，他觉得很惊异，他就答道，人生的真义，是有一个丰富的生活。因为时候匆促，他没有详细解说。我们要求丰富的生活，大家承认的。但什么是丰富的生活，用什么方法来得到？这个问题，就要生出许多问题来。

这半年里边，自北京到广东，从上海到四川生产了这三件大事，闹了翻天倒地。有人说，现在渐渐冷静了，可知道这都是菌的生长。我说这话错了。现在冷静的现象，是外面的。从内部里看来仍很热闹。有许多的青年说：他们从这回运动以来，觉得自己脑里空虚，此后他们要静养静养，从那学术方面走。所以有许多青年，以前是很肯干事的，现在都愿回到图书馆、实验室里去了。这是什么意思呢？他们都知道"无源之水，移时而涸"，所以都要求水的源。春园的笋，生气内动，天天生长；到了放叶的时候，自然不能比起初一样的速度。不像那菌，生长了很快，忽然枯死。

我们从上面所说的现状观察，可知道这势力的生长，是笋的生长，不是菌的生长。若从将来一段看起来，这新势力的趋势，是从那有希望的一方面走。为什么呢？因为百忙之中，有一个新趋势渐渐儿地露出芽头来了。北京有一位青年说，我们的文化运动，有两个要点，一个是批评的精神，一个是科学的方法。南京有一位朋友说，文学的改革，能惊动全国；一般社会，为什么不注意科学呢？杜威先生说，科学是中国最需要的。我们若细心想一想，知道批评是科学的精神；科学的方法，就是达到真理的方法。不过现在尚限于社会方面，所谓社会的科学。这文学革命，很多地方，是借重科学的精神和方法的。但近世科学，已在此不知不觉地下了种，将来必在中国的肥土里生长起来，将来必由社会科学到物质科学（现在一般人对于物质科学，好像对演幻术一般，不知道物质科学的新精神）。现在我们要求丰富的生活，将来必想到要达到这个目的，须利用天然力。制驭天力，用于生活上，生活才能丰富。科学是制驭天力的工具。我讲到这里，看见报上有天津学生发起利生公司的宣言说："……我们社会上的人，最不讲究卫生。有钱的人吃得虽好，并不合乎卫生，无钱的人，更不知道什么叫做卫生。所以传染病、流行病，年年有的。最大缘故，就是我们社会上不讲究卫生，饮食随便，那毒菌毒虫不知道吃了多少，那百病可就生出来了……我们知道那苍蝇是传染病的媒介，灰土内又不知道有多少毒菌……我们学生见到此处……赶快联合了许多的同志，立一个公司，专预备学生四季所用的食品食料，以合乎卫生为目的……"毒菌，苍蝇传毒菌，是怎么知道的，可不是科学的功么？所以我说，科学的种子，已在这番思想革命里下了，将来必惹起社会注意。现在中国最大的科学团体，就是中国科学社，社员中有学问的人很多，将来必能传布科学知识于国民。他们很能够研究高深学问，但我们希望他们对通俗科学知识，也要很注意。最好一面讲高深科学，一面用浅近的科学知识，来研究现在的社会问题；若专讲第三容积和最小方等等，哪里能够惹起社会一般人的注意呢？中国人科学观念最薄弱，如初读英文一样，要ABCD读起才好。白话文的一个好处，就是通俗，人人做得。还有现在新思想派所研究的问题，是社会切身活泼的问题，并不是悬空讲学问，所以很能普及。科学家亦要照此办法，来讲科学，才能普及。

科学是求丰富生活所必需的知识，讲求丰富生活，科学必跟着来。这是我对于将来科学发达的希望。还有一件事，就是美术。我常想意大利的文运复兴有三个原因：一是思想，二是科学，三是美术。我们中国现在的新潮，只有思想一方面，这亦是新潮不完全的地方，我们要注意。然而文运复兴的起始，也只是要求人类本性的权利（如思想自由、感情自由），后来引到发展自然界的新观念和研究的新方法。照此看来，我们的新潮，才是文运复兴的初期。要图科学、美术的发展，还要做第二段功夫呢。要求丰富的生活，就是科学、美术发展的导线。因为没有科学和美术，生活是不会丰富的。科学能制驭天然力，供给人生的需要。用科学讲卫生，能减少疾病的痛苦；用科学讲农事，能增进产量，减少乏食的贫民；用科学讲商务，能发达贸易，增进社会的富量；用科学讲哲学，能使我们的思想清楚。我们中国国民平均的富力很薄弱，要得丰富的生活，靠着物质的力不少，若平均的富力薄弱，哪里能得到丰富的生活呢？丰富的精神，靠着丰富的物质的地方很多。有丰富的物质无丰富的精神是死的；有丰富的精神，无丰富的物质，这精神就要飞到天上去，在地球上站不住。

美术——图画、音乐、建筑、雕刻、戏曲、文字、金石等等——使人的感情融和，理想高尚，精神活泼。人生在世上，他的需要不仅在思想，感情的需要也很大。人没有丰富的感情，就可算是没有生活。徒事思想的生活，实太干枯。我希望求丰富生活的青年，不要忘却美术的作用。

一方面把现在的活动，继续做上去，一方面把科学和美术提倡起来，酿成完全的新潮。这是我对于文化运动的希望。这就是笋的生长,将来可成一茂密的竹林。

我还有一句话,要诸君注意,这文化运动,不要渐渐儿变成纸上的文章运动;在图书馆、实验室里边,不要忘却活的社会问题;不要忘却社会服务;不要忘却救这班苦百姓。

原刊于《北京晨报纪念号》(1919 年 11 月 1 日)

学生自治

——在北京高等师范演说

今日为北京高等师范成立纪念日，并学生自治会成立的日子。我得这个好机会和北京高等师范的学生诸君谈学生自治的问题，我心里很快活。这个问题，杜威先生和蔡孑民先生，已经在我的先讲过了，我不知道能否在两先生讲的以外，加添些新意思。我想我们讲学生自治，要研究三个要点。

第一就是学生自治的精神——精神就是全体一致到处都是的公共意志。这个公共意志的势力最大，凡团体有这东西在里边，一部分的分子，就会不知不觉地受他感化。自治的基础就在这里。这个精神就是自治的基础。没有这精神，团体的意志就不能结合起来。里边的分子非但不能互相进行，而且要互相阻挠。团体解散，都是从这里生出来的。诸君要知道团体是一个有机体，譬如一个人，手足耳目口鼻，要和意志一致行动。若意志要看书，这眼去看了桌旁的一盆花；意志要讲英语，这口去操法语；意志要走，这脚偏不动。这岂不是变了一个疯子么？团体的精神，就是团体的意志。若分子不照这意志行事，这个团体就疯了。

所以团体结合的要素，不是在章程，是在养成一个公共的意志。换一句话说，就是养成一个精神。在学校里面，我们亦叫他做"学风"。我们旧时办学校的，也时时讲这"学风"两个字。我国从前的太学生，在历史上很占重要的位置：他们聚了几万人伏阙上书的时候，虽很有权势的狠吏，也怕他们。因为他们都从"富贵不能淫，威武不能屈"的"学风"中培养出来的。

学生自治，并不是一种"时髦"的运动，并不是反对教员的运动，也不是一种机械性的组织。学生自治，是爱国的运动，是"移风易俗"的运动，是养成活泼泼的一个精神的运动。学生自治，要有一个爱国的决心，"移风易俗"的决心，活泼泼的勇往直前的决心。没有这种大决心，学生自治是空的，是慕虚名的，是要不得的。

第二是学生自治的责任——学生自治既不是一个空虚的美名，大家就要去干这自治的事业，大家就负了重大的责任。诸君，学生没有自治以前，学校学风不良，你们可以归罪教职员。学风不良，大家骂办学校的人。办学校的人也不能逃罪。若学生自治以后，教育不良，大家就可以骂学生。到那时候，诸君岂不是变了中国教育不良的罪人么？我们主张学生自治的人，也要受人唾骂，没有面目见"江东父老"了。我想学生自治，有四个大责任。（一）是提高学术程度的责任。现在我们中国学校程度太低，教员说，学生太懒惰，不肯好好求学。学生说，教员不好，不能循循善诱我们。这两边的话，都具一方面的真理。今日讲学生自治，我把教员一方的责任暂时搁起来不讲。我想做教员的应该责备教员，做学生的应该责备学生，不要彼此互相责备。彼此互相责备，就是彼此逃责任，那就糟了。做学生的，先要从自己身上着想，自己问自己，自己的责任，是不是已经尽了，若还没有尽，不要责人家，先责自己罢了。这就是真正的自觉。学生对于学术方面，要有兴会，要想得透，要懂得彻底。不要模模糊糊地过去。过一天算一天，上一课算一课。照这样做去，哪里能够提高学术呢？（二）公共服务责任。自治是自动的服务，是对于团体服务。自动的服务，是自己愿意服务，不是外面强迫的。本自己的愿意，对于团体做公益的事。这有两方面：一方面是消极的，一方面是积极的。消极方面是个人不要对于团体做有害的事。积极方面是个人要做对团体有益的事。消极方面就是自制，是消除乱源的办法。积极方面就是互助，是增进公共利益的办法。自治之中，自制和互助都不能少的。（三）产生文化的责任。学生自治团体，不是组织了以后，学校里不闹"乱子"就算满足了。自治团体，要有生产力。农人自治，要多生农产；工人自治，要多出工作;学生自治,要多产文化。多产文化的方法,就是多设种种学术研究团体。如演说竞争会、学生讲演会、戏剧会、音乐会等等,互相研究,倡作种种事业。(四)改良社会的责任。学生事业,不仅在校内;要与社会的生活相接触。以学生所得的知识,传布于社会,作社会的好榜样。使社会的程度,渐渐提高。真正的自治,就是要有这四种的责任。诸君!自治不是好玩的事呀。

第三点是学生自治的问题——学生团体,是全校团体的一部分。学生团体所做的事,是全校负责任的。所以学生团体与学校中他团体有密切关系。要联络进行,共谋全校幸福。这就生出几种问题来。这几种问题不解决,将来恐生出种种阻力。(一)学生个人和教职员个人或团体的问题。自治会成立后,学生个人行动,是否应受教职员的干涉?我说学生个人行动不当,不但教职员当干涉,学生团体亦当干涉,学生团体不干涉个人不当的行动,这自治就破坏了。所以学生团体不但要去干涉他,而且要教职员大家帮忙,共同维持全校的名誉。(二)学生团体和教职员个人的问题。学生团体,应该欢迎教职员的忠告。诸君!要知道教职员和学生,同是谋全校幸福的一分子。(三)学生自治团体和教职员团体的问题。这个问题比较前两个问题复杂不少。将来的问题,恐怕都从这里生出来的。活泼有精神的自治会,必欢喜多干事,范围必渐渐儿扩大。那时因这个范围问题,就会和教职员的团体发生冲突。有一件事发生,学生团体说,这是在学生团体的范围内的,教职员团体说,这是在教职员团体的范围内的。此时两方面各要平心静气,推诚布公,把这个问题大家来讨论,讨论有了结果,然后来照行。不要因一时之愤激,生出许多无谓的误会。两个团体之间,凡有一个问题发生,终要照这个办法来做,行了一二年,范围就定了。学生自治的机关就稳固了。有了精神,知道了责任,又能平心静气来解决问题,学生自治会没有不发达的道理。

原刊于《新教育》第 2 卷第 2 期(1919 年 10 月)

第三辑　传化演说

致胡适等人书札（十八封）*

致 胡 适

适之兄：

第二来函已交孑公阅。孑公现已离沪返乡，回校任职事，孑公已允。此事若不另生枝节，大学可望回复原状。留傅事江、浙两省教育会先发难，上海学界留蔡后，亦复争留傅。北京学生宣言已到，大为国人所许可。杜威先生来函，劝"勿馁气，此为唤兴国民潜力好机会"。加仑比亚（今译为哥伦比亚，指哥伦比亚大学——编者注）已允给假，大学如散，上海同人当集万金聘之。大概大学不至于解散，因蔡既允复职（孑公以不办学生为复职条件，政府已明示，孑公不得不复职矣），田当亦不敢长教育（京讯政府已撤回任田同意案）。现在所争持者为青岛不签约及斥罢祸首二条，且看结果如何？孑公在沪时每日相见，此公仍抱积极精神，转告同志。

南方预备如下：

（一）同人所最希望者，为大学不散，孑公自仍复职。同人当竭全力办南京大学，有孑公在京帮助，事较易。办成后渐将北京新派移南，将北京大学让与旧派，任他们去讲老话（亦是好的），十年二十年后大家比比优劣。况巴黎来电赔款有望，南洋富商亦可捐数百万金，办大学藏书楼、中央试验室及译书院。此事如孑公在京，必多助力，故望诸

---

* 除《北京大学的近状致张东荪的信》原刊于《上海时事新报》（1919年8月10日），其余均原刊于《胡适来往书信选》（中华书局1979年5月版）。

君设法维持大学,以为子公返职地步。

(二)如北京大学不幸散了,同人当在南组织机关,办编译局及大学一二年级,卷土重来。其经费当以捐募集之(炎、麟当赴南洋一行,《新教育》可请兄及诸君代编)。杜威如在沪演讲,则可兼授新大学。

总而言之,南方大学必须组织,以为后来之大本营,因将来北京还有风潮,人人知之。大学情形请时时告我,当转达子公。诸君万勿抱消极主义,全国人心正在此时复活,后来希望正大也。诸乞密告同志。

炎培·梦麟同启 （一九一九年）五月二十二日

致 胡 适

适之兄:

久不得来书,想忙得很。蔡先生电,学生疑是假冒的,《晨报》亦有登疑假冒之新闻。此电由我亲手打出,并写信给你,现在想已明白了。照你看来,大学究竟能否保全? 照我的意思,如能委曲求全,终以保全大学为是。因为我们的第一条办法是比较的好一点儿。如你看来,大学有不能保存之势,也要早些写信给我,我们可以早些儿预备你们来上海。上海议决定星期一停课一天,此系彼此意见不一的调和办法,可是没有意思得很。咳! 我们教育失败,今日现出短处来了。学生天天受读书的教训,到真事体出来,在书册里找不到,他们就不知什(怎)么办才好。此后教育要大大儿改方针呢。学生自治的训练,要好好儿讲究讲究。大学内部什么样? 教授会进行如何? 要你对我说,我好讲给蔡先生听听。我们两种办法,你有何意见?

麟 一九一九年五月二十四日晚

致 胡 适

适之兄:

久没有你通消息,记念的很。上海今日罢课,弟等已将舵把住,不至闹到无意识。杜威留上海,其俸已由省教育会担保。任之与弟又要做和尚募化万余金。将来预备在沪开演讲大会。还要请他到重要地方如天津、北京、广东、汉口去讲讲。省教育会要做这一件慷慨的事,你赞成么?大学现状给我讲讲,千万千万,我实在记念杀了。

麟

一九一九年五月二十六日晚十二时

致 罗 家 伦

志希先生:

学潮至此已告一段落。沪上因工人相继罢工,危险之极,幸而免。此后吾人但抱定宗旨,信仰惟学可以为人,惟学足以救国。毁誉成败等浮云耳。杨健君寓沪,离舍不远,时会晤。诸希为学自重。

蒋梦麟

一九一九年六月十三日

致 胡 适

适之:

麟今晨自杭归,你的信都收到。知行亦自宁来沪。今先将徒威(即杜威——编者注)的办法回答你,他事另函详。徒威留一年,甚好。南京、上海方面准合筹四千元。来信所谈计划,我们极赞成,照办就是了。

知行·梦麟同启

一九一九年六月二十四日

北京大学的近状致张东荪的信

东荪先生:

你的来信,适之交我读了。我实在忙得不了,所以没有信给你。

现在承你询问，我不得不抽出一点功夫，与你谈谈。我二十一日到北京以来，吃了不少的苦。好像以一个人投在蛛网里面，动一动就有蛛子从那屋角里跳出来咬你。唉！若无破釜沉舟的决心，早被吓退了。人人说市中有虎，我说我任凭虎吞了我就罢了；没有吞我以前，我不妨做些做人应该做的事。我记得王守仁有句话："东家老翁防虎患，虎夜入室衔其头；西家儿童不识虎，执策驱虎如驱牛。"我又记得《四书》里有句话："不忮不求，何用不臧？"我本了这个精神，向前奋斗；过了半月，诸事已有端倪。我对于校内校外帮我忙的人，终身感激他们——他们不是帮我的忙，是帮中华民国的忙。现在大学里面，教务事务都积极进行，新生取了四百人，上海投考的结果亦已揭晓，取了九十一人。下半年的课程，已经起首安排。教职员方面，精神一致，都天天兴高采烈的做事。你若来看一看，必以为大学这回并没有经过什么风潮。学生方面更不必说了，这班青年，个个是很可爱的。并不是说空话，我实在爱他们。他们对我说，此后他们要一心尽瘁学术，定要把这个北大成为中国的文化最高中心；这班青年的眼光，是很远的。我有一句话，要给上海的诸位先生讲。北大学生是全体一个精神的，并没有分迎甲迎乙的派别。这番"小孩子打架"，是十几个可怜的青年闹出来的。内中有毕业生，有休业生，也有几个大学生。这种"小孩子打架"，本不足惊动中华民国的法庭，但既承法庭代学校训练学生，我们也只好服从法律。你知道法庭是独立的，这个意思我们大家要尊重的。但我希望这个问题早日解决；学潮方息，别要另生枝节。我心里对于在图圄的学生，十分抱歉。现在我心中耿耿不安的就是这事。从教育的眼光看来，教训青年的地方，是在山林花草鸟鸣虫嘶的天然景内，不在臭虫跳蚤的图圄内。你想这句话对不对？我已面托教育部长傅沼香先生在西山的地方为大学多觅些地，以备将来把北大迁到西山去，使青年日日在天然景内涵养其身心精神。傅部长允为竭力去做。我们意思最好请清室把圆明园送给北大，这园有四里阔，六里长，有山有泉，是最好的地方。你所抱的"新村"思想，在这个园附近建设好么？蔡先生对于大学百年大计，如能在这个地方来实行，真是中华民国的大幸了。我事很忙,今日星期,本来要休息;因为你有信来,我只好把我休息的时候牺牲了,来写这信。请你将这信给上海的几个朋友看看,省了我再写信。我就感谢你不尽。

致 胡 适

适之:

到杭后调查一师学潮真相,知这回的事情实在起于内部"牛鬼蛇神"的一般教员。齐照岩骂经子渊是过激党的话,也是起源于内部的。这回的留经,好像西南的护法,是一个假面具,现在把西洋镜拆穿了,只有学生是真要经留,"牛鬼蛇神"只要饭碗留罢了。

现在我调停,派姜琦做校长,学生全体通过,很为满意。我已写一封长信给蔡先生,请你向他取读,就知道详细的情形。我明日回沪,须留五六天,才能返京,因杭事恐另有变化,故不得不缓行北来。北大有兄及夷初在,我可放心。还有方豪等已出狱,可帮忙,想无甚要事发现出来。

仲甫已谈过,他说工读互助团的毛病,是办理不好,非本身不好。

梦麟

一九二〇年四月十二日

欧游晤凯恩斯论中国实业
致蔡元培、胡适等

子师、适之、孟和、孟余:

我前日到剑桥大学,住了两夜,今日回伦敦。在剑桥时晤教员学生多人,同往者为罗素先生及其夫人,晤 Keynes(即著《欧洲和会之经济的结果》者)。我对他说:假如中国用美国的资本,德国的专门人材,中国的人工,发展中国的天产,与英国商务竞争,英国当抱何态度? 他答彼甚欢迎,因发达中国的实业,即增高中国的买货力,英国必受其益。

今晚在罗素先生家吃饭,说到傅铜的事。他说彼与傅绝不相识,他的信(请罗来中国)由他人转交,起初罗素因恐受人愚弄,故先发电要盘费以探真假。傅对罗说大学辞退他,因政治的关系;罗素说傅不知哲学,他想大半系哲学的关系,假如罗素办大学,也要把傅辞退! 于是我索性把全副西洋镜都拆穿了,罗素说他曾觉得傅铜举动可疑。

后日将往利物浦(华侨请去),回时到奥斯福大学一游,十五日赴比,由比转和(荷)赴德,带有致 Rathnan 介绍信一封,当往与一谈。东欧诸小国及新国,皆当往视一周,五月十九日由马赛上船回国。

在法在英,晤本校同学,均甚好。

梦麟

一九二一年二月七日

为派胡适等赴欧运动请各国退还赔款办教育事致胡适

适之兄:

此间商学界拟派余日章、郭秉文及兄三人赴欧代表各省教育会,运动请各国退还赔款兴办教育事。弟已快邮蔡先生请允许,并请电复,一面快邮与兄求同意。此事关系我国教育前途命脉,务乞允许。

梦麟

一九二三年十二月二十九日

致 胡 适

适之兄:

你给我们三人的信收到了。我昨日有一快信寄杭,信内告诉你三件事:第一,报告学校内部的良好的精神和筹款的情形。第二,请你把不死不活的《努力》停了版。第三,望你早日来京。我现在忙了"不亦乐乎",有几分厌倦。教育部无人负责,他校大都不死不活。京师教育事务,我首当其冲,简直是大学校长而兼教育总长。我现在买了一架汽车,天天在街上跑，真是和 gasoline（汽油）有仇。你的信已交顾先生。功课问题请他复你。你的行止，请你自由斟酌。我想略待一二月后，你可来碧云寺休养。彼处有余屋可居。不时来城，我有汽车。（经费问题定后，我当时往西山休息。）好在《努力》已停，你可以安心休息了。

梦麟

一九二三年十一月十三日

致 胡 适

适之兄：

昨日高梦旦来信问兄近状，并嘱弟爱护兄，愿兄把功课停止，或早日收束。沙加斯基之文可爱，但使我当不岂（起）这种过量的荣誉。汪君钱早已寄去，并早有复函。彼来函骂我不负责，真岂有此理，使我怒不可遏，兹将复彼函及来函抄送。

麟

一九二四年五月六日

附一：汪敬熙致蒋梦麟

梦麟先生：

前上一函，谅已入鉴。熙在美艰窘异常。债主见问，无力应付；衣服褴褛，无钱购置。月入只是房租饭费；下年何作，茫无头绪。为归国之计，旅费无出。进既不能，退亦不可。漂流之苦，实难笔述。两电先生，无只字之复。前函亦不敢望先生之必答。不得已再函先生，望先生设身处地，想熙漂流之苦，于四月五月之间，赐一复函明示办法！穆先生四月至七月之间已筹款维艰；先生丝毫未以见告。至十月初方只告孟、康二人。而同时罗家伦独得巨款，为赴欧之费。先生素以办事得名，此次措置，实不得当。孟、康二人三函先生，熙两电先生，均不得只字回答。此种置之不理，实非正当之办法。道德上先生不能不负责！不能不设法使熙等出于困难也！敬候回谕，不尽欲言。

汪敬熙上　一九二四年三月三十一日

附二：蒋梦麟致汪敬熙（抄件）

敬熙兄：

　　前函计达。穆先生售产所寄之费谅已收到。来示责弟过严，弟颇感不快。罗君独得巨款，不知系何所指？而罗君来函亦以无款叫苦。总之，诸兄来函，弟一一转交穆先生，款不在弟手，虽极知诸兄窘困，其如画饼不可充饥何？况穆先生又商业失败，前函已略述及，弟所处之困难地位，亦愿兄设身处地以思之。专此布复，顺询学安。

一九二四年五月初七日发

致　胡　适

适之兄：

　　函电均敬悉。研究院简章系蔡先生于十分匆促间起草（因为要通过预算），未经详细讨论的，你有意见，请你多多见教。我的意思，现在先办自然科学之关于实用者，如农医等，社会科学之经济等项，以备省政府建设各种事业之需，其余如国学、文学等暂行缓办。蔡先生对于此项意见亦表示赞同，未识兄之意思如何？寅初兄想时会面，子丈及同人等极愿其来浙担任经济一门，已函文伯兄转咨，兄如晤时亦乞代为劝驾。事忙不及详述种切，诸俟面罄。此请
撰安

麟　一九二七年六月二十二日

　　研究院筹备员已由省政府加聘为第三中山大学筹备员，关于一切进行，望兄速来帮忙。

致　胡　适

适之兄：

　　你到南京的时候，我刚刚到上海。我同象贤、秀贞到你的寓白走了一次。你提及伯商现在家闲居，我已与裴子商妥准定聘他担任化

学,请你托慰慈转告。裴子担任文理学院院长,他现在正在物色教员,如你有下列诸科的人材请再介绍一下子:(一)中国史,(二)西洋史,(三)英语学及语音学(English language and phonetics)。你前介绍通伯,因为此间英语重 mechanism(机构学)方面,尤其是一年生,故尚未需要,请介绍一位合于(三)项之资格者。鲁迅的需要,只须在一二年后,割鸡尚用不着牛刀也。请你早些复我。敬祝康健。

梦麟　二十九日

致 胡 适

适之兄:

协和医院问题,我和你的意见相同。省政府中的同事们,亦倾向归还原经理人(该院中国人所捐助部分亦很大)。此事终可满意了结,不过一个时间问题罢了。目前省府会议已把方针决定了。——外人应有之财产,均须发还并保护。

此项问题,凡医院属民政厅,学校属中山大学。

你这样努力作文,并且成绩如此之好,令人羡慕得很,但身体亦要保重。

梦麟上

一九二七年九月十六日

致 胡 适

适之兄大鉴:

昨日自杭乘汽车回京,晚间到部,接读来信,敬悉种切。前孟真在此,我偶然对他发牢骚。他第二次来京时说,那篇文章并不是由兄处发出的,我就了解了。我的用意,是把大事化小事,小事化无事。只要大事能化为小事,小事不至于变为大事,我虽受责备,也当欣然承受。至于为人"捐末梢",我在北大九年,几乎年年有几桩的,也捐惯了。事到其间，也无可如何了。

敬祝

康健

梦麟　一九二九年十二月三日

致胡适、傅斯年

适之、孟真两兄：

我这回的离校，外面看来，似乎有些"突如其来"，其实不然。枚孙和我两人，商量了不知多少回，才决定的。学校的致命伤在经费的积欠，教员的灰心。两位也知道好多教员，真是穷得没有饭吃。第一批学生南下的时候，我们两人已议决了把北大放弃不办。枚孙做事是很把细的，我有些粗心，但我能取断然的手段。我们两人商定了的不致大谬。当两位到校长室里来的时候，我已向两位暗示枚孙不回来了，孟真兄说他也是这样想，或许孟真兄也有点会意了的。

一个学校要办好，至少要有四五年的计划。第一年的计划，不到三个月就破坏。现在简直今天计划不了明天，还有什么希望呢！

学生的跋扈——背了爱国招牌更利害了——真使人难受。好好的一个人，为什么要听群众无理的命令呢！

北平的教育，非统盘筹算，是不易办好的。Bad money drives out good money（恶币驱逐良币），没有钱是没法办。这种学校每月用三十五万来维持，也觉得不大值得。李先生说，譬如养一师兵。我说办学如养土匪兵一样，不如不办。

枚孙和我都决计不回到北大来了。我校长也当厌了。我十数年来没有休息，现在也应该休息一年半载，才对得住自己。

今日已买到卧票，径赴上海。离平时未向两位告别，罪甚。

一年来承两位继续不断的帮忙，感激得很。这回决然去北大，亦请原谅。

我去年十二月十九日离南京北上，今年不期然而然的又同月同日离平,事岂先定!

梦麟

一九三一年十二月二十二日天津发

为北大募捐事致何东

何东先生大鉴,敬启者:

　　敝校初名京师大学堂,创设于前清光绪二十四年(一八九八)。民国成立,改为北京大学,至今已有三十七年之历史,为全国创设最早之大学。设备之周,规模之巨,为全国人士之所称许。历届毕业生之在社会服务者,无虑数千人,俱有显著之成绩,即以图书仪器各项而论,中西文书籍约有三十余万册,仪器标本等称是,收藏之富亦远轶全国各大学。惟是全校校舍虽有千数百间,大多岁月悠久,不甚适用。○○就职以后,竭力筹划,先后落成图书馆、地质学馆两所,费银二三十余万元,又学生宿舍一所,费银十余万元,尚在建筑中。正在计划,犹未兴工者为(一)课堂 Lecture Hall,(二)大礼堂 Auditorium,(三)或大礼堂兼体育馆 Auditorium - gymnasium。估计建筑费,课堂需银二十万元,大礼堂需银十万元,如兼体育馆须增加十万元,亦为二十万元。年来国帑支绌,教育经费积欠未清,似此巨款,殊难筹措。无已,惟有从事捐募,以期早观厥成。台端热心教育,夙所仰佩,拟请慨然解囊,襄此宏举。如荷惠允,并祈就上列三项计划中指定捐建第几项,他日落成之后,当以台衔命名(或何东堂 Sir Robert Hotung Hall,或何东大礼堂 Sir Robert Hotung Auditorium,或何东厅 Sir Robert Hotung Auditorium - gymnasium),俾资纪念。专此奉布,敬颂台祺,伫候示复。

国立北京大学校长蒋○○

一九三五年

致 胡 适

适之兄：

数月前文伯诸兄赴美，托带函一件，想已收到。弟一切情形，文伯想已一一转述。拙著《东土西潮》稿已打就。兹托李学兄就中国银行纽约职务之便，托带奉一本。其中打字打错的，及我自己写错的均不少。打错的我看出了几处，已改正，其余没有看出的尚多。因为我每看一篇总有错的，所以推想一定还有不少。我自己写错的呢，以我现在英文的程度，是没法改正了，我是尽了我的最大能力了。这还是两年半来早晨六时起读英文用苦功的结果。你知道这廿余年来，我的学问荒疏极了。到了五十五岁，才知发愤求学，你看好笑不好笑呢？但我家有长寿种，我父才于四年前，年八十无疾而逝的。假使没有抗战，我想他还在世上。我的伯祖父活到八十多岁，曾祖母活到九十多岁。所以我想也有机会活到八十多岁。在这二十多年之将来，我想做点学问，补我往者之失。但亦不过想不苟活一世罢了，并没有学问上的大野心，以心之所好，玩玩罢了。我这本书也不过是玩意儿，觉得有趣得很。所以黎明到夜深不断的好像人家喜打麻将的一样着迷。如能摸几文钱，使我全家的灵魂不与体魄分离，已是意外的收获了。我尚有三个小孩，曾谷有两个小孩，共五个，都在学校，靠我们两人赚来维持的。我请你把稿子详细读一遍，把打错的写错的都改正。还有意思不大妥当的，也请改下。行文太直率的地方，或大学校长不应说的话，都请你使他委婉一点。又有别人将认为家丑不可外扬的，也请你使他暗藏一点。凡一切意思，或文字错的地方，请你全权修改，一点不要客气，我是不会见怪的。改好之后，请你交杜威老师看看。你若认为可以了，就请你就近交 Holland（太平洋国际学会），请他作最后校读。至何时可以出版，请等我去信通知，现在还有些许手续要办也。这些手续不办妥，将来会生麻烦的。还有几张插画，现在正在写画中，当另外寄去。又改好之后，如须另打，就请你找位打字的一打。其费如太大，请你托李国钦先生代为一垫，后当如数归还。如此间要有修改的地方，我写信给你如何修改或另寄一本给 Holland。一切奉托，拜谢拜谢，祝你康健

梦麟

一九四三年十二月二十三日

配司泰洛齐①生辰凯善西泰奈②工业教育之演说

　　凯氏于一九〇八年一月十二日，应差列克教育局之请，演说"配司泰洛齐老子之精神及将来之学校"，盖时适祝配氏（Pestalozzi）一百六十二年之生辰也。凯氏以工业学校名此将来之学校，后四年以其演说文修改而增加之。著书曰"工业学校之观念"，其自序有曰："自吾演说以后，于兹四载，'工业学校'之名称，发生于配氏以前，自彼时及今，树为战帜，辉映空际。全国学界，披靡从风。中小学校，无不视此为朔漠曙光。公家学校之缺陷，希得藉此以图改良。然而蜃楼海市，直幻象耳。盖种种揣想臆度，群集其中。理想实践两者，均袭取皮毛，工业学校之精神，成为一种机械作用。"又曰："吾之作是书，盖欲保卫公家中小学校之发展，不使为谬想臆说所蹂躏。工业学校之政策一误谬，其祸殆将更有甚于书本学校也。"美国聘纳博士译其书而序之曰："凯氏有慨乎德国一般学校之反对工业教育者，武断乡曲，赞成工业教育者，盲骑夜游，故作此书以树正确之标准。"

　　国家之纲维与公家学校之责任　公家学校之设立，所以达国家之主旨。国家有一定之主旨在，故设为学校，实行强迫教育，推行其主旨。此十八世纪以来，德国与他国同也。国家最高之标准，为道德观念，其种种机关，皆为推行其观念而设。国家之至善现于外，个人之至善成于内，使个人得发展其个性，成一自由之人格。

　　国家之主旨有二，其第一方面为私人的，即保卫人民心内与外界之幸福，与夫体育智育之增进是也。其第二方面为公共的，即以己国特殊

---

① 配司泰洛齐，瑞士教育家，今译为裴斯泰洛齐。
② 凯善西泰奈，德国教育家，今译为凯兴斯泰纳。

之发展而达于道德的社会，极一国之能力，推广此道德社会之范围，渐臻人道的国家是也。其第二方面，虽一时不能达到，惟吾辈当以此存于心。

教育者，养成有用之国民者也。普通学校及职业学校（或称工业学校），皆当以此为宗旨。有用之国民，即抱此国家之二主旨者。今有人焉，富有体力脑力，享国家之保护，不为国家公共之主旨，尽其所应尽之责任，则非惟为无用之国民，即称之为不道德，亦不为过。若夫坐得祖宗之遗产，但求个人之娱乐，窃有用国民之美名，则断乎其不可。盖其除出赋税外，对于社会公共之工业，未尽毫厘之功，而其所受享者，皆由此来。他若细微贱工，其所出虽微，亦有道德上之价值，较之彼坐食不事者，其功力高也。

个人处社会之中，其第一责任为须有能力及志愿以成国家之事。换言之，即须有一种职业，直接或间接以助国家达其目的，此即公家学校第一之责任也。公家学校，当使各个学生具有职业之能力，并使在社会上占有一相当之职业，然此非道德的责任，不过为必经之初步而已。公立学校第二之责任，为使各个学生自觉其所做之事，不惟为个人求利益，且为社会求利益也。竭其能力以做事，即对于社会而竭其所能也。其第三之责任为发展儿童之欲望之能力，以预备完善之职业。为国家发展一部分之事业，使国家向理想上的道德社会而进行。以上所述，简而言之，公家学校之责任为：

（1）职业教育或职业之预备。

（2）授儿童以职业之道德价值。

（3）授儿童以职业所在地方，对于社会之道德价值。

职业教育 公家学校之第一责任。为使学生习一种职业，此事骤观之，似与教育普及之思想相矛盾，然主张人类普遍之配氏，心目中纯为职业教育所盘旋，盖一国之中，其大多数人民必操一种工作，社会中劳力者必多于劳心者，世界之通例也。且普通人民之能力，多适于劳力。劳力者实文明之基础，学艺之所由以产出者也。故初级公家学校，必须有工厂、园圃、厨房、缝衣室及实验室之设备，藉以习实践之工作。学校中除授读、写、算、图画、理科、卫生、体操以外，当授以工业，使心与力并进，方得谓完全之教课。初级小学，固不必授以专技之职业（补习学校中授之），而预备职业诸课，则必不可少。

职业之道德价值　公家学校之第二责任，即教儿童以职业之道德价值是也。凡行为之有道德价值者，必于动作之初，于良知上已有发达自己之人格，或社会道德观念等欲望。今以教员之事业譬之，我之教人，以得薪水保职位故，则无道德价值者也。教人不为束脩，以为不尽心行教，则失自敬，是较有道德价值者也。尽心教人，乐不可遏，内以自增其德性，是更有道德价值者也。尽心教人以外，别无最快乐之事，且以之而增进人类之价值，是最有道德价值者也。凡具为增益社会之自觉心，以我之所工作，为社会公共之利，事虽小，业虽微，其动作皆有道德价值。学校中养成此种自觉心，使之自强不息，别无他术，惟组织学校合乎工业社会之精神而已。

职业之对于社会道德价值　学校欲尽此最后之责任，先当使儿童具有牺牲一己为工业社会谋幸福之心，儿童具有此种心理后，始能加高己所处之社会中之道德标准。以工业社会之精神，增进社会之道德程度，乃国民教育最高之观念。学校当以极早之机会，使儿童向此观念而进行，其术无他，以学校中之工业社会养成其好习惯而已。近世小学，多欲以历史、修身两科教儿童以公民之责任，道德之原理，然其效果，不若行工业社会的训练之大，盖儿童之年力脑力，均不能及乎此也。

译者既节凯氏之演说而逐译其大意，喟然叹曰，凯氏之言，具得职业教育之真义者乎？人格教育之方法，道德教育之实施者乎？融职业、人格、道德、诸教育说于一炉乎？夫一国之中，劳力者居其多数，普及教育之目的，在使人人受教育。若一国之中，人人受教育，则此受教育者，其多数必为将来之劳力者，此所以职业之陶冶尚矣，工其事而乐之，且所以知我之所事，于社会有一部分之利益。吾以吾业为可贵，自尊自重，则人格成矣。聚多数之乐业者而成社会，百工居肆，以成其事，物阜民富，熙来攘往，则民德厚而风俗淳。社会之道德程度，其有不蒸蒸日上者乎？吾观乎德意志之发达而有感矣。

原刊于《职业与教育》第 3 期（1918 年 1 月）

初到北京大学时在学生欢迎会中之演说

　　诸君因爱蔡先生而爱梦麟,梦麟诚不胜其感激。此次诸君领袖全国,为爱国之运动,不但国人受诸君之感动,而敬崇诸君;即世界各国,亦莫不对诸君而起敬意。然则诸君此次之表示,为有价值的,已不待言。诸君对于蔡先生望其即日回校,蔡先生为最肯负责任者,岂有不允回校之理? 惟今日病犹未愈,若因回校而病转剧,岂非为欲负责反不克负责乎? 此蔡先生之所以不即来也。诸君须知蔡先生为平民化的,无论何人,皆平等视之。南方有谓蔡先生之离大学,大学生对之有如子女之失父母者。蔡先生即答云:"大学生皆能自治者,固不同子女之于父母,必待督率而后无失;故予于大学生非父母可比,不过为大学生之兄弟耳。"此次梦麟到杭,蔡先生即约予往谈,云有事托我,至则语我云:"大学生皆有自治能力者,君可为我代表到校,执行校务,一切印信,皆交由君带去,责任仍由我负之。"蔡先生既以代任校务委我,我即以二事求其承认:(一)代表蔡先生个人,非代表北京大学校长。(二)予仅为蔡先生之监印者。蔡先生一一承认,且以三事语我:(一)各界代表之至杭者日必数起,迄未答谢,请君代表我为我致谢各界。(二)代表我有回校之决心。(三)大学责任我愿继续完全担负。又云:"自今以后,须负极重大之责任,使大学为全国文化之中心,立千百年之大计。"予因受蔡先生之委托,遂即日离杭来京。余尝论蔡先生之为人,具中国固有文化之优点,而同时受西洋文化之陶熔。昔孔子以有温良恭俭让五种美德,因以洞悉各国政治。蔡先生以具此种美德,故每至一地,于当地事,人无不乐告之。蔡先生因受西洋文化之影响,极喜音乐,以其能发人至感,且能收人生各部平均发达之效果。又倡以美术代宗教。有谓其反对宗教者，误也，不过蔡先生于宗教之误谬处，不肯赞同耳。又蔡先生平时待人接物，大度包容，温厚可亲，但一遇重要大事，不肯丝毫改变其主张，所谓富贵不能淫，威武不能屈。总括以上所言，蔡先生所具有三种精神而熔合于一炉：（一）温良恭俭让，蔡先生具中国最好之精神。（二）重美感，具希腊最好之精神。（三）平民生活，及在他的眼中，个个都是好人，是蔡先生具希伯来最好之精神。此次五四运动所以能感动全国者，未始非此种精神于不知不觉间灌输于诸君脑海中之效果。故做事时，困难不成问题，危险不成问题；所患者，无此伟大之精神耳。讲到这里，我们要问一声，蔡先生这种精神，怎样得来的呢？是从学问中得来的。故诸君当以学问为莫大的任务。西洋文化先进国到今日之地位，系累世文化积聚而成，非旦夕可几。千百年来，经多少学问家累世不断地劳苦工作而始成今日之文化。故救国之要道，在从事增进文化之基础工作，而以自己的学问功夫为立脚点，此岂摇旗呐喊之运动所可几？当法国之围困德国时，有德国学者费希特在围城中之大学讲演，而作致国民书曰："增进德国之文化，以救德国。"国人行之，遂树普鲁士败法之基础。故救国当谋文化之增进，而负此增进文化之责者，惟有青年学生。昔人有诗云："可怜年年压针线，为他人做嫁衣裳。"现在青年作救国运动，今日反对这个，明日反对那个，忙得不了。真似"可怜年年压针线，为他人补破衣裳"。终不是根本办法。吾人若真要救国，先要谋文化之增进。日日补破旧衣裳，东补西烂，有何益处？深望诸君，本自治之能力，研究学术，发挥一切，以期增高文化。又须养成强健之体魄、团结之精神，以备将来改良社会，创造文化，与负各种重大责任。总期造成一颗光明灿烂的宝星，照耀全国，照耀亚东，照耀世界，照耀千百年而无穷。

原刊于《上海时事新报》(1919 年 7 月 26 日)

什么是教育的出产品

——上海学术讲演之一部分

我们以前听了俾士麦说，德国的强盛，是小学教育的功。所以我们也来办小学，以为小学堂办几千个，中国就强了。后来听说日本的强盛，也从小学教育得来的，所以我们大家都信小学教育，好像一瓶万应如意油，一粒百病消散丸，灵验无比，吃了就百病消散。小学学生现在也有三百多万了，哪知道社会腐败，比前一样，国势衰弱，比前一样，这是什么缘故呢？（据民国十八年度统计，全国小学及幼稚园的学生，已达八百九十万人）

第一是人数太少。中国四万万人，若以五分之一入小学计算，须有八千万人。这三百多万，只能占百分之四，还有百分之九十六的儿童没有受教育，哪里能够收小学教育的效果呢？第二是教育根本思想的误谬。我常常听见人说，学生是中国的主人翁，若是学生是中国的主人翁，谁是中国的奴隶呢？教育不是养成主人翁的。又有人说，教育是救国的方法，所以要小学生知道中国的危险，激发他们的爱国心；痛哭流涕地对小学生说，中国要亡了，这班天真烂漫的小学生，也不知中国是什么东西，只听得大人说"不好了""要亡了"这些话，也就悲哀起来；弄得正在萌芽，生气勃勃的小孩子，变成枯落的秋草！

"主人翁""枯落的秋草"两件东西，可算是我国办教育的出产品。

我们向来的教育宗旨，本来养成主人翁的。俗话说，"秀才，宰相之根苗"；向来最普通的小学教科书神童诗说，"朝为田舍郎，暮登天子堂"。我们又常常说，"范文正为秀才时，即以天下为己任"。个个秀才都要做宰相，个个田舍郎都想登天子堂，你看哪里有这许多位置呢？

我们向来读书的宗旨,确是要把活泼泼的人,做成枯落的秋草。科举的功效,把天下的人才都入了彀中;读书的结果,把有用的人都变成书呆子。这不像枯落的秋草么?

主人翁和枯落的秋草,本来是旧教育的出产品,也是新教育的出产品,不过方法不同罢了。

若以高一层论,读书是学做圣贤,王阳明幼时对先生说,"读书是学做圣贤"。若个个读书的人要做圣贤,国中要这许多圣人贤人做什么? 我们现在的教育,还赶不上说这一层咧。

大学讲修身、齐家、治国、平天下,是中国教育的宗旨。到了后来,"规行矩步""束身自好"算修身;"父为子纲""夫为妇纲""三从四德"等等算齐家;愚民的"仁政"算治国。你看身哪里能修,家哪里能齐,国哪里能治呢?

现在要讲修身,要养成活泼泼的个人;要讲齐家,要夫妇平等,爸爸不要把儿子视作附属品,儿子不要把爸爸做子孙的牛马;要讲治国,先要打破牧民政策,采用民治主义。

并要把个人和家的关系改变过,创造一个进化的社会出来,个人是社会的分子;不是单在家庭之中,做父亲的儿子,儿子的父亲,母亲的女儿,女儿的母亲,老婆的丈夫,丈夫的妻子,把家庭国家,认作社会的两个机关,来发展个人和社会的幸福,不要用家庭国家,来吞没个人,毁坏社会。

我们讲教育的,要把教育的出产品,明明白白,定个标准。预定要产什么物品,然后来造一个制造厂。不要拿来一架机器,就随随便便地来造物品。据我个人的观念,我们以前所产的"主人翁"、"枯草",和所产的宰相圣贤,都是不对的。我们所要产的物品,是须备三个条件的人。

(一)活泼泼的个人——一个小孩子,本来是活泼泼的。他会笑,会跳,会跑,会玩耍。近山就会上山去采花捕蝉;近水就会去捞水草,拾蚌壳,捕小鱼;近田就会去捕蝗虫、青蛙。他对于环境,有很多兴会。他的手耐不住地要摸这个,玩那个;脚耐不住地要跑到这里,奔到那里；眼耐不住地要瞧这个、那个；口关不住地要说这样、那样。你看如何活泼。我们办学校的，偏要把他捉将起来，关在无山、无水、无虫、无花、无鸟的学校里；把他的手脚绑起来，使他坐在椅上不能动；把他的眼遮起来，使他看不出四面关住的一个课堂以外；要他的口来念"天地玄黄，宇宙洪荒"，"人之初，性本善"，种种没意义的句子。现在改了"一只狗"、"一只猫"、"哥哥读书，妹妹写字"这些话，就算是新式教科书了。还有讲历史的时候，说什么"黄帝擒蚩尤"这些话，小孩子本不识谁是黄帝，更不识谁是蚩尤。孩子听了，好像火星里打来的一个电报。还有叫他唱"陀、来、米、发、索、拉、西"的歌；叫他听"咿哩呜噜"响的风琴。不如小孩儿素来所唱的"萤火虫，夜夜红，替我做盏小灯笼"好得多。二十五块钱的坏风琴，不如几毛钱的笛和胡琴好得多。小儿的生长，要靠着在适当的环境里活动。现在我们把他送入"牢监"里束缚起来，他如何能生长？明代王阳明也见到这个道理，他说："大抵童子之情，乐嬉戏而惮拘检。如草木之始萌芽，舒畅之则条达，摧挠之则衰萎。今教童子必使其趋向鼓舞，中心喜悦，则其进自不能已。譬之时雨春风，沾被草木，莫不萌动发育，自然日长月化。若冰霜剥落，则生意萧索，日就枯槁矣……若近世之训蒙稚者，日惟督以句读课仿，责其检束，而不知导之以礼；求其聪明，而不知养之以善；鞭挞绳缚，若待拘囚，彼视学舍，如图狱而不肯入，视师长如寇仇而不欲见，……是盖驱之于恶，而求其为善也，可得乎哉？"德国佛洛倍尔创教养儿童自然的法儿，他设了一个学校，用各种方法，使儿童自然发长；他不知道叫这学校做什么，一日他在山中游玩，看见许多花木，都发达得了不得；他就叫他的学校做幼稚园（kindergarden）。"kinder"是儿童，"garden"是花园。幼稚园的意思是"儿童的花园"，后来哪知道渐渐变为"儿童的监狱"。我们把儿童拿到学校里来，只想他得些知识，忘记了他是活泼泼的一个小孩子，就是知识一方面，也不过识几个字罢了。

无论在小学里，或在中学里，我们要认定学生本来是活的，他们的体力、脑力、官觉、感情，自一天一天地发展。不要用死书来把他们的生长力压住。我们都知道现在中学卒业的学生，眼多近了，背多曲了。

学级进一年，生气也减一年。这是我们中国教育的出产品！

（二）能改良社会的个人　　个人生在世上，终逃不了社会，所以社会良不良，和个人的幸福很有关系。若我但把个人发展，忘却了社会，个人的幸福也不能存在。中国办学的一个难处，就是社会腐败。这腐败社会的恶习，多少终带些入学校里来。所以学校里的团体，终免不了社会上一种流行的恶习，不过比较的好些罢了。学校是社会的镜子，在这镜子里面瞧一瞧，可以见得社会上几分的恶现象。不过学校里的生活，终比社会上高一层，所以学生可以有改良社会的一个机会。学校须利用这个机会，养成学生改良社会的能力。普通父母送子弟入学校的用意，是有两种希望。一种是为家庭增资产，以为"我的儿子"入了学校念了书，将来可以立身，为家增一个有用的分子。一种是为国家求富强，以为"我的儿子"求了学，将来可以为"拯世救民"的人才。第一种是家属主义的"余荫"，第二种是仁政主义的"余荫"。学校的宗旨，虽不与此两种希望相反对，但不是一个注重点。学校的宗旨，是在养成社会良好的分子，为社会求进化。社会怎样才进化呢？个人怎样来参加谋社会进化的运动呢？这两个问题，是学校应该问的。社会怎样才进化这个问题，我们可暂时不讲，个人怎样来参加谋社会进化的运动，是我们现在应该研究的。我想要学生将来参加改良社会的运动，要从参加改良学校社会的运动做起。我讲到此，不得不提起学生自治问题了。学生自治，可算是一个习练改良学校社会的机会。我们现在讲改良社会，不是主张有一二个人，立在社会之上，操了大权，来把社会改良。这种仍旧是牧民制度，将来的结果是很危险的。教育未发达以前，或可权宜用这个办法，如山西阎百川的用民政治。但这个办法，是人存政存，人亡政息，不是根本的办法。江苏南通将来的危险也在这里。所以我们赞许阎百川治晋是比较的，不是单独的。若以单独的讲起来，这用民政治，仍是一种"仁政主义"、"牧民政策"。我是很佩服阎百川的，我并不是批评他，但我希望他一面"用民"，一面不要忘了这是权宜之计，将来终要渐渐儿改到民治方面去才好。我常常对人说，江浙两省，是江南富庶之地，兄弟之邦，得了两个兄弟省长，为何不照阎百川的办法来干一干呢？这种事情不干，如浙江的齐省长，没有事做，看了学生的一篇文，倒来小题大做。我想一省的省长，哪里有这种空功夫！

学生自治，是养成青年各个的能力，来改良学校社会。他们是以社会分子的资格，来改良社会，大家互助，来求社会的进化。不是治人，不是做主人翁；是自治，是服务。有人说，学生自治会里面，自己捣乱，所以自治会是不行的。我想自治会里边起冲突，是不能免的，这是一定要经过的阶段。况且与其在学校里无自治，将来在社会上捣乱，不如在学校中经过这个试验，比较的少费些时。

（三）能生产的个人——以前的教育，讲救国，讲做中国的主人翁，讲济世救民；最好的结果，不过养成迷信牧民政策的人才。不好的结果，自己做了主人翁，把国民当作奴隶；不来救国，来卖国；不来济世救民，来鱼肉百姓；到了后来，"只准州官放火，不许百姓点灯"。今后的教育，要讲生产，要讲服务，要知道劳工神圣。为什么要讲劳工神圣呢？因为社会的生产都靠着各个人劳力的结果，各个人能劳力，社会的生产自然就丰富了。假如大多数的人，都是"四体不勤，五谷不分"，社会怎样能生存呢？又如杜威先生说，希腊文化很发达，科学的思想也很发达，何以希腊没有物质科学呢？何以物质科学到十九世纪才发展起来呢？因为希腊人瞧不起做工的人。瞧不起做工，就不会做实验；不会做实验，就没有物质科学了。我们中国，素来把政治道德两样合起来，做立国的中心，如孔子说的，"为政以德，譬如北辰，居其所而众星拱之"。如孟子说的，"王何必曰利，亦曰仁义而已矣"。都是道德和政治并提。我们的学校，也不外政治道德四个字。如孟子说："立庠序之教，所以明人伦也：父子有亲，君臣有义，夫妇有别，长幼有序，朋友有信。"几千年来的教育宗旨，都是一个"拯世救民"的仁政主义，牧民政策：今天以百姓当羊，来牧他；明天羊肥了，就来吃他。你看中国几千年的"一治一乱"，不是羊瘦牧羊、羊肥吃羊的结果么？现在我们假设百姓是羊，我们要羊自己有能力来寻草吃，不要人来牧；那末羊虽肥，不怕人来吃他的肉。这是讲句笑话罢了，我们哪里可当百姓作羊？

百姓都是活泼泼的人。我们把百姓能力增高起来，使他们有独立生产的能力，哪要人来施仁政，来牧他们？

要能独立生产，要先会工作，要知道劳工神圣。美国教员联合会现在已加入劳动联合会。这是全国教师承认教书也是劳工。凡有一种职业，为社会生产的，都是劳工。劳心劳力，是一样的。"劳心者役人，劳力者役于人"，这两句话，实在有分阶级的意思在里面，未免把劳力的人看得太轻了。把以上的话总括说一句，教育要定出产品的标准，这标准就是：

活泼泼的、能改良社会的、能生产的个人。

原刊于《新教育》第 2 卷第 3 期(1919 年 11 月)

教育思想的根本改革
——在第二师范演讲

今日为中华民国九年之第一日；也是上海四团体所组织的学术讲演会讲演的第一次。今日鄙人所讲的，为今日最重要的问题——教育问题。以前学生同政府奋斗，想扫除那些政客武人；那末吾们国家的根本改革，根本发达，全赖我国的青年学生。所以这个问题，简直是生死存亡的问题，也是青年学生最重要的问题。当教员的自然不可以糊糊涂涂过去；要是糊里糊涂做去，那是不得了。所以根本思想，必须完全考虑过才是。

大凡一个国家，终脱不了遗传的性质，不知不觉地流传下来。教育上也很多，例如"学生是中国的主人翁"。凡做学生的，往往有这种思想，但是试问哪个来替你做奴隶呢？

还有我们办教育的，模仿性也太重了。《论语》上说"学而时习之"，朱子注"学之为言效也"，这明明教人模仿。不知不觉地流传下来，印入脑筋里，根深蒂固，所以到现在，还是这样。德国是办教育强的，所以吾们也办教育；日本是办教育强的，所以吾们也办教育。看教育好像万应如意油、百病消散丸；当教育为万能。然而吾们模仿他了，教育也办了，还是这样；还是不应，不如意，百病不消散。从这点看来，方才晓得有两个原因：

（一）受学的人少。假使我国的人民有五分之一入学的，那末当有八千万。现在小学生不过二百万，只有百分之四；还有百分之九十六未受教育。那末哪里还可以像如意油、万应消散丸的消灭百病？（据民国十八年度的统计，全国小学及幼稚园的学生，已达八百九十万人）

（二）根本思想的错误。如错认为学生为中国的主人翁，不知不觉地流露出来。浅近看起来，如从前私塾里念的《神童诗》上说"朝为田舍郎，暮登天子堂"，范文正的"以天下为己任"，都是教人做良相。这种思想遗传下来，到现在还没有消灭。进一步讲，读书做圣贤，那末一国中要许多圣贤来什么用呢？学生是主人翁，也是这样。还有一种：因为要爱国、救国，所以来办教育。他看了中国危险万分了，就教小孩子什么中国危险，什么不得了，好像向秋天的花说道，"你不得了，要死了"；使小孩子变成一种枯的秋草。从前科举时代，使天下英雄，都入吾毂中，也是养成枯花式的、死的、消极的人才罢了。所以讲神童诗的教育，一方面养成登天子堂的思想；一方面养成书呆子。吾们天天讲教育，不过如是。吾在北京大学，看新入学的学生——中等学校毕业生——体育真不行。小孩子本来会跑会跳的，后来一进学校，就不行了；眼有病了，要戴眼镜了，背也曲了，肺也小了。这样办教育，将来真不堪设想呀。

现在要谋教育思想的根本改革，第一须改革出产品，学校好像机器，所以造就人才，好像制造出产品，出产品的改革如下：

（一）要养成活泼泼的，能自动的一个人。不应该使他成曲背近视眼的一个人。以前欧洲的教育，也是如此。到了一八三七年，德国人佛洛倍尔（Froebel），他看待学生，好像花草一样，任其自然生长的；但是没有名称题他的学校，后来他到一处山中，听着鸟鸣水流，看见许多花草，种种天然景致；他忽然联想到他的学校，就名他幼稚园（kindergarden）（小孩子的花园）。现在吾国办教育，竟忘了 kindergarden 的原意，简直把他当作监牢一样；好像一个很有景致的山，变成了一座童山；吾要叫他幼稚牢了。小孩子四五岁的时候，很活泼、很好动的；一进学校，就不许他动，不放他活泼，那末能力就消灭起来。用"天地玄黄""人之初"教小孩子，知道不行了；就改用教科书，教"一只狗""一只猫"；教历史，便是"黄帝擒蚩尤"，可惜那些小孩子，连黄帝是哪个都不曾晓得。吾小的时候，记得唱"萤火虫，夜夜红，替我做盏小灯笼"。现在偏要唱"du ra mi……"买一具风琴。不但中国是如此，外国也有这样的情形。有一天,有一个小孩子,指着牛来问我是什么,我同他说"牛"。他说:"我们书里边图画里的牛没有那样大。这不是牛,这不是牛。"又有一个小孩子,拿一个橘子来给我,他说:"我送给你一个地球。"(因为听见先生说地球像橘的圆)这种情形,都是四面墙壁的教室监牢住的结果。明朝王阳明也晓得小孩子本来好动的,要像春风时雨样地滋长的;要是不许他动,那末读书的房子,便是监牢一样;教的人,像守牢的人一样。他本来好动的,现在不许他动,这便是"违天然""杀国民",所以吾们根本的改革,要养成活泼自动的一个人。

(二)要养成他做一个有能力去改良社会的人。孟子说:"庠序之教,所以明人伦也……"《大学》上也说"修身、齐家、治国、平天下"。所谓修身,规行矩步,不管闲事。所谓齐家,吾是亲的子,亲是吾的马牛。还有三从四德,三纲五常。这都是教一般学生,应该学的,应该守的。后来社会进化,有了学校,便送孩子到学校去。但是他的宗旨:(一)能够掌理家事,(二)做主人翁……这两种心理,是根据修身、齐家、治国、平天下来的。社会上所谓好教育,不过是希望有仁政主义、牧民主义的政策;有良相贤君来替你做事,算是恩德无量了。看历史上的一治一乱,无非是羊肥羊瘦的不同。羊的食,要靠他们自己去寻的;而且人不是羊;那末牧民政策,还有存在的理由吗?现在的学生(将来社会的分子),是要改良社会的,要具改良社会的能力;不是做什么主人翁的。所以学生要自治,使学校做成社会,教学生做学校社会的分子,去改良他的社会;养成改良社会的能力;教他出去做一个社会分子,能够改良社会。有人说:学生自治,学生自治,他们一味捣乱;那自治能力还没有,决不能放他自治的。但是这种现象,是必经的阶段,所以冲突捣乱的事情,一定不免的;不过与其到将来社会上去发见(现),不如在学校里使他经过这个经验和阶段。试验化学的人,决不能因瓶子爆破而不试验的。所以这种试验,一定要有,正所以打破几千年仁政主义、牧民主义的政策,来做改良社会的分子。这样看来,山西阎百川的治理山西,虽然很好;但是终不免"人存政举,人亡政息"的忧虑。吾希望他一方面姑作权宜之计;一方面养成民治的能力和精神,使他能够自治。吾们江浙两省，算是富饶之地，如果像山西那样办理，那是可佩服得很了。

（三）要有生产的能力。从前讲教育的，都不讲生产；所以孟子见梁惠王说："王仁义而已矣，何必曰利！"因此读书的都耻谈利；因此政治道德，就并谈起来。《论语》上说："为政以德，譬如北辰，居其所而众星拱之。"办教育的也提倡政治道德，养成良相圣贤。这种谬见，到现在还没有消除。学生们当然要能够改良社会，所以一定要使他们在社会上能够生产。丈人说孔子"四体不勤，五谷不分"。我们应当四体要勤，五谷要分。大家说劳工神圣：因为不劳工，社会上生产力要停顿的，要他一直生产下去，所以要劳工；因为不去劳工，社会上就没有生产，所以叫做神圣。十九世纪物质科学的发达，全赖劳工。杜威博士也说过："希腊轻视劳工，所以物质科学不发达。"劳工两字，并非单指泥水匠木匠……而言，做教员、做医生……的，都叫劳工。所以凡是为社会服务的，有生产能力的，（包括劳心劳力）都叫做劳工。从前人说：劳心者役人，劳力者役于人。这是阶级时代的思想，现在不行了。现在劳心者，也有役于人的；劳力者，也有役人的。做教员，是劳心者役于人的；华侨因劳力起家，开学校，办工厂，是劳力者役人。劳心劳力，一样是劳工。美国教育会，现在都加入了工党。可知劳工，真不可再缺乏了。

原刊于《新教育》第 2 卷第 5 期（1920 年 5 月）

奥斯朋先生在北大讲演致词及结词

今日本校得奥斯朋先生亲来讲演,不胜荣幸。奥斯朋先生为著名的科学家。我们在这政治混乱之中,努力倡造新中国。他同他的朋友,在大沙漠中发明蒙古为世界动物发源地。这次的发明,是科学界的一个新贡献。他的事业成功了,我们希望我们的事业也成功。至于他的科学的事业,我请李仲揆先生来介绍。

(李仲揆先生引讲)

(奥斯朋先生讲演)

我刚才听奥斯朋先生对于我们的忠告,不胜钦佩。科学的成绩是从辛苦艰难中得来的,要从运用心手耳目得来的。悬空虚想,不能亲身试验,决不能从事科学。奥斯朋先生经四十余年科学的预备,又得多数科学家的合作,才在蒙古寻获了几个古鸟的蛋。寻几个古鸟的"鸡子儿"是这样困难,何况建造一个新国家呢!我们经过十二年的工夫,拿了一支笔,胡说八道地说了十二年的乱话,就想建立新国家,哪有这样便宜的事!我们感谢奥斯朋先生,给我们这样的一个好教训。

一九二三年

原刊于《过渡时代之思想与教育》(上海商务
印书馆 1933 年版)

临别赠言 *

本届毕业诸君和我同年到北京大学来的。那时正在五四运动的一年，我代蔡先生来到北京大学，办理校中各事，那年的入学试验，是我代蔡先生主持的。所以诸君毕业离校的时候，引起了我无限的感情，在此六年中，我们可算是患难之交了。在此期内于前四年中，学生罢学，教员罢教，闹了没一日安宁，诸君牺牲的光阴和学业真是不少。到了后二年中，我们方得安稳度日，教的教，学的学，还算过得去；但这两年中，政府欠发校款，竟积至十二个月以上，物质上的痛苦，真一言难尽。此后诸君毕业去了，我们留在学校的，不知还要受多少的苦痛。然而我们仍当本奋斗的精神，向前进行，望诸位到社会里去，也本着本校奋斗的精神，向前进行！

一九二五年

原刊于《过渡时代之思想与教育》（上海商务
印书馆 1933 年版）

---

* 一九二五年北大毕业同学录序。

甲部预科二年级恳亲大会演说词

我和同学接触之机会，除在大会堂上，千百人一块儿，辨不清谁和谁之集会外，即为种种公事，如办公文、请津贴等等；个人间非为公事而来之晤谈，几乎没有；即有，也只是泛泛地谈几句；所以今天这恳亲会，我非常高兴参加；但一进门，就看见先生坐一起，学生又是一起，（当时会场布置系口字形，先生面东，同学则三面环坐着）似乎太正式了；最好混坐着，随便谈谈。我们校里有一个现象，就是学生间系和系分得太清了。教员与学生，也太少接谈的机会。我曾和顾先生谈过，想提议下半年你们入本科时，不称什么系、什么系；而改称哪系为主，哪系为辅；每系中请几个指导员，每员专任指导以该系为主之几个学生。学生对于自己的指导员，不问学问方面，即个人方面之种种疑难，也可以请他给一个 advice，如此，则师生接触机会较多，学生可多得指导之益，而情谊也自然浓厚了！研究之兴会，也自然增高了！我好久想开一个茶话大会，先生同学在一块儿，可以随便谈谈，无奈为经费问题，整日地忙碌，终于没空。今天的会，甚合我的意思；所以我非常愿意参加，不过太正式（formality）了！请于各教员演说后，师生合坐一起，随便谈谈，似尤亲热。

原刊于《过渡时代之思想与教育》（上海商务印书馆 1933 年版）

北大化学会成立大会演说词

今天化学会开成立会,是很好的。我想现在无论研究何种学问,大家都有二种困难:一是精神上提不起,学生无大兴味;一是设备不完全,研究上不方便。有这二种困难,在学校在同学均觉得不易进行。然而有了团体,慢慢研究,就觉得有兴趣了。研究会有二种性质:一研究学理,一谋贡献于社会,以引起旁人的兴趣。我在中学时学化学,在实验室把药水自这个管子倒进那个管子,看见黄的绿的,觉得很好看,但当时不知化学的道理。有一天,先生说试验瓶里的氢气,如混杂着空气,被火烧着,是要炸的;我不相信,后来果然炸了。先生责我,我说没有燃火,瓶里氢气自己爆发的。这当然是谎话。后来在美国,先生说科学与道德有关系。科学不说谎。如氢气和空气在瓶里,见火要炸,你不信,他就炸了,科学教你不要说谎。我国人多不知科学与人生之关系。口头上只知道说要科学,而头脑内却无科学。我看这是科学体魄已来,而科学精神未来。我希望诸君能把科学精神搬过来。美国有一工厂,于某处置废物一大堆,后来有人利用废物,制出物品,获利甚丰。学生们听说废物中可取得东西来,于是大家都高兴去研究化学。这是就成绩言。有了成绩,可以提起兴味。

原刊于《过渡时代之思想与教育》(上海商务
印书馆 1933 年版)

临别赠言[*]

青年时代,得有求学的机会,在中国现在的状况之下,是很不易的。诸位同学,在本校研究学问六年了,这六年中,政治的扰乱,学校的困难,一年增加一年。诸君所受的痛苦,实在不少,所虚耗的光阴,至少占了百分之二十,这是我们对于诸君很抱歉的地方。前途茫茫,此后学校的困难,不知要比从前增加多少呢!

诸君离学校而去了。在社会上立身的困难,恐怕比在学校里求学还要加甚。若非立志奋斗,则以前所受的教育,反足以增加人生的苦恼,或转为堕落的工具。这是诸君所当特别注意的。事业的成功,须经过长时间的辛苦艰难——成功的代价,走过了许多荆棘的路,方才能寻获康庄大道。立志是砍荆棘的斧斤,奋斗是劳力。万不可希望以最少的劳力,获最大的成功。

一九二六年

原刊于《过渡时代之思想与教育》(上海商务印书馆 1933 年版)

---

[*] 一九二六年北大毕业同学录序。

哲学系一九二八级友会演说词

据干事报告此会组织，我觉甚为完善。至于各种学会之设立，近已普遍欧美各大学。我在美国加利福尼亚大学读书时，哲学系教师中便有一个辩论会。每礼拜六开会一次，讨论各种问题，我常去旁听。当时所谓心理学还是属于哲学的。大学尚没有添设心理学系，心理学一门功课，仍附在哲学系中。此会对于心理问题时常辩论。记得有一次辩论松鼠食松子问题，有人主张此种天然能力乃上帝所赋，有人主张是生物竞争，适应环境之关系。又有一次一位先生讲伦理学，大排宗教。由是各报纸大哗，痛责学校中不应有此教授。又有一位教授主张心理学无论如何发达，总难超出宗教。以上是当时辩论之情形，然心理学在美国后渐发达。本校尚没有设哲学心理研究科，图书仪器亦不完备，研究上诸多不便。你们自动地组织学会，甚好。你们的精神，亦似与前不同。但愿以后不拘形式，共同努力去研究，将来必有发展之一日。今日所述，并非演说，不过随意谈话而已。

一九二八年

原刊于《过渡时代之思想与教育》（上海商务印书馆 1933 年版）

发凡起例　汪辟疆撰

现代世界中的中国

中国与日本
——谈敌我之短长

日本在培利上将到达以前，只是中国文化的一支而且是很单纯的一支。自从这位海军上将到过以后，日本就变为中西文化的混合体了。除非你能同时了解中国和西方，否则你就无法了解日本。

但是单单了解日本中西两种文化的来源是不够的。分支可能与它们的主体相似，但是并不完全相同。把相似的东西看成完全相同而遽下断语，很可能差以毫厘而谬以千里。

同时，两种文化的混合，还可能使原来文化变质。

中国文化在日本的支流导源于唐朝。唐代文化中许多可贵的成分，其中包括从西域输入的印度文化与从伊斯兰民族间接输入的希腊文化，在中国因千余年来历经异族侵略，已逐渐衰落，但在日本却被保留下来了。唐代的舞蹈、音乐、美术、习俗和尚武精神，都还留在日本。如果你想了解一点唐代文化，你最好还是到日本去一趟。日本以唐代文化为基础，其中包括儒家思想与唐代所吸收的佛教文化及其他外来文化，又在南宋时代（日本镰仓时代）输入宋儒朱子之学。盖随禅僧而俱来者，因此造成在日本儒佛一致之思想。寻至明末之际，德川氏本其向来保护禅僧研究儒学之素志，于开府江户（东京古名）时，广招儒者讲学刻书，极一时之盛。并藉新政权之威力，使儒家之学为此后日本兴国之张本，而为日本发展了道德、政治、经济、史学，甚至数学，并且流入民间之教育，日本虽于晋初从朝鲜输入了《论语》、《千字文》，而在明末又输入了阳明之学，但经世之学的中心则在朱子之学。到了咸同之间，明治维新，以儒家经世之学与西洋近世社会科学、自然科学相交汇，遂在短短数十年里成为史无前例的东西两洋文化的大结合，而致日本于盛强之境，并予文化祖国的中国以极大的鼓励与兴奋。在我幼年时代，我们一辈青年，都奉日本为师，希望日本反哺文化之母鸟而帮助中国复兴。惜乎日本秉国的军阀，知尽忠于己，而不知施恕于人，知义而不知仁、见小而不见大、识近而不识远，致使中国近六十年之历史成为中日关系之惨痛史，终至鹬蚌相争，渔翁得利，真是历史上很大的一幕悲剧。

我们此后应把中国文化广称为大陆文化，作为中国、日本、韩国、越南共有之文化，亦犹希罗文化（希腊罗马合流之文化）之为欧美各国共同之文化。若在文化方面抱狭义之国家主义，则反将文化之价值减低了。

实际言之，唐代文化所包含外来因素既广且多，在当时已成为国际文化，因其来甚渐，故国人不自觉耳。日本于吸收唐代文化时，亦于不知不觉中吸收了当时的国际文化，此亦日本之大幸也。

日本善于效法。它效法唐宋的文化而定立国之基础，它效法英国建立海军；效法德国训练陆军；效法美国发展工业。它效法十九世纪的西方建立殖民帝国——只可惜晚了一步。它效法德国闪电战术而发动珍珠港的突击——只可惜太远了一点。

我很钦佩日本的善于模仿，这是中国所做不到的，因为她在这方面似乎有点笨脚。

但中国创造能力弥补了这一缺憾，她创造又创造，一直到唐代衰亡。此后千余年历经异族侵略、饥馑、疾病等灾祸，终至精疲力竭。

美国的情形和日本很相似，美国文化是欧洲文化的一支，所不同的是从英国来的早期殖民者是带着爱好自由的种子而俱来的。因此美国创造又创造，直到它成为世界上最工业化的国家，同时也是最重理想和人道的国家。美国的伟大就在于这两种矛盾因素的融合。

日本在国际舞台上的空前成就，应该完全归功于依循西方路线所进行的改革。这些改革是在世袭的统治阶级领导下完成的。他们孕育于尚武精神之中,效法他国并使之适应本国,对于领袖和祖国更是精忠不二。他们统治下的老百姓,最大的美德就是拥护领袖,服从命令。因此从明治初年开始的日本改革运动,始终是坚定不移地朝着固定目标前进。

回头看看我们自己:中国的改革却必须从基层开始,也就是由下而上的。我们没有世袭的统治阶级,除了相当于贵族的士大夫阶级之外,也没有贵族阶级,要使这辽阔的国度里的人民万众一心,必须仰仗老百姓之间的学者领袖来驱策督导。因此改革的过程必然很缓慢,而且迂回曲折。政治领袖像孙中山先生,学者领袖像章太炎、梁任公、蔡孑民诸先生,都是来自民间的学者。他们来自民间,又带着能根据他们的社会理想和知识上的远见而深入民间。

现代日本是统治阶级建立起来的,现代中国系平民百姓所缔造。因此,在日本当一个领袖要容易得多,他可以任意独裁,他要人民做什么,人民就会做什么;在中国当一个领袖的却必须教育人民,而且真正地领导人民——这是一种远为困难的才能,他必须具备超人的才智和创造能力。

中国在采取改革措施方面每较迟缓,但是她一旦决心改革,她总希望能够做得比较彻底。在过去的一百年中,她从制造炮弹着手,进而从事政治改革、社会改革,乃至介绍西方思想。她扬弃了旧的信仰,另行建立新的,直至这些信仰成为她生活中不可分的一部分为止。她是一位学者,一位道德哲学家,也是一位艺术家。她的文化是从她的生活发展而来的。她不会轻易满足于西方的思想观念,除非她能把这些观念彻底同化而纳之于她的生活之中。因此与日本比起来,中国的思想是现代化的,但是她的社会和工业建设却仍旧落在日本之后。这是这位哲学家兼梦想家的天性使然。

中国人胸襟宽大,生活民主,而且能自力创造,但是她缺乏组织、纪律和尚武精神。

她是学者之国,最受尊敬的是学问,最受珍视的是文化,但是保卫国土的武力则尚待建立，中国的优点正是她的弱点所在。

日本的情形也是优劣互见，日本人是位斗士，也是位很干练的行政人员。日本所吸收的西方文明只是军事方面的上层结构，并未触及人民较深一层的生活和思想，它的上层结构固然现代化了，它的精神和观念却仍然是中世纪的。对这种情形，读者自然不会感到惊奇，因为封建制度废除的时间甚短，故封建精神在明治时代仍然存在，中国则在西历纪元以前就已经废除了。

日本对同化中国文化和西方文化都只有部分的成功。例如日本对忠和恕这两个重要的道德观念只学到忠，却无法了解恕。这或许受政治与地理环境之影响而使然，然而日本人之不能以恕道待人，却是事实。忠和恕是中国生活的两大指导原则，忠在封建国家或黩武国家是必不可少的品德，恕则是学者的美德。日本一向坚执己见，不肯考虑别人的观点。日本人胸襟狭窄，连他们自己都有此感觉，这种褊狭的心理使他们无法具备建立洲际殖民帝国所必需的领导能力。他们有野心，有武力，但是缺乏政治家风度。所以他们藉武力而建立的"东亚共荣圈"，只如空中楼阁，顷刻幻灭。忠和恕在中国却是携手同行的。她不但忠贞，而且处处为人设想。中国并不觉得忠于她自己的思想观念就应该排斥他人的观点。她常常设身处地考虑别人的观点，这就是所谓恕。日本人对恕的观念很薄弱，所以不克了解中国。

日本的行为很像一个身体健壮的顽童。他抓住了公羊的两只角不许它动，公羊急得乱叫乱跳，用角来撞他，结果他不是被迫放手，就是被撞倒地上。他想不通这只公羊为什么这样不听话。可怜的孩子！他应该想想如果有人抓住他的两只耳朵，他的反应又如何？他应该设身处地想一想，这样他就会了解中国了。

使日本人变为好战民族的另一重要因素，是他们的一种错误信念，他们认为日本是个神圣的国家，系神所缔造，而且应该根据神的意志行事，并且征服世界。这种心理是由军阀御用的历史学家歪曲史实所造成的，为西洋人或中国人所不易了解，但是日本人却的确如此深信不疑。中国人也相信神佛，但是中国人把神佛当作道德的监护者，而不是战争的呵护者。日本人却认为日本称霸是神的旨意。

从悠远的年代以来,日本的统治阶级一直相信神佛在战时总是站在大日本这一边的。

当年元军没有征服日本,他们就认为那是神佛以无边的法力保护的结果,认为摧毁忽必烈庞大舰队的台风就是神佛的意旨。我修改本稿时,已在战后十多年了,还在日本箱根遇见一位老尼。她说人们应该信佛,日本打败元朝军队,就靠佛的法力的。日本人一直相信历代天皇都是神的嫡亲后裔。直至战后,日本历史学家得到言论自由,才用科学方法,把那些凝结在教科书里的神话,一口气吹散了。

中国某大学的一位教授,原是东京帝大的毕业生,他曾做过一件发人深省的历史研究工作,说明了这种宗教性的爱国狂热如何发展为日本帝国主义。这种宗教性的爱国狂热表现于军人日常生活者更是屡见不鲜。中日战争期间,几乎所有日本士兵身上都带着佛教或神道的护身符。我曾经见过许多由中国士兵从战场捡回来的这种护身符。中国士兵因为见得多了,就把这些护身符看作敌人装备中必备的一部分,除了偶尔拿它们开开玩笑之外,并不拿它们当回事。

其次美国空军与日本入侵飞机发生空战之后,我曾经权充向导,领了一群美国官兵,乘吉普车经过好几里崎岖的山路,去看一架被击落坠毁的日本轰炸机残骸。我们从飞行员的尸体上和口袋里发现常见的佛教和神道的护身符,符上满是血迹,且已为枪弹所洞穿。一位美军上尉从日本飞行员尸体上捡出一块布符,问我那是什么。我告诉他那是符。

"那是做什么用的?"上尉问道。

"求神佛保佑。"我回答说。

"不过,佛好像并没有保佑他——"他翻过布符,想看看上面无法辨认的符号究竟说些什么,说了一声"我真不懂",接着随手把布符往上一丢,就立刻把它忘了。中国人也像这位美国军官一样,对于这种刀枪不入的表征始终一笑置之。世界各地人士也是如此。

那次空战时,我曾经看到七架敌机冒着白烟回旋下坠。其他的搜索队也从敌机残骸中捡回许多类似的符箓，以及弹药、地图和科学图表。这是中世纪迷信和现代科学的一种奇怪的混合，但是日本人绝不以为那是迷信。一种存在于冥冥之中的神圣力量驱策着他们为国家奋斗，神佛则随时随地在呵护他们，护符只是那种神圣力量的象征而已。

有一对我很熟识的黄氏夫妇住在陷落后的香港，他们很了解日本人的心理，当一个日本士兵进他们房子盘查时，他们就送了一尊佛像给他。这个日本兵由香港赴九龙时，所乘小船不意覆没，船上乘客除他之外全体没顶。他后来回来向黄氏夫妇道谢，因为他相信是那尊佛像救了他的命。但是按照中国人的想法，他之没有被淹死，不过是运气而已。

世界人士对于日本人在战时的宗教狂热所知不多，因为日本人自己在他们的宣传中很少提到它。在中国，现代科学已经削弱了旧的信仰，而且成为使旧信仰解体的一个因素；但是在日本，现代科学却反而成为神的一种有力武器，使日本在侵略战争中团结一致。这种由强烈的宗教性的爱国心所形成的心理背景，终使日本军阀无理可喻，使日本兵难于制服，使日本本身成为世界的一个威胁——这就是宗教狂热与现代科学结合的结果。

任何国家有这样一位疯狂的邻居都会头痛。在过去六十年的动乱的年月里，日本又岂仅使我国头痛而已！

讲到这里，我们不得不责备从明治以来至战事结束这一时代之日本历史学家，他们仰军阀鼻息，无古太史之风，其中虽偶有若干史家，敢批军阀逆鳞，但在环境逼迫之下，亦属孤掌难鸣，遂使日本历史为神权迷信和军权崇拜之护符。我在碰见那老尼的同一天，在箱根的一家理发店理发。店主自称，其祖若父，曾在封建时代为将军武士们束发整容。

他幼时曾听人们说，天皇的祖宗是中国人，从中国来的，这些话现在大家敢说了，以前没有人敢说，说了要杀头的。可见这些天皇非神说，早在武士阶级及民间流传。他还有几句有趣的话，我们可以在此作一插曲。他好蓄古钱，在他的小小搜集里，倒点缀了宋金明清四朝的铜钱，及相当时代的日本钱。

他说日本钱是用日本铜在中国铸的。最有趣味的是，若把大正、昭和两代的硬币排列成行，则可见自中日战争开始以后，硬币步步缩小，战事越久，钱缩得越小，在最后一两年间，缩小到了几乎等于鹅眼。他很幽默地指着说，这是代表"东亚共荣圈"的。

从民间流传的关于天皇源流故事看来，可以推想到日本历史虽受军阀之制，而民间却仍保存着乃祖若宗世代相传之口史，为军阀所不能毁灭者。

战后因思想言论自由，近年来新出版的日本史是值得我们一读的。昔韩宣子适鲁，见《易象》与《鲁春秋》，曰："周礼尽在鲁矣！"读日本最近出版之日本历史并各种学术的书籍，几乎使我与宣子有同样的感叹！

六七十年来，我国与日本所定的国策，同为富国强兵。日本所走的路线为资本主义与军国主义，用资本主义所产生的财富来养兵，军阀与财阀联合操纵军政大权。他们的权力超越一切党派与学派。军国主义与资本主义的日本，一战而胜中国，再战而胜帝俄，三战横冲直撞而轰炸到珍珠港。

我国为何想富国而国不富，想强兵而兵不强呢？第一，内政问题。日本倒幕尊皇，政权统一已数十年。我国初则保皇革命，国是未定。继则军阀割据，全国扰攘。等到国民革命军统一全国的时候，却逢日本侵略，哪里还谈得到富国强兵呢？第二，经济思想问题。我国儒家"不患寡而患不均"的经济思想，先天上已有不赞成资本主义的色彩，数十年来一般士大夫复颇有仰慕王安石统制经济之倾向，故对西洋资本主义，虽不一定反对，却不热心拥护。这个事实，是谁也不能否定的。只以此而论，就可知道建设一个资本主义的社会是怎样的不容易了。第三，门户开放问题。中国明清两代均采取锁国主义。日本在德川时代亦采取锁国主义。十九世纪之资本主义迫开了两国之门。在中国称之为通商，日本称之为开国。然日本之开国发之于统一政府，故全国一致而收实效。中国则此开彼闭，前迎后拒，步骤至不一致。故开国之实效未显，而瓜分之祸兆已见。

以上对于中国与日本的比较，对日本之批评，大部分是抗战期间我在重庆所想到而记下来的。当全国被日军蹂躏、千千万万人民在日军铁蹄下牺牲生命财产的期间，我这记录似乎相当客观和公平。这是出于儒家忠恕平衡的传统观念，而日本却缺少了一个恕字。对日和约，我国主张维持日本皇室，放弃赔款要求，遣送全体俘虏返国，凡此种种，虽出于政治远见，根本思想还是出于恕道。我国人知道"不念旧恶"为维持和平的要道，所以这种和约，为全国人民所拥护。

停战以后，我视察了好多日本俘虏营（湘西、汉口、南京等地），未曾看见当地民众对日俘有嘲笑或侮辱的举动，这使我感觉到中国人民度量的宽宏。

日本战败后十余年来，其国内思想颇有变动，有些地方和我们在战前所见和战时所论的颇有不同，如民主主义之抬头、思想和言论之充分自由、神道迷信之渐趋薄弱、历史之重史实而放弃传统的虚伪、工业化之加速与产品的进步、学术研究之加速发达，凡此种种，影响日本本身之将来与东亚之局势者必甚大。

欧洲之西德与远东之日本，已居冷战中重要地位。西德则站在西方民主阵线而为其重要的一环，日本则表面似倾向西方，而其内心则犹站在三岔路口，游移未定。亲西方乎？中立乎？抑或倾向共产主义集团乎？现在日本各种不同之政见，归纳起来，不外乎此三点。这是日本的内心烦恼，亦是它本身的课题，而亦为西方民主集团的课题。

忆孟真

十二月二十日午前,孟真来农复会参与会议,对于各项讨论的问题他曾贡献了很多宝贵的意见。其见解之明澈,观察之精密,与会的中美两国人士,无不钦佩。他忽尔讲中国话,忽尔讲英国话,庄谐杂出,庄中有谐,谐中有庄,娓娓动听,我们开了两个钟头的会,他讲的话,比任何人多。孟真是一向如此的。他讲的话虽多,人不嫌其多,有时他会说得太多,我们因为是老朋友,我就不客气地说:"孟真,你说得太多了,请你停止吧!"他一面笑,一面就停止说话了,我们的顾问美国康奈尔大学农业社会学教授安得生先生会后对我说:"你太不客气了,你为何那样直率地停止他说话?"我回答说:"不要紧,我们老朋友,向来如此的。"我记得好几年前有两次,我拿起手杖来要打他,他一面退,一面大笑,因为我辩他不过,他是有辩才的,急得我只好用手杖打他。

同日午后,他在省参议会报告,他就在那里去世了。我于第二天早晨看报才知道,那时我有说不出的难过,我就跑到殡仪馆里吊唁了一番,回到办公室做了一副挽联,自己写就送了去,算是做了一个永别的纪念。挽联说:学府痛师道,举国惜大才。

孟真办台湾大学,鞠躬尽瘁,以短促的几个年头,使校风蒸蒸日上,全校师生爱戴,今兹逝世,真使人有栋折梁摧之感。

孟真之学,是通学,其才则天才,古今为学,专学易,通学难,所谓通学就是古今所说之通才。

孟真博古通今,求知兴趣广阔,故他于发抒议论的时候,如长江大河,滔滔不绝。

他于观察国内外大势,溯源别流,剖析因果,所以他的结论,往往能见人之所不能见，能道人之所不能道。他对于研究学问，也用同一方法，故以学识而论，孟真真是中国的通才。

但通才之源，出于天才，天才是天之赋，不可以侥幸而致。国难方殷，斯人云亡，焉得不使举国叹惜！

我识孟真远在一九一九年，他是五四运动领袖之一，当时有人要毁掉他，造了一个谣言，说他受某烟草公司的津贴。某烟草公司，有日本股份，当时全国反日，所以奸人造这个谣言。我在上海看见报上载这个消息，我就写信去安慰他。但是当时我们并没有见过面，到这年（一九一九年）七月里，我代表蔡子民先生，到北平去代他处理北京大学校务。我们两人才首次见面，他肥胖的身材，穿了一件蓝布大褂，高谈阔论了一番五四运动的来踪去迹。那年他刚才毕业，但还在北大西斋住了一些时，此后他就离校出洋去了。我们直至一九二二年方才在英国见面，他那时在学心理学，后来我在德国，接到他的一封信，他劝我不要无目的似的在德、奥、法、意各国乱跑。他提出两个问题要我研究：第一个是比较各国大学行政制度；第二个是各国大学学术的重心和学生的训练。这可证明他不但留心自己的学业，而且要向人家贡献他的意见。

他后来在广东中山大学担任教授。我在北平，他在广东，彼此不见面好几年。直到后来他担任中央研究院历史语言研究所所长，见面的机会就多了。

当时我在南京教育部，中央研究院也在同一街上，两个机关的大门正对着，所以见面的机会特多。当我在一九三〇年回北京大学时，孟真因为历史研究所搬到北平，也在北平办公了。九一八事变后，北平正在多事之秋，我的"参谋"就是适之和孟真两位。事无大小，都就商于两位。他们两位代北大请到了好多位国内著名的教授，北大在北伐成功以后之复兴，他们两位的功劳，实在是太大了。

在那个时期，我才知道孟真办事十分细心，考虑十分周密，对于人的心理也十分了解，毫无莽撞的行动。还有一个特点使我永远不能忘记的，就是他心里想说什么就说什么。他说一就是一，说二就是二，其中毫无夹带别的意思,但有时因此会得罪人。

十二月十七日为北京大学五十二周年纪念。他演说中有几句话说他自己。他说梦麟先生学问不如蔡孑民先生,办事却比蔡先生高明。他自己的学问比不上胡适之先生,但他办事却比胡先生高明。最后他笑着批评蔡、胡两位先生说:"这两位先生的办事,真不敢恭维。"他走下讲台以后,我笑着对他说"孟真,你这话对极了。所以他们两位是北大的功臣,我们两个人不过是北大的功狗",他笑着就溜走了。

孟真为学办事议论三件事,大之如江河滔滔,小之则不遗涓滴,真天下之奇才也。

今往矣,惜哉。

原刊于《"中央"日报》(1950 年 12 月 30 日)

西潮（摘录）

第一部　满清末年

前言：边城昆明

炸弹像冰雹一样从天空掉下，在我们周围爆炸，处身在这样的一次世界大动乱中，我们不禁要问：这些可怕的事情究竟为什么会发生呢？

过去几十年内世界上所发生的事情自然不是从天上掉下来的。任何事情有它的起因。本书的大部分是二次大战将结束时在昆明写的，当我暂时忘掉现实环境而陷入沉思时，我常常发现一件事情如何导致另一件事情，以及相伴而生的政治、社会变化。昆明是滇缅公路的终点，俯瞰着平静的昆明湖，城中到处是敌机轰炸后的残垣断壁，很像庞贝古城的遗迹。我在这边城里冥想过去的一切，生平所经历的事情像梦境一样一幕一幕地展现在眼前；于是我捡出纸笔，记下了过去半世纪中我亲眼目睹的祖国生活中的急剧变化。

当我开始写《西潮》的故事时，载运军火的卡车正从缅甸源源驶抵昆明，以"飞虎队"闻名于世的美国志愿航空队战斗机在我们头上轧轧掠过。发国难财的商人和以"带黄鱼"起家的卡车司机徜徉街头，口袋里装满了钞票。物价则一日三跳，有如脱缰的野马。

一位英国朋友对西南联大的一位教授说，我们应该在战事初起就好好控制物价。这位教授带点幽默地回答说："是呀！等下一次战争时，我们大概就不会这样笨了。"这位教授说：如果他有资本，他或许早已学一位古希腊哲学家的榜样了。据说那位希腊哲学家预料橄榄将歉收而囤积了大批橄榄。后来橄榄果然收成不好,这位哲学家也就发了大财。可惜我们的教授没有资本,也没有那种未卜先知的本领,而且他的爱国心也不容许他干损人利己的勾当。

珍珠港事变以后,同盟国家节节失利。香港、马来联邦和新加坡相继陷落,敌军继续向缅甸推进。中国赶派军队驰援印缅战区,经激战后撤至缅北的丛林泽地,有时还不得不靠香蕉树根充饥。尤其使他们寝食难安的是从树上落到他们身上的水蛭,这些吸血鬼钻到你的皮下,不动声色地吸走了你的血液。你如果想用刀把它拉出来,它就老实不客气连肉带血衔走一口。对付这些吸血鬼最好的办法是在它们身上擦盐,但是在丛林里却又找不到盐。在这种环境下,惟一的办法是用手死劲去拍,拍得它们放口为止。

成千成万的缅甸华侨沿着滇缅公路撤退回中国。敌机沿途轰炸他们,用机枪扫射他们,三千妇孺老幼就这样惨死在途中。难民像潮水一样沿滇缅公路涌入昆明。街头拥满了家破人亡的苦难人民,许多公共建筑被指定为临时收容所。经过两三个月以后,他们才逐渐疏散到邻近省份;许多人则直接回到福建和广东老家。

八万左右农民以及男女老幼胼手胝足建筑成功的滇缅公路现在已经因另一端被切断而告瘫痪。一度曾为国际交通孔道的昆明现在也成为孤城,旅客只有坐飞机才能去印度。二十五万人加工赶筑的滇缅铁路,原来预定十二个月内完成,但是部分筑成以后也因战局逆转而中止了。中国已与世界各地隔绝,敌人从三方包围着她,只有涓涓滴滴的外来补给靠越过世界驼峰的空运在维持。中国就在这种孤立无援的窘境中坚持到底,寸土必争,直到战事结束为止。

我们且把近代历史暂时搁在一边,让我们回顾一下过去,看看能否从历史中找出一点教训。

第一章　西风东渐

差不多两千年以前,几位东方的智者,循着天空一颗巨星的指示,追寻到一个新宗教的诞生地。这个宗教便是基督教。基督教后来在西方国家的生活中占着极其重要的地位。基督教以和平仁爱为宗旨,要求教徒们遇到"有人掌掴你的右颊时,你就把左颊也凑过去"。基督教的教徒经过不断的磨难和挫折,不顾罗马猛狮的威胁和异教徒的摧残迫害,逆来顺受,终于在罗马帝国各民族之间传播开来了。几百年之后,它以同样坚忍的精神慢慢地流传到中国。

景教徒在唐朝(公元六一八—九○七)时来到中国,唐室君主曾为他们建造了景教寺,但是景教徒的传教成绩却很有限,再过了几百年,在十七世纪中叶,耶稣会教士带着西方的天文学来到中国,终于得到明朝(公元一三六八—一六四四)皇帝的垂青。

在这同时,活力旺盛的西方民族,不但接受了新兴的基督教,而且发展了科学,完成了许许多多的发明,为近代的工业革命奠立了基础。科学和发明渐渐流传到东方,先是涓涓滴滴地流注,接着汇为川流江涛,最后成为排山倒海的狂潮巨浪,泛滥整个东方,而且几乎把中国冲塌了。

中国人与基督教或任何其他宗教一向没有什么纠纷,不过到了十九世纪中叶,基督教与以兵舰做靠山的商业行为结了伙,因而在中国人的心目中,这个宣扬爱人如己的宗教也就成为侵略者的工具了。人们发现一种宗教与武力形影不离时,对这种宗教的印象自然就不同了。而且中国人也实在无法不把基督教和武力胁迫相提并论。慢慢地人们产生了一种印象,认为如来佛是骑着白象到中国的,耶稣基督却是骑在炮弹上飞过来的。

我们吃过炮弹的苦头,因而也就对炮弹发生兴趣。一旦我们学会制造炮弹,报仇雪耻的机会就来了。我们可以暂时不管这些炮弹是怎么来的,因为对我们这些凡夫俗子而言,保全性命究竟比拯救灵魂来得重要。

历史的发展真是离奇莫测。我们从研究炮弹而研究到机械发明;机械发明而导致政治改革;由于政治改革的需要,我们开始研究政治理论;政治理论又使我们再度接触西方的哲学。在另一方面,我们从机械发明而发现科学,由科学进而了解科学方法和科学思想。一步一步地我们离炮弹越来越远了,但是从另一角度来看,也可以说离炮弹越来越近了。

故事说来很长，但是都是在短短一百年之内发生的，而且紧张热烈的部分还不过五十年的样子。我说一百年，因为英国本来可以在一九四二年庆祝香港成为英国领土的一百周年纪念，但是这也是历史上偶然的一件事，英国的旧盟邦日本却在前一年以闪击方式把香港抢走了。我提到香港，绝不是有意挖旧疮疤，而是因为香港在中国欧化的早期历史上，恰恰是现成的纪念碑。大家都知道，香港这群小岛是中国在所谓"鸦片战争"中失败以后在一八四二年割让给英国的。这次战争的起因是中国继禁止鸦片进口之后，又在广州焚毁大批鸦片。鸦片是英国由印度输出的主要货物，于是英国就以炮弹回敬中国，中国被击败了。

一八四二年的中英条约同时规定中国的五个沿海城市开放为商埠。这就是所谓"五口通商"。大批西方商品随着潮涌而至。这五个商埠以差不多相似的距离散布在比较繁盛的中国南半部。为中国造成了与外来势力接触的新边疆。过去中国只有北方和西北那样的内陆边疆，现在中国的地图起了变化，这转变正是中国历史的转折点。

这五个商埠——广州、厦门、福州、宁波和上海——由南向北互相衔接，成为西方货品的集散地，舶来品由这五个口岸转销中国最富的珠江流域和长江流域各地。

西方商人在兵舰支持之下像章鱼一样盘踞着这些口岸，同时把触须伸展到内地的富庶省份。中国本身对于这些渗透并不自觉，对于必然产生的后果更茫无所知。亿万人民依旧悠然自得地过着日子，像过去一样过他们从摇篮到坟墓的生活，从没有想到在现代化的工作上下工夫。一部分人则毫不经心地开始采用外国货，有的是为了实用，有的是为了享受，另一些人则纯然为了好奇。

但是，西方列强的兵舰政策不但带来了货品和鸦片，同时也带来了西方科学文化的种子。这在当时是看不出来的，但是后来这些种子终于发芽滋长，使中国厚蒙其利——这也是历史上的一大讽刺。

这时候，日本也正以一日千里之势向欧化的途程迈进，中国对此却毫无所觉。半世纪以后,这个蕞尔岛国突然在东海里摇身一变,形成了一个硕大的怪物,并且在一八九四年出其不意地咬了东亚睡狮一大口。中国继香港之后又丢了台湾。这只东亚睡狮这时可真有点感到疼痛了,茫茫然揉着惺忪的睡眼,不知道究竟是什么扰了它的清梦。

我原先的计划只是想写下我对祖国的所见所感,但是当我让这些心目中的景象一一展布在纸上时,我所写下的可就有点像自传,有点像回忆录,也有点像近代史。不管它像什么,它记录了我心目中不可磨灭的景象,这些景象历历如绘地浮现在我的脑际,一如隔昨才发生的经历。在急遽递嬗的历史中,我自觉只是时代巨轮上一颗小轮齿而已。

第二章 乡村生活

我出生在一个小村庄里的小康之家。兄弟姊妹五人,我是最小的一个,三位哥哥,一位姊姊。我出生的前夕,我父亲梦到一只熊到家里来,据说那是生男孩的征兆。第二天,这个吉兆应验了,托庇祖先在天之灵,我们家又添了一个儿子。

我大哥出生时,父亲曾经梦到收到一束兰花,因此我大哥就取名梦兰。我二哥也以同样的原因取名为梦桃。不用说,我自然取名为梦熊了。姊姊和三哥诞生时,父亲却没有梦到什么。后来在我进浙江高等学堂时,为了先前的学校里闹了事,梦熊这个名字入了黑名单,于是就改为梦麟了。

我出生在战乱频仍的时代里。我出生的那一年,英国从中国拿走了对缅甸的宗主权;出生的前一年恰恰是中法战争结束的一年,中国对越南的宗主权就在那一年让渡给法国。中国把宗主权一再割让,正是外国列强进一步侵略中国本土的序幕,因为中国之保有属国,完全是拿它们当缓冲地带,而不是为了剥削他们。中国从来不干涉这些边缘国家的内政。

这情形很像一只橘子,橘皮被剥去以后,微生物就开始往橘子内部侵蚀了。但是中国百姓却懵然不觉,西南边疆的战争隔得太远了,它们不过是浩瀚的海洋上的一阵泡沫。乡村里的人更毫不关心,他们一向与外界隔绝,谈狐说鬼的故事比这些军国大事更能引起他们的兴趣。但是中国的国防军力的一部分就是从这些对战争不感兴趣的乡村征募而来的。

我慢慢懂得一些人情世故之后,我注意到村里的人讲起太平天国革命的故事时,却比谈当前国家大事起劲多了。我们乡间呼太平军为长毛,因为他们蓄发不剃头。一位木匠出身的蒋氏族长就参加过太平军。人们说他当过长毛的,他自己也直认不讳。这位族长说,太平军里每天要做祷告感谢天父天兄(上帝和耶稣)。有一天做完祷告以后,他想要讨好一位老长毛,就说了几句"天父夹天兄,长毛夺咸丰"一套吉利话。老长毛点头称许他。他抖了,就继续念道:"天下打不通,仍旧还咸丰。""妈"的一声,刀光一闪,从他头上掠过。从此以后,他不敢再和老长毛开玩笑了。

这样关于长毛的故事,大家都欢喜讲,欢喜听。但是村里的人只有偶然才提到近年来的国际战争,而且漠不关心。其间还有些怪诞不经的胜利,后来想起来可怜亦复可笑。事实上,中国军队固然在某些战役上有过良好的表现,结果却总是一败涂地的。

现代发明的锋芒还没有到达乡村,因而这些乡村也就像五百年前一样地保守、原始、宁静。但是乡下人却并不闲,农人忙着耕耘、播种、收获;渔人得在运河里撒网捕鱼;女人得纺织缝补;商人忙着买卖;工匠忙着制作精巧的成品;读书人则高声朗诵,默记"四书""五经",然后参加科举。

中国有成千上万这样的村落,因为地形或气候的关系,村庄大小和生活习惯可能稍有不同,但是使他们聚居一起的传统、家族关系和行业却大致相同。共同的文字、共同的生活理想、共同的文化和共同的科举制度则使整个国家结为一体而成为大家所知道的中华帝国(我们现在称中华民国,在辛亥革命以前,欧美人称我们为中华帝国)。

以上所说的那些成千成万的村庄,加上大城市和商业中心,使全国所需要的粮食、货品、学人、士兵,以及政府的大小官吏供应无缺。只要这些村镇城市不接触现代文明,中国就可以一直原封不动,如果中国能在通商口岸四周筑起高墙,中国也可能再经几百年而一成不变。但是西洋潮流却不肯限于几个通商口岸里。这潮流先冲击着附近的地区,然后循着河道和公路向外伸展。五个商埠附近的,以及交通线附近的村镇首先被冲倒。现代文明像是移植过来的树木,很快地就在肥沃的中国土壤上发芽滋长,在短短五十年之内就深入中国内地了。

蒋村是散布在钱塘江沿岸冲积平原上的许多村庄之一,村与村之间常是绵延一两里的繁茂的稻田,钱塘江以风景优美闻名于世,上游有富春江的景色,江口有著名的钱塘江大潮。几百年来,江水沿岸积留下肥沃的泥土,使两岸逐步向杭州湾扩伸。居民就在江边新生地上筑起临时的围堤截留海水晒盐。每年的盐产量相当可观,足以供应几百万人的需要。

经过若干年代以后,江岸再度向前伸展,原来晒盐的地方盐分渐渐消失净尽,于是居民就在离江相当远的地方筑起堤防,保护渐趋干燥的土地,准备在上面蓄草放牧。再过一段长时期以后,这块土地上面就可以植棉或种桑了。要把这种土地改为稻田,也许要再过五十年。因为种稻需要大量的水,而挖池塘筑圳渠来灌溉稻田是需要相当时间的,同时土地本身也需要相当时间才能慢慢变为沃土。

我童年时代的蒋村,离杭州湾约有二十里之遥。围绕着它的还有无数的村庄。大大小小,四面八方都有,往南一直到山麓,往北到海边,往东往西则有较大的城镇和都市,中间有旱道或河汊相通。蒋氏族谱告诉我们,我们的祖先是从徽州迁到奉化暂驻,又从奉化迁到余姚。徽州是钱塘江的发源地,我们的祖先到余姚来,可能就是为了开垦江边新生地。在我幼年时,我们蒋氏家庙的前面还有古堤岸的遗迹,那家庙叫做"四勿祠",奉祠宋朝当过御史的一位祖先,他是奉化人,名叫蒋岘。然而一般人却惯叫"陟塘庙",因为几百年前,庙前横着一条堤塘。

读者或许要问:什么叫"四勿"呢?那就是《论语》里的非礼勿视、非礼勿听、非礼勿言、非礼勿动四句话。我们玩具店里所看到的三只猴子分别蒙起眼睛、耳朵、嘴巴，就是指这回事。至于为什么没有第四只猴子，因为那三只猴子坐着不动，就可以代表了。但是我们那位御史公却把这四勿改为勿欺心、勿负主、勿求田、勿问舍，人称之为"四勿先生"。这些自古流传下来的处世格言是很多的。我们利用一切可能的方法，诸如寺庙、戏院、家庭、玩具、格言、学校、历史、故事等等，来灌输道德观念，使这些观念成为日常生活中的习惯。以道德规范约束人民生活是中国社会得以稳定的理由之一。

几千年以来，中国的人口从北方渐渐扩展到南方，先到长江流域，继至珠江流域，最后到了西南山区。中华民族一再南迁的理由很多，南方土地肥沃、塞外好战部落入侵，以及人口的自然繁殖都有关系，且从宋朝以后，黄河一再泛滥，更使人们想念江南乐土。我的祖先在早期就由北而南，由南而东，最后终于在杭州湾沿岸定居下来。

蒋姓的始祖是三千多年前受封的一位公子王孙。他的名字叫做百龄，是代周成王摄政的周公的第三个儿子。他在纪元前十二世纪末期被封在黄河流域下游的一块小地方，他的封地叫做"蒋"，他的子孙也就以蒋为氏了。蒋是茭白古名。那块封地之所以定名为蒋，可能是那一带地方茭白生长得特别繁茂的缘故。

在三国时代，也就是公元第三世纪，我们的一位祖先曾在历史上露了脸。他的名字叫蒋琬，住在长江流域南部的湘乡，从蜀先主入蜀。诸葛亮称他是社稷之才。这证明住在长江以南的蒋姓子孙，在第三世纪以前就从黄河流域南迁了。从我们的始祖起到现在，所有嫡系子孙的名字，在我们的族谱上都有纪录可考。至于确实到什么程度，我却不敢说，因为他们的生平事迹很少有人知道，考证起来是很困难的。但相传江南无二蒋，所以我们至少可以说一句：住在长江以南所有姓蒋的都是同宗同支的。究竟可以正确地追溯到多远，我们可不知道了。不过我们确切知道：住在浙江省境的蒋姓子弟，都在徽州找到了共同的宗脉。

我在宗谱中从迁余姚的始祖传到我为第十七世。蒋姓首先定居在我们村里的是五百多年前来的，那是元朝末年的事。这五百多年之中，两个朝代是外来民族建立的，一个是汉族自己的王朝，蒋姓一族曾经看到元朝的没落，明朝和满清的兴衰，以及几乎推翻满清的太平天国。朝代更换了，蒋村却依然故我，人们还是照常地过活、做工，最后入土长眠。

村里的人告诉我，满洲人推翻明朝的消息，一直到新朝廷的圣旨到了村里时，大家才知道。清帝圣旨到达村里时，邻村还正在演社戏呢！改朝换代以后，族人生活上的惟一改变是强迫留辫子，同时圣旨严禁男人再穿明朝式样的衣服。大家敢怒不敢言，但是死后入殓时，男人还是穿明朝衣冠。因此我们族中流行着一句话："男投（降）女不投，活投死不投。"就是说男人投降，女人却不投降，活人投降，死人却不投降。一些人一直维持这个办法到一九一一年清室覆亡民国建立为止，中间经过两百五十年之久。

我们村上只有六十来户人家，人口约三百人，是个很小的村庄。它的三面环绕着河汊，南面是一条石板路，通往邻近的村庄和城镇。小河汊可以通到大河，再由大河可以到达杭州、苏州和上海等大城市。

蒋村虽然小，水陆交通却很便利。河汊上随处是石桥，河的两岸则满是绿柳垂杨。河中盛产鱼、虾、鳝、鳗、龟、鳖。柳荫之下，常有人悠闲地在垂钓。耕牛慢慢地踱着方步，绕着转动牛车，把河水汲到水槽再送到田里。冬天是连阡穿陌的麦穗，夏天是一片稻海，使人生四季长青之感，麦穗和稻穗随着微风的吹拂，漾起一片涟漪，燕子就在绿波之上的蓝空中穿梭翱翔。老鹰忽高忽低地绕村回旋着，乘老母鸡不备的时候就俯冲而下，攫走小鸡。

这就是我童年时代的背景，也是我家族的环境。他们安定地在那里生活了五百多年，他们很少碰到水灾或旱灾，在这漫长的几百年中也不过遇上一两次的变乱和战争。他们和平而满足地生活在他们自己的世界里，贫富之间也没有太大的差别。富饶的稻谷、棉花、蚕丝、鱼虾、鸡鸭、蔬菜使人民丰衣足食。

几百年来，不论朝代如何更换，不论是太平盛世或战祸频仍，中国乡村里的道德、信仰和风俗习惯却始终不变。乡下人觉得这个世界已经很不错，不必再求进步。生命本身也许很短暂，但是投胎转世时可能有更大的幸福。人死以后，据说灵魂就离开肉体，转投到初生的婴儿身上。我自己就亲眼看到过绑赴刑场处决的罪犯，对围观的群众高喊："十八年之后又是一条好汉！"这是何等的达观！

我们村子里的人说：一个坏人或作孽多端的人，死后要转世为穷人，或者变马变猪，甚至灵魂支离割裂，变为蚊蝇小虫。好人善士的灵魂转世时则可以享更高的福禄。这些都是随佛教而来的印度传说而被中国道教所采用的。佛教本身，倒不大理会这些事。

善恶当然有公认的标准。"万恶淫为首，百善孝为先。"孝道使中国家庭制度维系不堕，贞操则使中国种族保持纯净。敬老怜贫，忠信笃敬也被认为善行。重利盘剥，奸诈谎骗则列为罪行。斥责恶行时常骂人来生变猪变犬。

商业往来讲究一诺千金。一般而论，大家都忠实可靠。欺诈的人必然受亲戚朋友一致的唾弃。

婚姻是由媒妁之言、父母之命决定的。通例是男子二十而娶，女子十八而嫁。妻子死了，丈夫大概都要续弦，中上之家的女人如果死了丈夫，却照例要守寡。守寡的可怜人算是最贞节的，死后皇帝还要给她们建贞节牌坊。这种牌坊在乡间到处可以看见的。

村里的事全由族长来处理，不待外界的干涉。祠堂就是衙门。"族长"不一定是老头子，也可能是代表族中辈分最高一代的年轻人。族长们有责任监督敬先祭祖的礼仪遵奉不渝，族人中起了争执时，他们还须负责加以评断。没有经过族长评理以前，任何人不许打官司。族长升堂审判叫做"开祠堂门"，全村的人都可以来参观。祖宗牌位前面点起香烛，使得每个人都觉得祖先在天之灵就在冥冥之中监视似的，在祖先的面前，当事的两边不能有半句谎话。一般而论，说老实话的居多。

仲裁者力求做得公平。自然，村中的舆论也是重要的因素，还有，邻村的舆论也得考虑。族长们如果评断不公，就会玷污了祠堂的名誉。因此，争执多半在祠堂里得到公平的解决，大家用不到上衙门打官司。

实际上真需要"开祠堂门"来解决的事情并不多,因为大家认为"开祠堂门"是件大事,只有特别严重的案子才需要这样做。一般的纠纷只是在祠堂前评个理就解决了。

读书人和绅士在地方上的权威很大。他们参加排难解纷,也参加制定村里的规矩,他们还与邻村的士绅成立组织,共同解决纠纷,照顾邻近村庄的共同福利。

田赋由地主送到离村约二十里的县库去,粮吏从来不必到村里来。老百姓根本不理会官府的存在,这就是所谓"天高皇帝远"。

除了崇拜祖先之外,大家要信什么就信什么。上佛寺、拜神仙、供关公、祭土地,悉听尊便。没有宗教限制,也没有宗教迫害。你信你的神,我拜我的佛,各不相涉,并且还有把各式各样的神拼在一起大家来拜。这就是通常所称的"道教"。如果基督徒肯让基督与中国神祇并供在中国庙宇里,我相信村里人一定会像崇拜其他神佛一样虔敬崇拜基督。

一般老百姓都是很老实的,人家说什么,他们就相信。迷信就是在这种背景下产生的,而且像滚雪球一样越滚越大,几百年积聚下来的迷信,当然是非常可观了。

我提到过村里的人相信灵魂轮回之说。这似乎与散鬼游魂之说互相矛盾的。不过,凡关于鬼神的事,我们本来是不甚深究的,几种矛盾的说法,可以同时平行。据说灵魂与鬼是两回事。灵魂转入轮回,鬼则飘游宇宙之间。伟人圣哲的鬼就成了神,永远存在于冥冥之中,凡夫俗子的鬼则逐渐飘散消逝,最后化为乌有。鬼能够随心所欲,随时随地出现。它可以住在祠堂里,也可以住在坟墓里,高兴怎么样就怎么样。我国不惜巨资建造富丽堂皇的坟墓和宫殿式的祠堂,大概和这些信仰不是没有关系的。这种鬼话各地皆有,虽各有不同,但大体是一致的。

中国人对一切事物的看法都不脱人本位的色彩。如果鬼神与活人之间毫无关系或毫无接触,那末大家就不会觉得鬼神有什么用处,或许根本就不会相信它们真的存在。寺庙祠堂里固然有神佛的塑像，也有祖宗的灵牌，但是这些偶像或木主虽然令人望之生畏，却不能走出神龛直接与生人交谈，除非在梦中出现。人们需要更具体更实际的表现，因此就有了巫婆、扶乩和解梦。

如果一个人怀念作古了的朋友或去世的亲戚，他可以请一位巫婆把鬼魂召了来。当巫婆的多半是远地来的女人。被召的鬼魂来时，巫婆的耳朵就会连续抽搐三次。普通人是不能控制耳朵的肌肉的，巫婆的耳朵能够自己动，使得大家相信她的确有鬼神附体。她说话时，压着喉咙像猫叫，因此她讲的话可以由听的人随意附会。如果巫婆在谈话中摸清了对方的心思，她的话也就说得更清楚点，往往使听的人心悦诚服。

真也好，假也好，这办法至少使活着的亲戚朋友心里得点安慰。五十年前，我自己就曾经透过巫婆与我故世的母亲谈过话，那种惊心动魄的经验至今还不能忘记。

扶乩可比较高级了，扶乩的人多半是有知识的。两个人分执一根横木条的两端，木条的中央接着一根木棒，木棒就在沙盘里写字。神佛或者名人的鬼魂可以被请降坛，写字赐教。扶乩可以预言未来，可以预言来年的收成，也可以预告饥荒，甚至和平或战乱，几乎什么问题都可以问。完全不会作诗的也能写出诗来。写的人也能写出素昧平生的人的名字。懂一点心理学的人大概都能解释，这是一种潜意识的作用。但是有好几位外国留学的博士学士，到如今还是相信扶乩。有一位哈佛大学毕业生，于抗战期间任盐务某要职。扶乩报告预言，推测战局，终被政府革职。

巫婆只能召至去世的亲戚朋友的鬼魂，扶乩却能召唤神佛。在做梦时，鬼魂和神佛都能自动地来托梦。我听过许多关于做梦应验的事，但是多半不记得了。我记得一个圆梦的例子是这样的：我的一位曾叔祖到杭州去应乡试，俗称考举人，他在考棚里梦到一只硕大无比的手伸进窗子。因为他从来没有见过这样大的手，这个梦就被解释为他将独占鳌头的征兆。放榜时我的曾叔祖居然中试第一名，俗称解元。

神佛、死去的亲戚朋友或者精灵鬼怪可能出托梦提出希望、请求或者警告。一位死了的母亲可能要求她儿子给她修葺坟墓。死了的父亲可能向儿子讨纸钱。死人下葬时总要烧点纸钱，以备阴间使用。

我们村里发生过一件事，好几年以后，大家谈起来还是娓娓不倦。一位叫阿义的青年农夫预备用船载谷子进城去。那天早上，他坐在家里发呆，人家问他为什么，他说前一晚他死去的母亲来托梦，警告他不要走近水边。他的游泳技术很高明，他猜不透这个梦究竟是什么意思。

黄昏时，他安然划着船回到家，用竹篙把船拢了岸。他对站在岸上的朋友开玩笑，说他自己的危险总算过去了，说罢还哈哈大笑。突然间他足下一滑就跌进河里去了。挣扎了一阵子，他就沉入水底。朋友们赶紧潜水去救，但是到处找不到。半小时后他被拖上来了。但是已经手足冰冷，一命呜呼。原来他跌入河中以后，手足就被水边的一棵陈年老柳的盘根缠住了。

大家说他是被水鬼抓下去的，或许那是一只以柳树根作窝的水猴子。好几个游泳技术很好的人都在那个地方淹死。村里的人常常看到那个"水鬼"在月光下坐在附近的桥上赏月。它一看到有人走近就扑通一声钻到水里去。

各式各样无法解释的现象都使迷信的雪球越滚越大，错觉、幻象、梦魇、想象、巧合、谣言都是因素。时间更使迷信愈积愈多。

村中的医药当然也很原始。我们得走好几里路才能在大镇里找到草药医生，俗称"草头郎中"。对于通常的病痛或者某些特殊的病症，中国药是很有效的。但是对于许多严重的病症，草药不但无效而且危险。

我自己曾经两次病得奄奄一息，结果却都给草药救起了。有一次病了好几个月，瘦得只剩皮包骨，结果是一位专精儿科的草药医生救了我的命，另一次我染了白喉，请了一位中国的喉科专家来医治。他用一根细针在我喉头附近刺了一遍，然后敷上一些白粉。我不知道那是什么东西,只觉得喉头凉爽舒服,很像抽过一支薄荷烟的感觉。

喉头是舒服一点了,病状却起了变化。我的扁桃腺肿得像鹅蛋那末大,两颊鼓起像气球,我甚至连流质的食物都无法下咽。鼻子一直出血不止,最后连呼吸也感到困难了。正在奄奄一息的时候,我父亲认为只有"死马当作活马医"了。于是他就在古老的医书里翻寻秘方,结果真的找到一剂主治类似症候的方子。我吃了好几服重药。头一剂药就发生验效,一两个小时之后,病势居然大有起色。第二天早晨我的扁桃腺肿消了许多,个把星期以后饮食也恢复正常。

我曾经亲眼目睹跌断的腿用老法子治好,伤风咳嗽、风湿和眼睛红肿被草药治好的例子更是多不胜举。

中医很早以前就发现可以从人体采取一种预防天花的"痘苗",他们用一种草药塞到病婴的鼻孔里,再把这种草药塞到正常儿童的鼻孔里时,就可以引起一种比较温和的病症。这样"种了痘"的孩子自然不免有死亡,因此我父亲宁愿让孩子按现代方法种牛痘。我们兄弟姊妹以及许多亲戚的子弟都用现代方法种痘,而且从来没有出过毛病。

我们村子里的人不知道怎样治疗疟疾。我们只好听它自生自灭地流行几个礼拜,甚至好几个月。我们村子附近总算没有发现恶性疟疾,患了病的人虽然伤了元气,倒还没有人因此致命。后来传教士和商人从上海带来奎宁粉,叫做金鸡纳霜,吃了很有效,于是大家才发现了西药的妙用。

村里有些人相信神力可以治病。他们到寺庙里焚香祝祷,然后在香炉里取了一撮香灰作为治疗百病的万应灵丹。这是一种心理治疗,在心理学应用得上的时候,也的确能医好一些病。

我家的花园里,每月有每月当令的花,阴历正月是茶花,二月是杏花,三月桃花,四月蔷薇,五月石榴,六月荷花,七月凤仙,八月桂花,九月菊花,十月芙蓉,十一月水仙,十二月腊梅。每种花都有特别的花仙做代表。

最受欢迎的季节花是春天的桃花,夏天的荷花,秋天的桂花和菊花。季节到来时,村里的人就成群结队出来赏花。

过年过节时，无论男女老幼都可以高兴一阵子。最重要的年节，通常从十二月二十三日开始。灶神就在这一天上天报告这一家一年来的家庭琐事。

国人都相信多神主义的，在道教里，众神之主是玉皇大帝。据说玉皇大帝也有公卿大臣和州官吏卒，和中国的皇帝完全一样。玉皇大帝派灶神监视家庭事务，因此灶神必须在年终岁尾提出报告。灶神是吃素的，因此在它启程上天时，大家就预备素斋来祭送。灶神对好事坏事都要报告，因此大家一年到头都谨言慎行。送灶神和迎灶神时都要设家宴烧纸钱、放鞭炮。

除夕时，家家都大鸡大肉地庆祝，叫做吃年夜饭。吃年夜饭时，家庭的每一个分子都得参加。如果有人远行未归，也得留个空座位给他。红烛高烧到天明，多数的大人还得"守岁"。要坐到子夜以后才睡。第二天早晨，也就是正月初一早晨，一家人都参加拜天地。祭拜时自然又免不了点香烛、焚纸钱和放鞭炮。

新年的庆祝节目之一是灯节，从正月十三开始，一直到正月十八，十八以后年节也就算结束了。灯节时家家户户和大街小巷到处张灯结彩。花灯的式样很多，马、兔、蝴蝶、蜻蜓、螳螂、蝉、莲花，应有尽有。我们常到大城市去看迎灯赛会，街上总是人山人海。

五月里的端午节和八月里的中秋节也是重要的节日。端午节有龙舟比赛。庆祝中秋节却比较安静，也比较富于诗意——吃过晚饭后我们就在月色下散步，欣赏团圆满月中的玉兔在月桂下捣药。

迎神赛会很普遍，普通有好几百人参加，沿途围观的则有几千人。这些场合通常总带点宗教色彩，有时是一位神佛出巡各村庄。神像坐在一乘木雕的装饰华丽的轿子里，前面由旌旗华盖、猛龙怪兽、吹鼓手、踩高跷的人等等开道前导。

迎神行列经过时，掉狮舞龙就在各村的广场上举行。踩高跷的人，在街头扮演戏剧中的各种角色。一面一面绣着龙虎狮子的巨幅旗帜，由十来个人扛着游行，前前后后则由绳索围起来。这样的行列在旷野的大路上移动时，看来真好威风呀！这种举大旗游行的起源，据说是明代倭寇入侵时老百姓以此向他们示威的。

碰到过年过节,或者庆祝神佛生日,或者其他重要时节,活动的戏班子就到村庄上来表演。戏通常在下午三点钟左右开始,一直演到第二天早晨,中间有一段休息的时间,以便大家吃晚饭。开演时总是锣鼓喧天,告诉大家戏正在开始。演的戏多半是根据历史故事编的,人民也就从戏里学习历史。每一出戏都包括一点道德上的教训,因此演戏可以同时达到三重目的:教授历史、灌输道德、供给娱乐。

女角是由男人扮演的,这是和莎士比亚时代的英国一样。演员涂抹形形色色的脸谱象征忠奸善恶。白鼻子代表奸诈、狡猾、卑鄙或小丑。在日常生活中我们也常常指这一类人为白鼻子。红脸代表正直、忠耿等等,但是红脸的人心地总是很厚道的。黑脸象征铁面无私。这种象征性的脸谱一直到现在还被各地国剧所采用。

这就是我的童年的环境。这种环境已经很快地成为历史陈迹。这个转变首由外国品的输入启其端,继由西方思想和兵舰的入侵加速其进程;终将由现代的科学、发明和工业化,完毕其全程。

第三章　童年教育

在我的童年时代,没有学校,只有家塾。男孩子在家塾里准备功课应付科举或者学点实用的知识以便经商,女孩子不能和男孩子一道上学,要读书就得另请先生,穷苦人家的子弟请不起先生,因此也就注定了当文盲的命运。

一位先生通常教数十位学生,都是分别教授的。家塾里没有黑板,也不分班级。先生从清晨到薄暮都端端正正地坐在那里。学生们自然也就不敢乱蹦乱跳。那时候时钟是很难见到的。家塾里当然没有钟。冬天白昼比较短。天黑后我们就点起菜油灯,在昏暗的灯光下念书,时间是靠日晷来计算的。碰到阴天或下雨,那就只好乱猜了。猜错一两个小时是常事,好在书是个别教授的,猜错个把钟头也无所谓。

我在六岁时进家塾,一般小孩子差不多都在这个年岁"启蒙"的。事实上我那时才五岁零一个月的样子,因为照我家乡的算法,一个人生下来就算一岁了。家塾里的书桌太高，我的椅子下面必须垫上一个木架子之后我才够得上书桌，因此我坐到椅子上时，两只脚总是悬空的。

我最先念的书叫《三字经》，每句三个字，而且是押韵的，因此小孩子记起来比较容易。事隔六十多年，我现在还能背出一大半，开头几句是："人之初，性本善。性相近，习相远。苟不教，性乃迁。"性善论是儒家人生哲学和教育原理的出发点，这种看法曾对十八世纪的大光明时代的法国学派产生过重大的影响。

虽然我现在已经懂得什么叫"性本善"，在当时却真莫名其妙。

我恨透了家塾里的生活。有一天，我乘先生不注意我的时候，偷偷地爬下椅子，像一只挣脱锁链的小狗，一溜烟逃回家中，躲到母亲的怀里。

母亲自然很感意外，但是她只是慈祥地问我："你怎么跑回家来了，孩子？"

我答道："家塾不好，先生不好，书本不好。"

"你不怕先生吗？他也许会到家里来找你呢！"母亲笑着说。

"先生，我要杀了他！家塾，我要放把火烧了它！"我急着说。

母亲并没有把我送回家塾，那位先生也没有找上门来。

第二天早上，奶妈喊醒了我，对我说了许多好话，总算把我劝回家塾。从童年时代起我就吃软不吃硬。好好劝我，要我干什么都行，高压手段可没有用。经过奶妈一阵委婉的劝谏，我终于自动地重新去上学了。

我带着一张自备的竹椅子，家里一位佣人跟着我到了家塾，把竹椅子放到木架上，使我刚好够得着书桌。先生没有出声，装作不知道我曾经逃过学。但是我注意到好几位同学对着我装鬼脸。我讨厌他们，但是装作没有看见。我爬上椅子坐在那里，两只脚却悬空挂着，没有休息的地方。我的课也上了，书却仍旧是那本《三字经》。我高声朗诵着不知所云的课文，一遍又一遍地念得烂熟。等到太阳不偏不倚地照到我们的头上时，我们知道那是正午了。先生让我们回家吃午饭，吃过饭我马上回到家塾继续念那课同样的书，一直到日落西山才散学。

一日又一日地过去,课程却一成不变。一本书念完了之后,接着又是一本不知所云的书。接受训练的只是记忆力和耐心。

念书时先生要我们做到"三到",那就是心到、眼到、口到。所谓心到就是注意力集中,不但读书如此,做任何事情都得如此。眼到对学习中国文字特别重要,因为中国字的笔画错综复杂,稍一不慎就可能读别字。所谓口到就是把一段书高声朗诵几百遍,使得句子脱口而出,这样可以减轻记忆力的负担。先生警告我们,念书不能取巧强记,因为勉强记住的字句很容易忘记。如果我们背书时有些疙瘩,先生就会要我们一遍又一遍地再念,甚至念上一两百遍。碰上先生心情不好,脑袋上就会吃栗子。天黑放学时,常常有些学生头皮上带着几个大疙瘩回家。

不管学生愿意不愿意,他们必须守规矩,而且要绝对服从。我们根本不知道什么叫礼拜天。每逢阴历初一、十五,我们就有半天假。碰到节庆,倒也全天放假,例如端午节和中秋节。新年的假期比较长,从十二月二十一直到正月二十。

在家塾里念了几年之后,我渐渐长大了,也记得不少的字。这时先生才开始把课文的意思解释给我听,因此念起书来也不再像以前那样吃力了。从"四书""五经"里,我开始慢慢了解做人的道理。按照儒家的理想,做人要先从修身着手,其次齐家,然后治国、平天下。其中深义到后来我才完全体会。

在最初几年,家塾生活对我而言简直像监狱,惟一的区别是:真正监狱里的犯人没有希望,而家塾里的学生们都有着前程无限的憧憬。所有的学者名流、达官贵人不是都经过寒窗苦读的煎熬吗?

> 吃得苦中苦,方为人上人。
>
> 天子重英豪,文章教尔曹。万般皆下品,惟有读书高。
>
> 别人怀宝剑,我有笔如刀。

这些成语驱策着我向学问之途迈进,正如初春空气中的芳香吸引着一匹慵懒的马儿步向碧绿的草原。否则我恐怕早已丢下书本跑到上海做生意去了。理想、希望和意志可说是决定一生荣枯的最重要的因素。教育如果不能启发一个人的理想、希望和意志，单单强调学生的兴趣，那是舍本逐末的办法。只有以启发理想为主，培养兴趣为辅时，兴趣才能成为教育上的一个重要因素。

在老式私塾里死背古书似乎乏味又愚蠢，但是背古书倒也有背古书的好处。一个人到了成年时，常常可以从背的古书里找到立身处事的指南针。在一个安定的社会里，一切守旧成风，行为的准则也很少变化。因此我觉得我国的老式教学方法似乎已足以应付当时的实际需要。自然，像我家乡的那个私塾当然是个极端的例子，那只有给小孩子添些无谓的苦难。我怕许多有前途的孩子，在未发现学问的重要以前就给吓跑了。

在我的家塾里，课程里根本没有运动或体育这个项目。小孩子们不许拔步飞跑，他们必须保持"体统"一步一步慢慢地走。吃过中饭以后，我们得马上练字。我们简直被磨得毫无朝气。

话虽如此，小孩子还是能够自行设法来满足他们嬉戏的本能。如果先生不在，家塾可就是我们的天下了。有时候我们把书桌搬在一起，拼成一个戏台在上面演戏。椅子板凳就成了舞台上的道具。有时候我们就玩捉迷藏。有一次，我被蒙上眼睛当瞎子，刚巧先生回来了，其余的孩子都偷偷地溜了，我轻而易举地就抓到一个人——我的先生。当我发现闯了祸时，我简直吓昏了。到现在在想起这件事尚有余悸。

春天来时，放了学我们就去放风筝，风筝都是我们自己做的。风筝的形式不一，有的像蜈蚣，有的像蝴蝶。夜晚时，我们把一串灯笼随着风筝送到天空，灯笼的数目通常是五个、七个或九个。比较小的孩子就玩小风筝，式样通常是蜻蜓、燕子，或老鹰。"燕子"风筝设计得最妙，通常是成对的，一根细竹片的两端各扎一只"燕子"，然后把竹片摆平在风筝绳子上。送上天空以后，一对对的"燕子"随风摆动，活像比翼双飞的真燕子。有一次，我还看到好几只真的燕子在一只"燕子"风筝附近盘旋，大概是在找伴儿。

满天星斗的夏夜,村子里的小孩子们就捉萤火虫玩儿。有些小孩子则宁愿听大人们讲故事。讲故事的大人,手中总是摇着一柄大蒲扇,一方面为了驱暑,一方面也是为了驱逐纠缠不清的蚊子。口中衔旱烟杆,旁边放着小茶壶,慢条斯理地叙述历史人物的故事、改朝换代的情形,以及村中的掌故。

大人告诉我们,大约二百五十年前,清兵入关推翻了明朝,盗贼蜂起,天下大乱,但是我们村中却安谧如恒。后来圣旨到了村里,命令所有的男人按照满洲鞑子的发式,剃去头顶前面的头发,而在后脑勺上留起辫子。男子听了如同晴天霹雳,女人们则急得哭了,剃头匠奉派到村子里强制执行,他们是奉旨行事,如果有人抗旨不肯剃头,就有杀头的危险。留头究竟比留发重要,二者既然不可得兼,大家也就只好乖乖地伸出脖子,任由剃头匠剃发编辫了。当然,后来大家看惯了,也就觉得无所谓,但是初次剃发留辫子的时候,那样子看起来一定是很滑稽的。……

从这位讲故事的长者口中,我们总算学到了一点历史,那是在家塾中学不到的。此外,我们还得到一点关于人类学的传说。故事是这样的:

几万年以前,我们的祖先也像猴子一样长着尾巴。那时的人可说介于人与猿猴之间。人猿年岁长大以后,他的尾巴就渐渐变为黄色。人猿的尾巴共有十节,十节中如有九节变黄,他就知道自己快要死了。于是他就爬到窑洞里深居简出,结果就死在窑洞里面。再经过几千年以后,人的尾巴掉了,所以现在的人都没有尾巴,但是尾巴的痕迹仍旧存在。不信,你可以顺着背脊骨往下摸,尾巴根儿还是可以摸得到的。

下面是一则关于技击的故事:

一位学徒在一家米店前卖米。在没有生意的时候,这位学徒就抓着米粒玩儿,他一把一把地把米抓起来,然后又一把一把地把米掷回米筐里。有一天,一位和尚来化米,那位学徒不但没有拿米给和尚,反而抓了几颗米掷到和尚脸上。想不到那几颗米竟然颗颗深陷到和尚的皮肉里面去了。和尚似乎不生气,反而向那位学徒深深一鞠躬,双手合十，念了一声"南无阿弥陀佛"就走了。

七天之后，一位拳师经过村里，他看到米店学徒脸色苍白，就问学徒究竟是怎么回事。学徒把和尚化米的事说了，拳师听了不禁摇头叹息："啊呀，你怎么可得罪他呢？他是当今武林首屈一指的人物呀！他在向你鞠躬的时候，你已经受了致命的内伤，不出七七四十九天，你就活不成了！幸好我还有药可以给你医治，不过你要赶快躲开，永远不要再撞上这位和尚。四十九天之后他还会再来的。赶快备口棺木，放几块砖头在棺材里，假装你已经死了入殓待葬就是了。"

四十九天之后，和尚果然又来找学徒了。人们告诉他学徒已经死了。和尚叹口气说："可怜！可怜！"和尚要看看棺材，大家就带他去看，他用手轻轻地把棺盖从头至尾抚摸一遍，念了一声"南无阿弥陀佛"就走了。和尚走了之后，大家打开棺盖一看，里面的砖头已经全部粉碎。

小孩子们全都竖起耳朵听这些故事，这些故事就是我们课外知识的主要来源之一。

我们家塾里的先生，前前后后换了好几个。其中之一是位心地仁厚然而土头土脑的老学究。他的命运多舛，屡次参加府试都没有考上秀才，最后只好死心塌地教私塾。他的脸团团如满月，身材矮胖，一副铜框眼镜老是低低地滑到鼻梁上，两只眼睛就打从眼镜上面看人。他没有留须，鼻子下面却养着一撮蓬松的灰色胡子。碰到喝蛋花汤的日子，他的胡子上常常挂着几片黄蛋花。他的故事多得说不尽，简直是一部活的百科全书。但是他的文才很差，我想这或许就是他屡试不中的缘故。不过人很风趣，善于笑谑。他在有些事情上非常健忘，看过朋友回到家塾时，不是忘了雨伞，就是丢了扇子。老是这样丢三落四究竟不是事，于是他就把他出门时必带的东西开了个清单：烟管、雨伞、毛巾、扇。每当他告辞回家时，他就念一遍："烟管、雨伞、毛巾、扇。"冬天不需要带扇子的时候，他也照样要按清单念扇子。有时候他也记得根本没有带扇子出门，有时却仍然到处找扇子，他的朋友和学生就在暗中窃笑。

我童年时的知识范围,可以说只局限于"四书""五经",以及私塾先生和村中长辈所告诉我的事。我背得出不少的古书,也记得很多的故事。因此我的童年教育可以说主要的是记忆工作。幸而我生长在乡村,可以从大自然获得不少的知识和启发。有一次,我注意到生长在皂荚树上的甲虫头上长着鹿角一样的角,这些角和枝上的刺长得一模一样,人家告诉我,这些甲虫是树上长出来的,因此也就和母体长得很像。不过我总觉得有点相信不过。我心里想,如果一棵树真能生下甲虫,那末甲虫产下的卵也就应该可以作皂荚树的种子了。甲虫卵既然种不出皂荚树,那末甲虫的角和皂荚树的刺这样相像一定另有原因。后来我看到一只鸟在皂荚树上啄虫吃,但是这只鸟对于身旁长着鹿角的甲虫却视而不见。于是我恍然大悟,原来甲虫的角是摹拟着刺而生的,目的是保护自己以免被鸟儿啄死。

河汉的两岸长着许多柏树,柏子可以榨油制蜡烛,因此柏树的土名就叫蜡烛树。冬天里农夫们用稻草把树干裹起来,春天到了,就把稻草取下烧掉。一般人相信,这种办法可以产生一种神秘的力量杀死寄生虫。事实上这件事毫无神奇之处,只要我们在树干上扎上足够的稻草,寄生虫就只好在稻草上产卵,烧掉稻草等于毁掉虫卵,寄生虫也就无法繁殖了。

在我童年时代里,这类对自然的粗浅研究的例子很多,举了前面的两个例子,我想也就够了。

由此可见我的童年教育共有三个来源。第一是在私塾里念的古书,来自古书的知识,一方面是立身处世的指针,另一方面也成为后来研究现代社会科学的基础。第二个知识来源是听故事,这使我在欣赏现代文学方面奠立了基础。第三个知识来源是对自然的粗浅研究,不过在这种粗浅研究的根基上却可以移接现代科学的幼苗。如果我生长在草木稀少的大城市里,那我势将失去非常重要的自然训练的机会,我的一生可能完全改观。每一个小孩子所具备的感受力、观察力、好奇心和理解力等等天赋,都可能被我童年所受的全凭记忆的传统训练所窒息。

我得承认，我并没有像某些同学那样用功读书，因为我不喜欢死记，我愿意观察、触摸、理解。我的先生们认为这是我的不幸，我的个性上的祸根。

我喜欢玩，喜欢听故事。我喜欢打破砂锅问到底，使大人感到讨厌。我喜欢看着稻田里的青蛙捉蚱蜢，或者鹅鸭在河里戏水。我欣赏新篁解箨。我的先生认为这些癖好都是祸根。我自己也相信将来不会有出息。但是命运是不可捉摸的，我的这些祸根后来竟成为福因，而先生们认定的某些同学的福因结果都证明是祸根。那些好学生后来有的死于肺痨，有的成为书呆子，有的则在西化潮流横扫中国时无法适应日新月异的环境而落伍了。

第四章　家庭影响

童年时代和青春时代的可塑性最大，因而家庭影响往往有决定性的作用。这时期中所养成的习惯，不论好坏，将来都很难根除。大致说来，我所受到的家庭影响是良好而且健全的。

我的父亲是位小地主，而且是上海当地几家钱庄的股东。祖父留给父亲的遗产相当可观，同时父亲生活俭朴，因此一家人一向用不着为银钱操心。父亲为人忠厚而慷慨，蒋村的人非常敬重他，同时也受到邻村人士的普遍崇敬。他自奉俭约，对公益事业却很慷慨，常常大量捐款给慈善机构。

他从来没有说过一句存心骗人的话，因此与他交往的人全都信任他的话。他相信风水和算命。同时他又相信行善积德可以感召神明，使行善者添福增寿，因此前生注定的命运也可以因善行而改变。我父亲的道德人品对我的影响的确很大，我惟一的遗憾是没有好好学到父亲的榜样。

我的母亲是位很有教养而且姿容美丽的女人。我童年时对她的印象已经有点模糊了。我记得她能够弹七弦古琴，而且能够抚琴幽歌。她最喜欢唱的一支歌，叫做《古琴引》，词为：音音音，尔负心。真负心，辜负我，到如今。记得当年低低唱，千千斟，一曲值千金。如今放我枯墙阴，秋风芳草白云深，断桥流水过故人。凄凄切切，冷冷清清,凄凄切切,冷冷清清。

有人说:像我母亲那样青春美貌的妇人唱这样悲切的歌,是不吉利的。

母亲弹琴的书斋,屋后长着一棵几丈高的大樟树。离樟树不远的地方种着一排竹子,这排竹子也就成为我家的篱笆。竹丛的外面围绕着一条小河。大樟树的树荫下长着一棵紫荆花和一棵香团树,但是这两棵树只能在大樟树扶疏的枝叶之间争取些微的阳光。母亲坐在客厅里,可以谛听小鸟的啭唱,也可以听到鱼儿戏水的声音。太阳下山时,平射过来的阳光穿过竹丛把竹影子投映在窗帘上,随风飘动。书斋的墙上满是名家书画。她的嵌着白玉的古琴则安放在长长的红木琴几上,琴几的四足则雕着凤凰。

她去世以后,客厅的布置一直保留了好几年没有变动。她的一张画像高悬在墙的中央。但是母亲已经不在了!她用过的古琴用一块软缎盖着,仍旧放在红木琴几上。我有时不禁要想象自己就是那个饮泣孤家幽幽低诉的古琴。

我母亲去世时还很年轻。我看到母亲穿着华丽的绣花裙袄躺在棺里,裙袄外面罩一个长长的红绸披风,一直盖到足踝,披风上缀着大红的头兜,只有她的脸露在外面,一颗很大的珍珠衬着红头兜在她额头发出闪闪的亮光。

我的继母是位治家很能干的主妇,待人也很和气,但不久也去世,此后父亲也就不再续弦了。

我的祖父当过上海某银庄的经理。太平天国时(一八五一——一八六四)祖父在上海旧城设了一个小钱摊,后来钱摊发展为小钱庄,进而成为头等钱庄。这种钱庄是无限责任的机构,做些信用贷款的生意。墨西哥鹰洋传到中国成为银两的辅币以后,洋钱渐渐受到国人的欢迎。后来流通渐广,假币也跟着比例增加,但是钱庄里的人只要在指尖上轻轻地把两块银元敲敲,他们就能够辨别哪个是真,哪个是假。我祖父的本领更使一般钱庄老板佩服,他一眼就能看出哪个是真,哪个是假。

不幸他在盛年时伤了一条腿,后来严重到必须切去,祖父也就因为血液中毒辞世。父亲当时还只有十二岁左右,祖父给他留下了七千两银子,在当时说起来,这已经是一笔相当大的遗产了。父亲成了无告的孤儿,就归他未来的丈人照顾。由于投资得当,调度谨慎,这笔财产逐渐增加,三十年之后,已经合到七万两银子。

从上面这一点家庭历史里,读者不难想象我的家庭一定在早年就已受到西方的影响。

父亲很有点发明的头脑。他喜欢自己设计,或者画出图样来,然后指示木匠、铁匠、铜匠、农夫或篾匠按照尺寸照样打造。他自己设计过造房子,也试验过养蚕、植桑、造楼(照着西方一种过时了的式样),而且按着他的想象制造过许多别的东西。最后他想出一个打造"轮船"的聪明办法,但是他的"轮船"却是不利用蒸汽的。父亲为了视察业务,常常需要到上海去。他先坐桨划的木船到宁波,然后从宁波乘轮船到上海。他常说:"坐木船从蒋村到宁波要花三天两夜,但是坐轮船从宁波到上海,路虽然远十倍,一夜之间就到了。"因此他就画了一个蓝图,预备建造一艘具体而微的轮船。

木匠和造船匠都被找来了。木匠奉命制造水轮,造船匠则按照我父亲的计划造船,隔了一个月,船已经造得差不多。小"轮船"下水的那一天,许多人跑来参观,大家看了这艘新奇的"轮船"都赞不绝口。"轮船"停靠在我家附近的小河里,父亲雇了两位彪形大汉分执木柄的两端来推动水轮。"轮船"慢慢开始在水中移动时,岸上围观的人不禁欢呼起来。不久这只船的速度也逐渐增加。但是到了速度差不多和桨划的船相等时,水手们再怎样出力,船的速度也不增加了。乘客们指手画脚,巴不得能使船驶得快一点,有几位甚至亲自动手帮着转水轮。但是这只船似乎很顽固,始终保持原来的速度不增加。

父亲把水轮修改了好几次,希望使速度增加。但是一切努力终归白费。更糟的是船行相当距离以后,水草慢慢缠到水轮上,而且愈积愈多,最后甚至连转都转不动了。父亲叹口气说:"唉!究竟还是造轮船的洋人有办法。"

那条"轮船"最后改为普通桨划的船。但是船身太重,划也划不动。几年之后,我们发现那条船已经弃置在岸上朽烂腐败,船底长了厚厚的一层青苔。固然这次尝试是失败了,父亲却一直想再来试一下,后来有人告诉他瓦特和蒸汽机的故事,他才放弃了造船的雄心。他发现除了轮船的外表之外,还有更深奥的原理存在。从这时候起,他就一心一意要让他的儿子受现代教育,希望他们将来能有一天学会洋人制造神奇东西的"秘诀"。

这个造轮船的故事也正是中国如何开始向西化的途程探索前进的实例。不过,在人伦道德上父亲却一直不大赞成外国人的办法。固然也认为"外国人倒也同我们中国人一样地忠实、讲理、勤劳"。但是除此之外,他并不觉得外国人有什么可取的地方。话虽如此,他却也不反对他的孩子们学习外国人的生活方式和习惯。

我的先生却反对我父亲的看法。他说:"奇技淫巧是要伤风败俗的。先圣以前不就是这样说过吗?"他认为只有朴素的生活才能保持高度的道德水准。我的舅父也持同样的看法。他用一张红纸写下他的人生观,又把红纸贴在书桌近旁的墙上:"每日清晨一支香,谢天谢地谢三光。国有忠臣护社稷,家无逆子闹爷娘,……但愿处处田稻好,我虽贫时也不妨。"

我的舅父是位秀才,他总是携带着一根长长的旱烟杆,比普通的手杖还长。他经常用烟管的铜斗敲着砖地。他在老年时额头也不显皱纹,足见他心境宁静,身体健康,而且心满意足。他斯文有礼,我从来没有看到他发脾气。他说话很慢,但是很清楚,也从来不骂人。

第五章　山雨欲来风满楼

新年里常常有些小贩到村子里卖画片,有些画的是国家大事,有的则是戏中情节。有一年新春假期里,有一套新鲜的图画引起小孩子们的浓厚兴趣。这套五彩图画绘的是一八九四年(甲午年)中日战争的故事。其中有一张画的是渤海上的海战场面,日本舰队中的一艘军舰已被几罐装满火药的大瓦罐击中起火,军舰正在下沉。图中还画着几百个同样的大瓦罐在海上漂浮。这种瓦罐,就是当时民间所通用的夜壶，夜间小便时使用的。另一幅画中则画着一群带了铐链的日本俘虏，有的则关在笼子里。中国打了大胜仗了！自然，那只是纸上的胜仗，但是我们小孩子们却深信不疑。后来我年纪大一点以后，我才知道我国实际上是被日本打败了，而且割让了台湾，我们的海军被日本消灭，高丽也被日本抢走了。短短九年之内，中国已经相继丧失了三个承认中国宗主权的外围国，最先是越南，继之是缅甸，现在又丢了高丽。

一个夏天的傍晚，一位临时雇工气喘如牛地从我父亲的书房里跑了出来。他说在书房里听到一阵叮当的声音，但是房里找不到人影。他说那一定是鬼在作怪。后来一追究，原来是时钟在报时。

从无可稽考的年代起，乡下人一直利用刀片敲击火石来取火，现在忽然有人从上海带来了几盒火柴。大人们对这种简便的取火方法非常高兴。小孩们也很开心，在黑暗的角落，手上火柴一擦，就可以发出萤火虫一样的光亮。火柴在当时叫"自来火"，因为一擦就着；也叫"洋火"，因为它是从外洋运进来的。

时钟实际上并无必要，因为在乡村里，时间算得再准也没有用处。早二三个钟头，迟二三个钟头又有什么关系？乡下人计时间是以天和月做单位的，并不以分成小时来计算。火柴其实也是奢侈品——用刀片火石不也是一直过得很好吗？至于煤油，那可又当别论了，煤油灯可以把黑夜照得如同白昼，这与菜油灯的昏暗灯光比起来真有天渊之别。

美孚洋行是把中国从"黑暗时代"导引到现代文明的执炬者。大家买火柴、时钟是出于好奇，买煤油却由于生活上的必要。但事情并不到此为止。煤油既然成为必需品，那末，取代信差的电报以及取代舢舨和帆船的轮船又何尝不是必需品呢？依此类推，必需的东西也就愈来愈多。

很少人能够在整体上发现细微末节的重要性。当我们毫不在意地玩着火柴或享受煤油灯的时候，谁也想不到是在玩火，这点星星之火终于使全中国烈焰烛天。火柴和煤油是火山爆发前的迹象，这个

"火山"爆发以后,先是破坏了蒋村以及其他村庄的和平和安宁,最后终于震撼了全中国。

基督教传教士曾在无意中把外国货品介绍到中国内地。传教士们不顾艰难险阻,瘴疠瘟疫,甚至生命危险,遍历穷乡僻壤,去拯救不相信上帝的中国人的灵魂。他们足迹所至,随身携带的煤油、洋布、钟表、肥皂等等也就到了内地。一般老百姓似乎对这些东西比对福音更感兴趣。这些舶来品开拓了中国老百姓的眼界,同时也激起了国人对物质文明的向往。传教士原来的目的是传布耶稣基督的福音,结果却无意中为洋货开拓了市场。

我不是说传教士应对中国现代商业的成长负主要责任,但是他们至少在这方面担任了一个角色,而且是重要的一角,因为他们深入中国内地的每一角落。主角自然还是西方列强的商船和兵舰。基督教传教士加上兵舰,终于逼使文弱的、以农为本的古老中国步上现代工商业的道路。

我曾经目睹买办阶级的成长以及士大夫阶级的没落。我自己也几乎参加了士大夫的行列,但是最后总算偷偷地溜掉了。所谓买办阶级,就是本国商人和外国商人之间的中国人。外国商人把货运到上海、天津等通商港埠,这些货品再通过买办,从大商埠转销到各城镇村庄。买办们在转手之间就可以大笔的赚钱,因此吃这一行饭的人也就愈来愈多。事业心比较强、际遇比较好的人,纷纷加入直接间接买卖外国货的新行业。有的人发大财,有的人则丰衣足食。际遇比较差的可就落了伍,有的依旧种田耕地,有的则守在旧行业里谋生。田地的出息有限,旧行业在外国竞争之下又一落千丈,于是旧有的经济制度很快地就开始崩溃了。结果是一大群人无可避免地失了谋生糊口的机会。这些不幸的人,一方面嫉妒新兴的暴发户,一方面又不满于旧日的行业,或者根本丧失了旧有的职业,结果就铤而走险。曹娥江大潮正在冲击着水闸,象征着即将破坏蒋村安宁的动乱正在奔腾澎湃。

一个秋天的下午,我正在田野里追逐嬉戏,我忽然听到一阵紧急狂骤的锣声。敲锣的人一面狂奔着,一面高喊堤塘已经冲塌了,洪水正向村中漫过来。我拼命跑回家里，并把这消息告诉路上所碰到的一切人。

大家马上忙做一团。我们赶快准备好船只、木浴盆，以及所有可以浮得起来的东西，以便应付即将来临的灾难。有的人则决定爬到大树上去暂避。第二天早晨，洪水已经冲进我家的大门，水头像巨蟒一样奔进院子。到了中午时，小孩已经坐上浴盆，在大厅里划来划去了。

堤塘缺口终于用沙包堵住，曹娥江也不再泛滥了。洪水在我们村里以及邻近村庄停留约一星期，然后慢慢退到低地，最后随江河入海，同时卷走了所有的稻作。

大约一星期以后，一只大船在傍晚时分载着许多人向我们村庄划过来。这只船在我家附近停下，船上的人也纷纷离船上岸。我们为防意外，赶紧闭起大门。他们用大石头来捣大门，最后终于排闼而入。领头的人身材魁伟，显然孔武有力，辫子盘在头顶上。他带着一伙人走到天井里，高喊："我们肚子饿，我们要借粮。"其余人也就跟着呐喊助威。他们搜索了谷仓，但是没有马上动手搬；他们要"借"。最后经过隔壁一位农人的调停，他们"借"走了几担谷子以后，就回船起航了。这是随后发生的一连串变乱的首次警号。

性质相近然而比较严重的事件，接二连三地在邻村发生。开始时是"借"，随后就变质为抢劫。抢劫事件像野火一样到处蔓延，乡间微薄的官兵武力根本无法加以阻遏。而且抢粮食不能处以极刑，但是在那种情势下，恐怕只有极刑才能加以遏止，至少暂时不致如此猖獗。

"借粮"的事件一直延续至那年冬天。不久之后，杀人掳掠的暴行终于在孙庄首次发生。被害的孙君在上海有一片生意兴隆的木行。孙君的父亲曾在上海承包"洋行"的营造工程而发了大财。

那是一个凛冽的冬夜，孙庄的人很早就躲到被窝去了。有人从窗子里发现黑暗中有一队火把正从大路上向孙庄移动。火把临近孙庄时，大家听到一阵枪声。强盗来了！强盗冲开孙家的大门，抢走了孙家所有的金银财帛——名贵的羊裘皮袄、金银器皿、珍珠宝石，无一幸免。他们并且掳走了孙君，把他绑在一根长竹竿的顶端，然后又把他压到河底。第二天孙家的人拖起竹竿才发现他的尸体。

抢劫的风潮迅速蔓延到各村庄。几百年来乡村人们所享受的和平与安宁，一夜之间丧失殆尽。我们没有一夜能够安稳地睡。我父亲从上海买来了手枪以及旧式的长枪。大家开始练习放枪，小孩子也不例外。我们拿鸟雀当活靶，因此连鸟雀都遭了殃。我们轮班睡觉，值班的人就负责守夜。一听到犬吠，我们就向空放枪警告盗匪，自然有时是虚惊，有时却的确把强盗吓跑了。为了节省弹药，我们常常在枪声中夹带些爆仗。

永远这样紧张下去究竟不是事。父亲最后无可奈何地带了一家大小搬到上海住下来。

我们搬家之前的两年内，我曾在绍兴继续我的学业。我还在家塾里念书的时候，父亲曾经问我将来愿意做生意还是预备做官。我的两位哥哥都已经决定步入仕途。父亲要我决定之前，仔细考虑一番。

做官可以光宗耀祖，几百年来，年轻人无不心向往之。自然我也很希望将来能做官。在另一方面，新近发财的人可以享受新颖奇巧的外国货，这般人的生活也是一种强烈的引诱。名利之间的选择，多少与一个人思想中所已灌输进去的观念和理想有点关联。

我听人家说，我们中国人分为士、农、工、商四个阶级。虽然每一阶级在整个社会里都有特定的任务，士大夫都是统治阶级，因此也是最尊荣的一级，依照亚里士多德的主张，哲学家当为国王，所以我们可以说，哲人、学士如果做不到帝王，至少也应该是公卿、宰相。中国的贵族阶级除极少数例外，都不是世袭的，而是由于本身努力达到的。俗语说：秀才是宰相的根苗。如果我去经商，那末将来不就与功名无缘了吗？

因此我决心续求学问。自然，我当时对学问的意义并不十分了解；我只觉得那是向上层社会爬的阶梯。在我们村子里，农、工、商三类人都不稀罕。种田的不必说了，商人也不少。好多人在上海做生意，从上海带回来很多好玩的东西：小洋刀、哨子、皮球、洋娃娃、汽枪、手表等等，多不胜举。至于工匠，我们的一位族长就是木匠，他的儿子们也是的。一位远房叔叔是银匠，专门打造乡村妇女装饰的指环、手镯、钗簪之类。至于读书的人，那可不同了。凡是族人之中有功名的，家庙中都有一面金碧辉煌的匾额，举人以上的家庙前面还有高高的旗杆，悬挂他们的旗帜。我还记得有一天县太爷到邻村查办命案，他乘坐一顶四人扛抬的绿呢暖轿，红缨帽上缀着一颗金顶，胸前挂着一串朝珠。四名轿夫每人戴着一顶尖锥形的黑帽，帽顶插着一根鹅毛。暖轿前面有一对铜锣开道，县太爷所经之处，老百姓就得肃静回避。他是本县的父母官，我们老百姓的生命财产都得听他发落。他的权势怎么来的？读书呀！

于是我知道了读书人的地位，也知道做一名读书人的好处。他可以一级一级地往上爬，甚至有一天当了大官，还可以在北京皇宫里饮御赐香茗呢！像我这样的一位乡下孩子，足步向未逾越邻近的村镇，他希望读书做官应是很自然的事。我幼稚的心灵里，幻想着自己一天比一天神气，功名步步高升，中了秀才再中了举人，中了举人再中进士，终于有一天当了很大很大的官，比那位县知事要大得多好多多，身穿蟒袍，腰悬玉带，红缨帽上缀着大红顶子，胸前挂着长长的朝珠，显显赫赫地回到故乡，使村子里的人看得目瞪口呆。这些美丽的憧憬，在我眼前一幕幕展开，我的前程多么光明呀！只要我能用心熟读经书就行了。

我的童年教育虽然枯燥乏味，却也在我的思想里模模糊糊地留下学问重于一切的印象。政府官吏都是经过科举选拔的。但是只有有学问的人才有希望金榜题名。官吏受人敬重，是因为学问本身在中国普遍受人敬重的关系。

因此我最后决定努力向学，准备参加科举考试。父亲自然欣然同意，家塾的教育是不够的，因此父亲把我送到离村约四十里的绍兴府去进中西学堂，我的两位哥哥则已先我一年入学。我们是乘条又小又窄的河船去的。小船的一边是一柄长桨，是利用脚力来划的，另一边则是一柄用手操纵的短桨，作用等于船舵。沿岸我们看到许多纪念烈女节妇的牌坊。沿岸相隔相当的距离就有一个比较热闹的市镇。我们一大早动身,中途在一个大镇过了一夜,第二天下午就到了府城。

顾名思义,中西学堂教的不但是我国旧学,而且有西洋学科。这在中国教育史上还是一种新尝试。虽然先生解释得很粗浅,我总算开始接触西方知识了。在这以前,我对西洋的认识只是限于进口的洋货。现在我那充满了神仙狐鬼的脑子,却开始与思想上的舶来品接触了。

我在中西学堂里首先学到的一件不可思议的事是地圆学说。我一向认为地球是平的。后来先生又告诉我,闪电是阴电和阳电撞击的结果,并不是电神的镜子里发出来的闪光;雷的成因也相同,并非雷神击鼓所生。这简直使我目瞪口呆。从基本物理学我又学到雨是怎样形成的。巨龙在云端张口喷水成雨的观念只好放弃了。了解燃烧的原理以后,我更放弃了火神的观念。过去为我们所崇拜的神佛,像是烈日照射下的雪人,一个接着一个溶化。这是我了解一点科学的开端,也是我思想中怪力乱神信仰的结束。我在乡村里曾经养成研究自然的习惯,我喜欢观察,喜欢说理,虽然有时自己根本就不知道其中的深意。这种习惯在中西学堂里得到继续发展的机会。我还是像过去一样强于理解而不善记忆,凡是合理的新观念我都乐于接受,对记忆中的旧观念则弃如敝屣。

中西学堂的课程大部分还是属于文科方面的:中国文学、经书和历史。记忆的工作相当多,记忆既非我之所长,我的考试成绩也就经常在中等以下。我在学校中显得庸庸碌碌,较之当时头角峥嵘的若干学生,显有逊色。教师们对我的评价如此,我自己也作如是观。

校中外国语分为英文、日文、法文三组。我先选修英文,后来又加选日文。我的日文教师是中川先生,我从他那里学到了正确的日文发音。英文是一位中国老师教的,他的英语发音错得一塌糊涂,后来我千辛万苦才算改正过来。他一开始就把我们导入歧途,连字母发音都咬不准。最可笑的是他竟把字母 Z 念成"乌才"。

一八九八年,我在学校里听到一个消息,说是光绪皇帝听了康有为和梁启超的话,已经决定废科举,办学校。这使老一辈的学人大惊失色。但是康、梁的维新运动有如昙花一现,不久慈禧太后再度垂帘听政,康有为和梁启超亡命日本。中国又回到老路子,我放假回到乡村时,看到大街的墙上张贴着黄纸缮写的圣旨,一面是汉文,一面是满文,写的是通缉康、梁的命令。看起来,维新运动就此寿终正寝了。这个维新运动,以后叫做戊戌政变,是中国近代思想史的一个转折点。虽不为革命党人所乐道,而历史的事实却不能因政见不同而抹杀的。我记得梁氏逝世的消息传到南京以后,蔡子民先生和我两人曾在中央政治会议提请国民政府明令表扬其功业。适值胡展堂先生为主席,一见提案,面孔涨得通红,便开口大骂。于是我们自动把提案取消了事。

绍兴的名胜古迹很多,它原是古代越国的都城。越王勾践在纪元前四九四年被以苏州为京城的吴王夫差所击败。勾践定下"二十年计划",卧薪尝胆,生聚教训,终于在纪元前四七三年击败骄奢淫逸的吴王夫差,复兴越国。

勾践卧薪尝胆、雪耻复国的故事,差不多已经成为家喻户晓的格言。这则历史教训使一切在公私事业上遭受挫折的人重新燃起希望,它说明了忍耐、勇气、刻苦和详密计划的重要性。我在勾践卧薪尝胆的故事领受这个历史教训,自然印象特别深刻。

南宋(纪元一一二七—一二七九)的高宗也曾在绍兴驻节。当时金兵南侵,宋康王渡江南迁,京城也从开封迁到杭州。离绍兴府城不远,还有南宋皇帝的陵寝。

绍兴师爷是全国皆知的。全国大小衙门,几乎到处有绍兴师爷插足,绍兴老酒更是名震遐迩。绍兴府更出过许多历史上有名的学者、哲学家、诗人和书法家。绍兴府包括八个县,我的故乡余姚便是其中一县。

绍兴的风景也很有名,这里有迂回曲折的小溪、桥梁密布的小河、奔腾湍急的大江、平滑如镜的湖泊,以及蜿蜒起伏的丘陵,山光水色使学人哲士流连忘返。

我在绍兴读了两年书,知识大增。我开始了解一八九四年中日战争的意义:日本战胜我国是吸收了西洋学术的结果。光绪皇帝的维新运动是受了这次失败的刺激。中国预备学敌人的榜样,学校里有日文课程就是这个道理。

在绍兴的两年学校生活结束以后,乡村里盗警频仍,使我们无法再安居下去。于是父亲带了我们一家迁到上海。我的大哥已在搬家的前一年亡故。到了上海以后,我暂时进了一家天主教学校继续念英文,教我们英文的是一个法国神父。我心里想,这位英文先生既然是外国人,发音一定很准确。他的发音与我过去那位中国先生确乎迥然不同,过去那位先生把"兄弟"念成"布朗德",现在的法国先生却教我们念"布拉达"。后来我才发现那不是英国音或美国音,而是法国音。不过我在这个天主教学校里的时间不久。因为一时找不到合适的学校,父亲就让我二哥到一位美国太太那里学英文,二哥又把学到的英文转授给我,因此二哥就成为学英文的"掮客"了。我对这办法很不满意,但是父亲认为这是很聪明的安排,因为这样可以省钱。

上海在一八九九年前后还是个小城,居留的外国人也不过三四千,但是这些洋人却都趾高气扬,自视甚高。市政倒办得不错,街道宽大清洁,有电灯,也有煤气灯。我觉得洋人真了不起,他们居然懂得电的秘密。他们发明了蒸汽机,又能建造轮船。他们在我的心目中已经成为新的神,原先心目中的神佛在我接受科学知识之后已经烟消云散了。但是有时候他们又像是魔鬼,因为他们不可一世的神气以及巡捕手中的木棒使我害怕,外滩公园门口挂一个牌子写着:"犬与华人不得入内"。犬居华人之上,这就很够人受的了。在我的心目中,外国人是半神半鬼的怪物,很像三头六臂的千手观音,三只手分别拿着电灯、轮船、洋娃娃,另外三只手分别拿着巡棍、手枪、鸦片。从某一边看,他是天使;从另一边看,他却是魔鬼。

中国人对西方文明的看法总不出这两个极端,印象因人而异,也因时而异。李鸿章看到西方文明丑恶狰狞的一面,因此决定建立海军,以魔鬼之矛攻魔鬼之盾。光绪帝看到西方文明光明和善的一面,因此想建立新式的学校制度。慈禧太后和义和团看到可憎的一面,想用中国的陈旧武器驱逐魔鬼。麻烦的是这位怪物的黑暗面和光明面是不可分的。它有时像是佛法无边的神,有时又像狰狞凶残的魔鬼,但是它凭藉的力量是相同的。我们要就不接受西方文明,要接受就得好坏一齐收下。日本就是一个很好的榜样。没奈何,我们只好向我们过去的敌人学习了。

我们在上海住了将近两年。有一天晚上,我们听说慈禧太后已经命令各省总督把所有的外国人一齐杀光。于是我们连夜举家迁离上海,那是一九○○年的事,也就是义和团战争的开始。义和团的人自称能用符咒对付刀枪子弹,拳术也是训练节目之一。因此,义和团有拳匪之称。他们预备破坏一切外国制造的东西,同时杀死所有使用外国货的人。他们要把运进这些可恶的外国货而阻绝他们生路的洋人统统杀光。把这些害人的外国货介绍到中国来的教会、学校、传教士、基督徒都罪无可逭。用刀剑、法术把这些人杀光吧!放把火把外国人的财产统统烧光!

朝廷本身也想把康有为、梁启超介绍进来的外国思想一扫而光,免得有人再搞什么维新运动。义和团要消灭物质的外国货而慈禧太后则想消灭精神上的外国货。不论是物质上的或者精神上的,反正都是外国货,都是外国人造的孽。杀呀!杀光外国人!工业革命开始时,英国人曾经捣毁了威胁他们生活的机器。义和团做得更彻底,他们要同时破坏血肉构成的"机器"。

南方的人对外国人的看法稍有不同,他们欢迎外国货,他们不觉得外国货是盗匪的起因,他们认为毛病在于清室的苛捐杂税以及官吏的腐败无能。他们要革命。

北方的老百姓和朝廷,认为外国人杜绝了他们的生路,那是对的。但是他们想藉破坏血肉构成的"机器"来解决问题却错了。南方的人认为朝廷本身的腐败是苦难惟一的原因,想不到更大的原因是洋货进口。推理是错了,但是展开革命的行动却是对的。历史似乎包括一连串意外事件的,不合逻辑的推理,和意想不到的结果。历史上的风云人物似乎不过是命运之神摆布的工具而已。

外国人咒骂中国的盗匪,殊不知盗匪正是他们自己的货品所引起的。在我的童年时代里,大家都害怕老虎、鬼怪和强盗,但是实际上并没有真的老虎、鬼怪或强盗。我们只在图画书中看到这些东西。忽然之间,强盗在实际生活中出现了,好像是老虎冲进你的居室,也像是鬼怪在你背后紧追不舍。最后我们所惧怕的是强盗,老虎和鬼怪却都被遗忘了。

第六章　继续就学

在我十五岁的时候,父亲又带我回到故乡。我们怕义和团之乱会蔓延到上海,因此就回到乡下去住。在蒋村住了不久,乡下土匪愈闹愈凶,又迁到余姚城里。我在余姚县里的一所学校里念英文和算术,另外还请了一位家庭教师教中文。

大概一年之后,我到了杭州。杭州是浙江的省会,也是我国蚕丝工业的中心和五大茶市之一。杭州的绸缎和龙井茶是全国闻名的。

"上有天堂,下有苏杭",杭州的风景更是尽人皆知。城东南有杭州湾的钱塘大潮;城西有平滑如镜的西湖,湖边山麓到处是古寺别墅。《马可·波罗游记》中就曾盛道杭州的风景。杭州是吴越和南宋的故都,南宋曾在这里定都一百五十年之久,因此名胜古迹很多。墨人骚客更代有所出。湖滨的文澜阁收藏有《四库全书》及其他要籍,正是莘莘学子潜心研究的好去处。

我在这个文化城中瞎打瞎撞,进了一所非常落伍的学校。校长是位木匠出身的美国传教士。我以为在这所教会学校里,至少可以学好英文。事实上却大谬不然。这位传教士抱着一股宗教热忱来到中国,在主持这所教会学校之前,曾经在我的故乡绍兴府传过教。因为他只教"圣经",我也摸不清他肚子里究竟有多少学问。在我们学生的心目中,士、农、工、商,士为首。对木匠出身的人多少有点轻视。我的英文教师更是俗不可耐的人物。他入教不久,灵魂也许已经得救,但是那张嘴却很能够使他进拔舌地狱。我为了找位英文好教师,曾经一再转学,结果总使我大失所望。

在这所教会学校里,学生们每天早晨必须参加礼拜。我们唱的是中文赞美诗,有些顽皮的学生就把赞美诗改编为打油诗,结果在学校里传诵一时。虽然我也参加主日学校和每天早晨的礼拜,我的心灵却似紧闭双扉的河蚌,严拒一切精神上的舶来品。我既然已经摆脱了神仙鬼怪这一套,自然不愿再接受类似的东西。而且从那时起,我在宗教方面一直是个"不可知"论者,我认为与其求死后灵魂的永恒,不如在今世奠立不朽根基。这与儒家的基本观念刚好符合。

校园之内惟一像样的建筑是礼拜堂和校长官舍。学生则住在鸽笼一样的土房里,上课有时在这些宿舍里,有时在那间破破烂烂的饭厅里。

大概是出于好奇吧,学生们常常喜欢到校长官舍附近去散步。校长不高兴学生走进他的住宅,不速之客常常被撵出来。有一次,一位强悍的学生说什么也不肯走开,结果与一位路过的教员发生冲突。

围观的人渐聚渐多。那位学生说先生掴他的耳光,同时放声大哭,希望引起群众的同情。这场纷扰随即像野火一样波及全校。学生会多数决议,要求校长立即开革那位打人的教员。校长断然拒绝学生的要求,群众的情绪愈涨愈高。校长冷然告诉学生说:如果他们不喜欢这个学校,就请他们卷铺盖。不到两个小时,全体学生都跑光了。

我所受的教会学校教育就此结束。但我毫不后悔,我巴不得早一天离开这个学校。

或许有人要问:为什么这样的事会突然发生呢?其实这不只是学生桀骜难驯的表现而已,那耳光不过是导火线。这类事件也绝不局限于这所小小的教会学校,学生反抗学校当局已经成为全国的普遍风气。

一年以前,上海南洋公学首先发生学潮。一位学生放了一瓶墨水在教授的坐椅上,教授不注意一屁股坐了上去,弄得全身墨迹。教授盛怒之下报告了校长,接着几个嫌疑较大的学生被开除。这引起了学生会和学校当局之间的冲突,学生会方面还有许多教授的支持。结果全体学生离开学校。

年轻的一代正在转变,从驯服转变为反抗。一般老百姓看到中国受列强的侵略,就怪清廷颟顸无能;受到国父革命理论熏陶和鼓励的学生们则热血沸腾,随时随地准备发作。首当其冲的就是学校当局。

浙江省立高等学堂接着起了风潮。起因是一位学生与来校视察巡抚的一名轿夫发生龃龉,结果全校罢课,学生集体离开学校。类似的事件相继在其他学校发生,卒使许多学府弦歌中辍。学潮并且迅速蔓延到全国。

思想较新的人同情罢课的学生,斥责学校当局过于专制;思想守旧的人则同情学校当局,严词谴责学生。不论是同情学生或者是同情学校当局的,似乎没有人体会到这就是革命的前夕,从学生初闹学潮开始,到一九一一年辛亥革命成功,中华民国诞生为止,其间不过短短八年而已。

这种反抗运动可说是新兴的知识分子对一向控制中国的旧士大夫阶级的反抗,不但是知识上的反抗,而且是社会的和政治的反抗。自从强调物竞天择、适者生存的进化论以及其他科学观念输入中国以后,年轻一代的思想已经起了急剧的变化。十八世纪的个人观念与十九世纪的工业革命同时并临:个人自由表现于对旧制度的反抗;工业革命则表现于使中国旧行业日趋式微的舶来品。中国的旧有制度正在崩溃,新的制度尚待建设。

全国普遍显现扰攘不安。贫穷、饥馑、瘟疫、贪污、国际知识的贫乏以及外国侵略的压力都是因素,青年学生不过是这场战乱中的急先锋而已,使全国学府遍燃烽火的,不是一只无足轻重的墨水瓶,不是一个在教会学校里被刮了耳光的学生,也不是一次学生与轿夫之间的龃龉而已。

我们离开那所教会学校以后,我们的学生会自行筹办了一个学校,取名"改进学社"。这个名称是当时著名的学者章炳麟给我们起的。这位一代大儒,穿了和服木屐,履声郭橐,溢于堂外。他说,改进的意思是改良、进步。这当然是我们愿意听的。我们的妄想是,希望把这个学校办得和牛津大学或者剑桥大学一样,真是稚气十足。但是不久我们就尝到幻灭的滋味。不到半年学生就渐渐散了。结果只剩下几个被选担任职务的学生。当这几位职员发现再没有选举他们的群众时,他们也就另觅求学之所去了。

我自己进了浙江高等学堂。我原来的名字"梦熊"已经入了闹事学生的黑名单,因此就改用"梦麟"注册。我参加入学考试,幸被录取。当时的高等学堂,正当罢课学潮之后重新改组,是一向有"学人之省"之称的浙江省的最高学府。它的前身是求是书院。"求是"是前辈学者做学问的一贯态度。求是书院和绍兴的中西学堂有很多相似的地方,课程中包括一些外国语和科学科目。后来新学科愈来愈见重要,所占时间也愈来愈多,求是书院终于发展为一种新式的学校,同时改名为浙江高等学堂。

这个学堂既然办在省城,同时又由政府负担经费,它自然而然地成为全省文化运动的中心。它的课程和中西学堂很相似,不过功课比较深,科目比较多,先生教得比较好,全凭记忆的工作比较少。它已粗具现代学校的规模。

我自从进了绍兴的中西学堂以后,一直在黑暗中摸索。看到东边有一点闪霎的亮光,我就摸到东边;东边亮光一闪而逝以后,我又连忙转身扑向西边。现在进了浙江高等学堂,眼前豁然开朗,对一切都可以看得比较真切了。我开始读英文原版的世界史。开始时似乎很难了解外国人民的所作所为,正如一个人试图了解群众行动时一样困难。后来我才慢慢地了解西方文化的发展。自然那只是一种粗枝大叶而且模模糊糊的了解。但是这一点了解已经鼓起我对西洋史的兴趣,同时奠定了进一步研究的基础。

在浙江高等学堂里所接触的知识非常广泛。从课本里,从课外阅读,以及师友的谈话中,我对中国以及整个世界的知识日渐增长。我渐渐熟悉将近四千年的中国历史,同时对于历代兴衰的原因也有了相当的了解。这是我后来对西洋史从事比较研究的一个基础。

近代史上值得研究的问题就更多:首先是一八九四年使台湾割让于日本的中日战争,童年时代所看到的彩色图画曾使我对它产生错误的印象;其次是一八九八年康有为和梁启超的维新运动,那是我在中西学堂读书时所发生的;再其次是一九○○年的义和团战争,我在上海时曾经听到许多关于义和团的消息;然后是一九〇四年的日俄战争,我在杭州念书时正在进行。每一件事都有丰富的资料足供研究而且使人深省。

我们也可以用倒卷珠帘的方式来研究历史:一八八五年的中法战争使中国丧失了越南;太平天国始于一八五一年而终于一八六四年,其间还出现过戈登将军和华德将军的常胜军;一八四〇年鸦片战争的结果使中国失去了香港。如果再往上追溯,明末清初有耶稣会教士来华传教,元朝有马可·波罗来华游历;再往上可以追溯到中国与罗马帝国的关系。

梁启超在东京出版的《新民丛报》是份综合性的刊物,内容从短篇小说到形而上学,无所不包。其中有基本科学常识、有历史、有政治论著,有自传、有文学作品。梁氏简洁的文笔深入浅出,能使人了解任何新颖或困难的问题。当时正需要介绍西方观念到中国,梁氏深入浅出的才能尤其显得重要。梁启超的文笔简明、有力、流畅,学生们读来裨益匪浅,我就是千千万万受其影响的学生之一。我认为这位伟大的学者,在介绍现代知识给年轻一代的工作上,其贡献较同时代的任何人为大。他的《新民丛报》是当时每一位渴求新知识的青年的智慧源泉。

在政治上,他主张在清廷主持之下进行立宪维新。这时候,革命党人也出版了许多刊物,鼓吹孙中山先生的激烈思想。中山先生认为共和政体胜于君主立宪,同时他认为中国应由中国人自己来统治,而不应由腐败无能的满洲人来统治,浙籍学生在东京也出版了一个定名"浙江潮"的月刊。这个杂志因为攻击清廷过于激烈,以致与若干类似的杂志同时被邮政当局禁止寄递。但是日本政府却同情中国留学生的革命运动,因此这些被禁的杂志仍旧不断地从日本流入上海租界。因此上海就成为革命思想的交易所,同情革命的人以及营求厚利者再从上海把革命书刊走私到其他城市。

浙江高等学堂本身就到处有宣传革命的小册子、杂志和书籍,有的描写清兵入关时的暴行,有的则描写清廷的腐败,有的则描写清廷对满人和汉人的不平等待遇。学生们如饥似渴地读着这些书刊,几乎没有任何力量足以阻止他们。

事实上，清廷腐败无能的实例，在校门之外就俯拾即是。杭州城墙之内就有一个满洲人住的小城，里面驻扎着监视汉人的"旗兵"。两百多年前，政府特地划出这个城中之城作为驻扎杭州的"旗兵"的营房。这些旗兵的子子孙孙一直就住在这里，名义上仍旧是军人。满汉通婚原则上是禁止的，但是满人如果愿意要汉人为妻是准许的，实际上这类婚姻很少就是了。太平军围城时，杭州的旗人全部被杀。内战结束以后，原来驻扎湖北荆州的一部分旗兵移驻杭州，来填补空缺。这些从荆州来的旗人当时还有健在的，而且说的湖北话。虽然他们多数已经去世，但是他们的子女仍旧住在那里，而且说他们父辈所说的方言。道地湖北人很容易察觉这些旗人的湖北口音。但是从第三代开始，他们就说杭州的本地方言了。

当时的浙江高等学堂里有十名旗人子弟。这几位青年人对学校中的革命运动装聋作哑，应付得很得当。其中一人原是蒙古人的后裔，他甚至告诉我，他也赞成革清朝的命，因为他虽然是旗"兵"，却不是满人。

这些所谓旗兵，实际上绝对不是兵；他们和老百姓毫无区别。他们在所谓"兵营"里娶妻养子，对冲锋陷阵的武事毫无所知。惟一的区别是他们有政府的俸饷而无所事事，他们过的是一种寄生生活，因之身体、智力和道德都日渐衰退。他们经常出入西湖湖滨的茶馆，有的则按当时的习尚提着鸟笼到处游荡，一般老百姓都敬而远之。如果有人得罪他们，就随时有挨揍的危险。这些堕落、腐化、骄傲的活榜样，在青年学生群中普遍引起憎恨的鄙夷。他们所引起的反感，比起革命宣传的效果只有过之而无不及。

我们从梁启超那获得精神食粮，孙中山先生以及其他革命志士，则使我们的革命情绪不断增涨。到了重要关头，引发革命行动的就是这种情绪。后来时机成熟，理想和行动兼顾的孙中山先生终于决定性地战胜主张君主立宪的新士大夫阶级。

这就是浙江高等学堂的一般气氛。其他学校的情形也大都如此。

我对这一切活动都感兴趣。我喜欢搜求消息,喜欢就所获得的资料加以思考分析,同时也喜欢使自己感情奔放,参加行动。但是我常常适可而止。为求万全,我仍旧准备参加科举考试。除了革命,科举似乎仍旧是参加政府工作的不二途径,并且我觉得革命似乎遥遥无期,而且困难重重。我有时候非常胆小而怕羞,有时候却又非常大胆而莽撞,因此我对自己的性格始终没有自信。所以我的行动常常很谨慎,在采取确切的行动之前,喜欢先探索一下道路。尤其碰到岔路时,我总是考虑再三才能作决定。如果犹豫不决,我很可能呆坐道旁,想入非非。但是一旦作了决定,我必定坚持到底。我一生犯过许多错误,但没有犯不可挽回的错误。所以没有让时代潮流把我卷走。

第七章　参加郡试

郡试快到了。一天清早,我从杭州动身往绍兴去,因为我们那一区的郡试是在绍兴举行。行李夫用一根扁担挑起行李走出校门,我紧紧地跟在他的后面。扁担的一端系着一只皮箱和一只网篮,另一端是铺盖卷。走到校门口,碰到一位教师,他向我微微一笑,并祝我吉星高照。

穿过许多平坦的石板路,又穿过许多迂回狭窄的小巷,我们终于到了钱塘江边。渡船码头离岸约有一里路,我小心翼翼地踏上吱吱作响的木板通过一条便桥到达码头。渡船上有好几把笨重的木桨,风向对时也偶然张起帆篷。船行很慢,同时是逆水行驶,所以整整花了两个小时才渡过钱塘江。当时谁也想不到三十年之后竟有一条钢铁大桥横跨宽阔的江面,桥上还可以同时行驶火车和汽车。

上岸以后雇了一乘小轿。穿过绵亘数里的桑林,到达一个人烟稠密的市区,然后转船续向绍兴进发,船上乘客挤得像沙丁鱼。我们只能直挺挺地平躺着睡,如果你缩一缩腿,原来放腿的地方马上就会被人占据;如果你想侧转身睡一下,你就别想再躺平。

在船上过了一夜,第二天早晨到达绍兴。寄宿在一个制扇工匠的家里,房间又小又暗,而且充满了制扇用的某种植物油气味。晚上就在菜油灯下读书,但是灯光太暗,看小字很吃力。我们不敢用煤油灯,因为屋子里到处是易燃的制扇材料,黑暗中摸索时还常要跌跤。

考试开始时,清晨四点左右大家就齐集在试院门前,听候点名。那是一个初秋的早晨,天气相当冷。几千位考生挤在院子里,每人头上戴着一顶没有顶子的红缨帽,手里提着一个灯笼、一只考篮。大厅门口摆着一张长桌。监考官就是绍兴知府,昂然坐在长桌后面。他戴着蓝色晶顶的红缨帽,穿着深蓝色的长袍,外罩黑马褂,胸前垂着一串朝珠。那是他的全套官服。他提起朱笔顺着名单,开始点名。他每点一个名,站在他旁边的人就拖着长腔唱出考生的名字。考生听到自己的名字以后,就高声答应:"有!某某人保。"保的人也随即唱名证明。监考官望一眼以后,如果认为并无舛错,就用朱笔在考生名字上加上红点。

考生点名后就可以进考棚了。他的帽子和衣服都得经过搜索,以防夹带,任何写了字的纸头都要没收。

考生鱼贯进入考棚,找出自己的位置分别就座。座位都是事先编好号码的。考卷上有写好考生姓名的浮签,缴卷时就撕去浮签。考卷的一角另有弥封的号码,录取名单决定以后才开拆弥封,以免徇私舞弊。清末时,政府各部门无不百弊丛生。惟有科举制度颇能保持独立,不为外力所染。科举功名之所以受人器重,大概就是这个缘故。

考试的题目不出"四书""五经"的范围,所以每个考生必须把"四书""五经"背得烂熟。我在家塾里以及后来在绍兴中西学堂里,已经在这方面下过苦功。题目写在方形的灯笼罩子上,白单子上写着黑字,灯笼里面点着蜡烛,因此从远远的地方就可以看得很清楚。提灯笼的人把灯笼擎得高高的,在考生座位之间的甬道上来回走好几次,所以大家都不会看漏题目。

将近中午时,办事人员开始核对考生的进度,每一份考卷的最末一行都盖上印子。下午四点钟左右,炮声响了,那是收卷的第一次讯号。大门打开,吹鼓手也呜呜啦啦开始吹奏起来。考生缴了卷,在乐声中慢慢走出大门,大门外亲戚朋友正在焦急地等着。缴了卷的人完全出来以后,大门又重新关上。第二次缴卷的讯号大约在一小时以后发出,同样鸣炮奏乐。第三次下令收卷则在六点钟左右,这一次可不再鸣炮奏乐。

考试以后,我们要等上十天八天,才能知道考试结果。因此放榜以前我们可以大大地玩一阵。试院附近到处是书铺,我常碰到全省闻名的举人徐锡麟,在书铺里抽出书来看。我认识他,因为他曾在绍兴中西学堂教算学。想不到不出数年,他的心脏被挖出来,在安徽巡抚恩铭灵前致祭,因他为革命刺杀了恩铭。街头巷尾还有象棋摊子,棋盘两边都写着"观棋不语真君子,落子无悔大丈夫"两句俗语。街上有临时的酒楼饭馆,出售著名的绍兴酒和价廉物美的菜肴。一毛钱买一壶酒。醉蚶、糟鸡、家乡肉,每盘也只要一毛。如肯费三四毛钱,保管你买得满面春风,齿颊留香。城里有流动的戏班子,高兴的时候,我们还可以看看戏。

放榜的那一天,一大群人挤在试院大门前一座高墙前面守候。放榜时鸣炮奏乐,仪式非常隆重。榜上写的是录取考生的号码,而非姓名。号码排成一圆图,以免有先后次序的分别。

我发现自己的号码也排入圆图,列在墙上那张其大无比的长方形榜上,真是喜出望外。号码是黑墨大字写的,但是我还是不肯相信自己的眼睛,连揉了几次眼,发现自己的号码的的确确排在榜上的大圈圈内,这才放了心。连忙挤出人群,回到寄宿的地方。在我往外挤的时候,看到另一位考生也正在往外跑。他打着一把伞,这把伞忽然被一根栅栏钩住,他一拖,伞就向上翻成荷叶形。可是这位兴奋过度的考生,似乎根本没有注意他的伞翻向天了,还是匆匆忙忙往前跑。

几天之后,举行复试。复试要淘汰一部分人,所以初试录取的还得捏一把汗。复试时运气还算不错。放榜时,发现自己的名字列在居中的某一行上。

第三次考试只是虚应故事而已。除了写一篇文章以外,名义上我们还得默写一段《圣谕广训》(皇帝训谕士子的上谕);但是我们每人都可以带一册进考场,而且老实不客气地照抄一遍。这次考试由学政(俗称学台)亲自莅场监考。试院大门口的两旁树着两根旗杆,旗杆上飘着长达十五尺的长幡,幡上写的就是这位学台的官衔。记得他的官衔是:"礼部侍郎提督浙江全省学政……"

再过几天之后,我一大早就被窗外一阵当当小锣惊醒。原来是试差来报喜。我已经考取了附生,也就是平常所说的秀才。试差带来一份捷报,那是一张大约六尺长、四尺宽的红纸,上面用宋楷大字写着:

"贵府相公某蒙

礼部侍郎提督浙江全省学政某考试录取余姚县学附生"

所谓"县学"只有一所空无所有的孔庙,由一位"教谕"主持,事实上这位"教谕"并不设帐讲学,所谓"县学"是有名无实的。按我们家庭经济状况,我须呈缴一百元的赞敬,拜见老师,不过经过讨价还价,只缴了一半,也并没有和老师见过面。

当讨价还价正在进行的时候,父亲恼怒了说,孔庙里应该拜财神才是。旁边一位老先生说,那是说不得的。从前有一位才子金圣叹,因为讥笑老师,说了一句"把孔子牌位取消,把财神抬进学官"的话,奉旨杀了头。临刑前这位玩世不恭的才子叹道:"杀头至痛也,圣叹于无意中得之,岂不快哉。"

郡试以后,又再度回到浙江高等学堂,接受新式教育。我离开绍兴时,房东告诉我,一位同住在他店里的考生愤愤不平地对他说,学台简直瞎了眼,居然取了像我这样目不识丁的人,其意若曰像他那样满腹经纶的人反而落第,真是岂有此理。我笑笑没说什么,考试中本来不免有幸与不幸的!

回到学校以后,马上又埋头读书,整天为代数、物理、动物学和历史等功课而忙碌,课余之暇,又如饥似渴地阅读革命书刊,并与同学讨论当时的政治问题。郡试的那段日子和浙江高等学堂的生活恍若隔世。静定的、雾样迷蒙的中世纪生活,似乎在一夜之间就转变为汹涌的革命时代的漩涡。我像是做了一场大梦。

两个月以后,寒假到了。奉父亲之命回到乡间,接受亲戚朋友的道贺。那时我是十九岁,至亲们都希望我有远大的前程,如果祖坟的风水好,很可能一步一步由秀才而举人,由举人而进士,光大门楣,荣及乡里,甚至使祖先在天之灵也感到欣慰。二哥已早我几年考取了秀才,那时正在北京大学(京师大学堂)读书。当时的学生们听说京师大学四个字,没有不肃然起敬的。想不到十五年之后我竟为时会所迫承乏了北京大学的校长职务。回想起来,真令人觉得命运不可捉摸。

在绍兴时曾经收到一份捷报,不久,试差又用一份同样以红纸写的捷报,敲着铜锣向我家乡的亲戚家属报喜。开筵庆祝的那一天,穿起蓝绸衫,戴了一顶银雀顶的红缨帽。好几百亲戚朋友,包括妇孺老少,齐来道贺,一连吃了两天喜酒。大厅中张灯结彩,并有吹班奏乐助兴。最高兴的自然是父亲,他希望他的儿子有一天能在朝中做到宰相,因为俗语说"秀才为宰相之根苗"。至于我自己,简直有点迷惘。两个互相矛盾的势力正在拉着,一个把我往旧世界拖,一个把我往新世界拖。我不知道怎么办。

在乡间住了三个星期,学校重新开学,我又再度全神贯注地开始研究新学问。在浙江高等学堂再逗留了半年光景,到暑假快开始时,又离开了。满脑子矛盾的思想,简直使尚未成熟的心灵无法忍受,新与旧的冲突,立宪与革命的冲突,常常闹得头脑天旋地转,有时觉得坐立不安,有时又默坐出神,出神时,会觉得自己忽然上冲霄汉,然后又骤然落地,结果在地上跌得粉碎,立刻被旋风吹散无踪了。

我的近亲当中曾经发现有人患精神病,我有时不禁怀疑自己是否也有点神经质的遗传。父亲和叔祖都说过,我小时候的思想行动本来就与常儿不同。我还记得有一天伯祖骂我,说我将来如不成君子必成流氓。虽然不大明白这话的意思,但是我心里想,一定要做君子。

这个世界的确是个疯狂的世界,难道我也真的发了疯吗?至少有一个问题在脑子里还是很清楚的:那就是如何拯救祖国,免受列强的瓜分。革命正迅速地在全国青年学生群中生根发展。投身革命运动的青年学生愈多,孙中山先生的影响也愈来愈广。清室覆亡已经近在旦夕了。

我渴望找个更理想、更西化的学校。因为这时候已经看得清楚:不论立宪维新或者革命,西化的潮流已经无法抗拒。有一天早晨,无意中闯进禁止学生入内的走廊,碰到了学监。他问有什么事,我只好临时扯了个谎,说母亲生病,写信来要我回家。

"哦!那太不幸了。你还是赶快回家吧!"学监很同情地说。

回到宿舍,收拾起行李,当天上午就离开学校,乘小火轮沿运河到了上海。参加上海南洋公学的入学考试,结果幸被录取。那是一九〇四年的事。为争取满洲控制权的日俄战争正在激烈进行。

第八章　西化运动

虽然新旧之争仍在方兴未艾,立宪与革命孰长孰短亦无定论,中国这时已经无可置疑地踏上西化之路了。日本对帝俄的胜利,更使中国的西化运动获得新的鼓励,这时聚集东京的中国留学生已近五万人,东京已经成为新知识的中心。国内方面,政府也已经开始一连串的革新运动,教育、军事、警政都已根据日本的蓝图采取新制度。许多人相信:经过日本同化修正的西方制度和组织,要比纯粹的西洋制度更能适合中国的国情,因此他们主张通过日本接受西洋文化。但是也有一班人认为:既然我们必须接受西洋文明,何不直接向西洋学习?

我是主张直接向西方学习的,虽然许多留学日本的朋友来信辩难,我却始终坚持自己的看法。进了南洋公学,就是想给自己打点基础,以便到美国留学。这里一切西洋学科的课本都是英文的,刚好合了我的心意。

南洋公学开办时,采纳了美国传教士福开森博士的许多意见。南洋公学是交通大学的前身,交通大学附近的福开森路,就是为纪念这位美国传教士而命名的。南洋公学的预科,一切按照美国的中学学制办理,因此南洋公学可说是升入美国大学的最好阶梯。学校里有好几位讲授现代学科的美国人。在校两年,在英文阅读方面已经没有多大困难,不过讲却始终讲不好。学校教的英文并不根据语音学原理,我的舌头又太硬,始终跟不上。

课程方面分为两类,一类是中国旧学,一类是西洋学科。我在两方面的成绩都还过得去,有一次还同时侥幸获得两类考试的荣誉奖。因此蒙校长召见,谬承奖勉。

校舍是根据西洋设计而建筑的,主要建筑的中心有一座钟楼,数里之外就可以望见。有一排房子的前面是一个足球场,常年绿草如茵,而且打扫得很整齐。学校当局鼓励学生玩足球和棒球,学生们对一般的运动也都很感兴趣。

我生来体弱,进了南洋公学以后,开始体会到要有高深的学问,必须先有强健的体魄。除了每日的体操和轻度的运动之外,还给自己定了一套锻炼身体的办法。每天六点钟光景,练习半小时的哑铃,晚间就寝前再练一刻钟。继续不断地练了三年,此后身体一直很好,而且心情也总是很愉快。

包括德、智、体三要素的斯宾塞教育原则这时已经介绍到中国。为了发展德育,就温习了"四书",同时开始研究宋明的哲学家以及历代中外伟人的传记,希望藉此学习他们的榜样,碰到认为足资借鉴的言行时,就把它们摘录在日记本上。然后仔细加以思考,试着照样去做,同时注意其成绩。这些成绩也记载在日记上,以备进一步的考核。

每当发现对某些问题的中西见解非常相似,甚至完全相同时,我总有难以形容的喜悦。如果中西贤哲都持同一见解,那末照着做自然就不会错了。当发现歧见时,就加以研究,设法找出其中的原因。这样就不知不觉地做了一项东西道德行为标准的比较研究。这种研究工作最重要的结果是学到了如何在道德观念中区别重要的与不重要的,以及基本的与浮面的东西。

从此以后,对于如何立身处世开始有了比较肯定、比较确切,也比较自信的见解,因为道德观念是指导行为的准绳。

我开始了解东西方的整体性,同时也更深切地体会到宋儒陆象山所说的"东海有圣人出焉,此心同,此理同。西海有圣人出焉,此心同,此理同"的名言。同时开始体会到紊乱中的统一,因为我发现基本道理原极有限,了解这些基本道理之间的异同矛盾正可以互相发明、互相印证。使我感到头晕眼花的只是细微末节的纷扰而已。孟子和陆象山告诉我们,做学问要抓住要点而舍弃细节,要完全凭我们的理智辨别是非。于是我开始发展以理解为基础的判断能力。不再依赖传统的信仰。这是思想上的一次大解放，像是脱下一身紧绷绷的衫裤那样舒服而自由。

但是，理解力也不能凭空生存。想得太多，结果除失望外一无成就。这样是犯了孔子所说的"思而不学"的毛病。当然，导向正确思想的途径还是从思想本身开始，然后从经验中学习如何思想。你不可能教导一个根本不用脑筋的人如何去思想。后来我留美时读到杜威的《我们如何思想》，使我的信念更为加强。

儒家说，正心诚意是修身的出发点，修身则是治国、平天下的根基。因此，我想，救国必先救己。于是决心努力读书、思考，努力锻炼身体，努力敦品励行。我想，这就是修身的正确途径了，有了良好的身心修养，将来才能为国服务。

在南洋公学读书的时候，清廷终于在一九〇五年采取了教育改革的重要步骤，毅然宣布废止科举。年轻一代迷恋过去的大门从此关闭。废科举的诏书是日本战胜帝俄所促成的。代替科举的是抄袭自日本的一套新教育制度。日本的教育制度是模仿西方的。追本溯源，中国的新教育制度仍旧来自西方。中国现在总算不折不扣地踏上西化的途程了。

在这以前，上海曾经是我国革命分子文化运动的中心。中国的知识分子和革命领袖，躲在上海公共租界和法租地，可以享受言论自由和出版自由。政治犯和激烈分子在租界里讨论，发表他们的见解，思想自由而且蓬勃一时，情形足与希腊的城邦媲美。

我自己除了在南洋公学接受课本知识之外，也参加了各式各样的活动，但是学习的性质居多，谈不到积极工作。到礼拜六和礼拜天时，常常到福州路的奇芳茶馆去坐坐。那时候，上海所有的学生都喜欢到"奇芳"去吃茶，同时参加热烈的讨论。茶馆里有一位叫"野鸡大王"的，每日在那里兜售新书，他那副样子，去过"奇芳"的人没有一个会忘记的。他穿着一身破烂的西装，头上戴着一顶灰色的满是油垢的鸭舌头帽。他专门贩卖革命书刊给学生，他的货色当中还包括一本叫《性学新论》的小册子，据他解释，那只是用来吸引读者的。谁也不知道他的名字。吴稚晖先生说，他知道他是谁，并告诉了我他的名字，我却忘记了。我们也不晓得他住在什么地方。任何革命书刊都可以从他那里买得到。这些书，因租界当局应中国政府之请，在名义上是禁止贩卖的。

科举废止的同一年，孙中山先生在东京组织同盟会，参加的学生有好几百人，中山先生被选为主席。这一年也就是日本和俄国签订《朴茨茅斯条约》，结束日俄战争的一年。日本在击败西方列强之一的俄国以后，正蠢蠢欲动，预备侵略中国。十年之后，日本向中国提出著名的二十一条要求，十六年以后，发动九一八沈阳事变，最后终于在民国二十六年与中国发生全面战争。

当时，上海正在热烈展开抵制美货运动，抗议美国国会通过排华法案。学生和商人联合挨户劝告中国商店店主不要售卖美国货。店主急于卖掉被抵制的货品，只好削价脱售，有许多顾客倒也乐于从后门把货色买走。群众大会中，大家争着发表激烈演说，反对排华法案。有一次会中，一位慷慨激昂的演说者捶胸顿足，结果把鞋跟顿掉了。鞋跟飞到听众头上，引得哄堂大笑。

翌年也发生一件重要的事情。江浙两省的绅士同上海的学生和商人联合起来反对英国人投资建筑苏杭甬铁路。示威的方式包括群众大会、发通电、街头演说等等，同时开始招股准备用本国资金建筑这条铁路，路线要改为由上海经杭州到宁波。以上海代替苏州的理由很奇怪，说苏州是个内陆城市，铁路不经过苏州，可以使苏州免受外国的影响。英国人对路线让步了，铁路也在第二年动工兴建。

那几年里，全国各校的学生倒是都能与学校当局相安无事，一方面是因为他们对校外活动的兴趣提高，另一方面是因为他们对于给学校当局找些无谓的麻烦已经感到厌倦。不过，他们却把注意力转移到为他们做饭的厨子身上去了。当时上海学生的伙食费是每月六块钱；在内地，只要三块钱。因此饭菜不会好到哪里去。但是学生对伙食很不满意，不是埋怨米太粗糙，就是埋怨菜蔬质地太差，因此常常要求加菜——通常是加炒蛋，因为炒蛋最方便。当时鸡蛋也很便宜，一块钱可以买五六十个。有时候，学生们就砸碎碗碟出气，甚至把厨子揍一顿。几乎没有一个学校没有"饭厅风潮"。

一九〇七年，安徽省城安庆发生了一次昙花一现的革命。革命领袖是徐锡麟，我们在前面曾提起他过。他是安徽省警务督办，曾在绍兴中西学堂教过书。我们在前面也曾经提及。（中西学堂就是我最初接触西方学问的地方，我在那里学到地球是圆的。）他中过举人，在中西学堂教过几年书以后，又到日本留学。他回国后向朋友借了五万块钱，捐了道台的缺，后来被派到安庆。他控制了警察以后，亲手枪杀安徽巡抚，并在安庆发动革命。他同两名亲信带了警校学生及警察部队占领军械库，在库门口架起大炮据守。但是他们因缺乏军事训练，无法使用大炮，结果被官兵冲入，徐锡麟当场被捕。他的两位亲信，一名叫陈伯平的阵亡了，一位叫马子夷的事后被捕。

马子夷是我在浙江高等学堂的同学，他和陈伯平从日本赴安庆时，曾在上海逗留一个时期。两个人几乎每天都来看我，大谈革命运动。他们认为革命是救中国的惟一途径，还约我同他们一道去安庆。但是一位当钱庄经理的堂兄劝我先到日本去一趟。那年暑假，就和一位朋友去东京，顺便参观一个展览会。我们离沪赴日的前夕，马子夷、陈伯平和我三个人在一枝春酒楼聚餐话别。第二天我去日本，他们也搭长江轮船赴安庆。想不到一枝春酒楼一别竟成永诀。

初次乘大洋轮船，样样觉得新奇。抽水马桶其妙无比。日本茶房礼貌周到。第二天早晨，我们到达长崎，优美的风景给我很深的印象。下午经过马关，就是李鸿章在一八九五年与日本签订《马关条约》的地方。我们在神户上岸，从神户乘火车到东京，在新桥车站落车。一位在东京读书的朋友领我们到小石川二十三番君代馆住下。东京的街道当时还没有铺石子，更没有柏油，那天又下雨，结果满地泥泞。

我到上野公园的展览会参观了好几十趟，对日本的工业发展印象很深。在一个展览战利品的战绩博物馆里，看到中日战争中俘获的中国军旗、军服和武器，简直使我惭愧得无地自容。夜间整个公园被几万盏电灯照耀得如同白昼，兴高采烈的日本人提着灯笼在公园中游行,高呼万岁。两年前,他们陶醉于对俄的胜利,至今犹狂喜不已。我孤零零地站在一个假山顶上望着游行的队伍,触景生情,不禁泫然涕下。

到日本后约一星期,君代馆的下女在清晨拿了一份日文报纸来,从报上获悉徐锡麟在安庆起义失败的消息。如果我不来日本而跟那两位朋友去安庆,恐怕我不会今日在此讲"西潮"的故事了。

我对日本的一般印象非常良好。整个国家像个大花园,人民衣饰整饬,城市清洁。他们内心或许很骄傲,对生客却很有礼貌。强迫教育使国民的一般水准远较中国为高,这或许就是使日本成为世界强国的秘密所在。这是我在日本停留一月后带回来的印象。后来赴美国学教育学,也受这些感想的指示。但是国家兴衰事情并不如此简单,让我等机会再谈罢。

不久以后,又开始为学校功课而忙碌。第二年暑假,跑到杭州参加浙江省官费留美考试,结果未被录取。于是向父亲拿到几千块钱,预备到加利福尼亚州深造。

第二部　留美时期

第九章　负笈西行

我拿出一部分钱,买了衣帽杂物和一张往旧金山的头等船票,其余的钱就以两块墨西哥鹰洋对一元美金的比例兑取美钞。上船前,找了一家理发店剪去辫子。理发匠举起利剪,抓住我的辫子时,我简直有上断头台的感觉,全身汗毛直竖。咔嚓两声,辫子剪断了,我的脑袋也像是随着剪声落了地。理发匠用纸把辫子包好还给我。上船后,我把这包辫子丢入大海,让它随波逐浪而去。

我拿到医生证明书和护照之后,到上海的美国总领事馆请求签证,按照移民条例第六节规定,申请以学生身份赴美。签证后买好船票,搭乘美国邮船公司的轮船往旧金山。那时是一九〇八年八月底。同船有十来位中国同学。邮船启碇,慢慢驶离祖国海岸,我的早年生活也就此告一段落。在上船前,我曾经练了好几个星期的秋千,所以在二十四天的航程中，一直没有晕船。

这只邮船比我前一年赴神户时所搭的那艘日本轮船远为宽大豪华。船上最使我惊奇的事是跳舞。我生长在男女授受不亲的社会里，初次看到男女相偎相依，婆娑起舞的情形，觉得非常不顺眼。旁观了几次之后，我才慢慢开始欣赏跳舞的优美。

船到旧金山，一位港口医生上船来检查健康，对中国学生的眼睛检查得特别仔细，惟恐有人患沙眼。

我上岸时第一个印象是移民局官员和警察所反映的国家权力。美国这个共和政体的国家，她的人民似乎比君主专制的中国人民更少个人自由，这简直弄得我莫名其妙。我们在中国时，天高皇帝远，一向很少感受国家权力的拘束。

我们在旧金山逗留了几个钟头，还到唐人街转了一趟。我和另一位也预备进加州大学的同学，由加大中国同学会主席领路到了卜技利。晚饭在夏德克路的天光餐馆吃，每人付两角五分钱，吃的有汤、红烧牛肉、一块苹果饼和一杯咖啡。我租了班克洛夫路的柯尔太太的一间房子。柯尔太太已有相当年纪，但是很健谈，对中国学生很关切。她吩咐我出门以前必定要关灯；洗东西以后必定要关好自来水龙头；花生壳绝不能丢到抽水马桶里；银钱绝不能随便丢在桌子上；出门时不必锁门；如果我愿意锁门，就把钥匙留下藏在地毯下面。她说："如果你需要什么，你只管告诉我就是了。我很了解客居异国的心情。你就拿我的家当自己的家好了，不必客气。"随后她向我道了晚安才走。

到卜技利时，加大秋季班已经开学，因此我只好等到春季再说。我请了加大的一位女同学给我补习英文，学费每小时五毛钱。这段时间内，我把全部精力花在英文上。每天早晨必读《旧金山纪事报》，另外还订了一份《展望》(The Outlook)周刊，作为精读的资料。《韦氏大学字典》一直不离手，碰到稍有疑问的字就打开字典来查，四个月下来，居然字汇大增，读报纸、杂志也不觉得吃力了。

初到美国时，就英文而论，我简直是半盲、半聋、半哑。如果我希望能在学校里跟得上功课，这些障碍必须先行克服。头一重障碍，经过四个月的不断努力,总算大致克服了,完全克服它也不过是时间问题而已。第二重障碍要靠多听人家谈话和教授讲课才能慢慢克服。教授讲课还算比较容易懂,因为教授们的演讲,思想有系统,语调比较慢,发音也清晰。普通谈话的范围比较广泛,而且包括一连串互不衔接而且五花八门的观念,要抓住谈话的线索颇不容易。到剧院去听话剧对白,其难易则介于演讲与谈话之间。

最困难的是克服开不得口的难关。主要的原因是我在中国时一开始就走错了路。错误的习惯已经根深蒂固,必须花很长的时间才能矫正过来。其次是我根本不懂语音学的方法,单凭模仿,不一定能得到准确的发音。因为口中发出的声音与耳朵听到的声音之间,以及耳朵与口舌之间,究竟还有很大的差别。耳朵不一定能够抓住正确的音调,口舌也不一定能够遵照耳朵的指示发出正确的声音。此外,加利福尼亚这个地方对中国人并不太亲热,难得使人不生身处异地、万事小心的感觉。我更特别敏感,不敢贸然与美国人厮混,别人想接近我时,我也很怕羞。许多可贵的社会关系都因此断绝了。语言只有多与人接触才能进步,我既然这样故步自封,这方面的进步自然慢之又慢。后来我进了加大,这种口语上的缺陷,严重地影响了我在课内课外参加讨论的机会。有人问我问题时,我常常是脸一红,头一低,不知如何回答。教授们总算特别客气,从来不勉强我回答任何问题。也许他们了解我处境的窘困,也许是他们知道我是外国人,所以特别加以原谅。无论如何,他们知道,我虽然噤若寒蝉,对功课仍旧很用心,因为我的考试成绩多半列在乙等以上。

日月如梭,不久圣诞节就到了。圣诞前夕,我独自在一家餐馆里吃晚餐。菜比初到旧金山那一天好得多,花的钱,不必说,也非那次可比。饭后上街闲游,碰到没有拉起窗帘的人家,我就从窗户眺望他们欢欣团聚的情形。每户人家差不多都有满饰小电灯或蜡烛的圣诞树。

大除夕,我和几位中国同学从卜技利渡海到旧金山。从渡轮上可以远远地看到对岸的钟楼装饰着几千盏电灯。上岸后,发现旧金山到处人山人海。码头上候船室里的自动钢琴震耳欲聋。这些钢琴只要投下一枚镍币就能自动弹奏。我随着人潮慢慢地在大街上闲逛，耳朵里满是小喇叭和小鼗鼓的噪音，玩喇叭和鼗鼓的人特别喜欢凑着漂亮的太太小姐们的耳朵开玩笑，这些太太小姐们虽然耳朵吃了苦头，但仍然觉得这些玩笑是一种恭维，因此总是和颜悦色地报以一笑。空中到处飘扬着五彩纸条，有的甚至缠到人们的颈上。碎花纸像彩色的雪花飞落在人们的头上。我转到唐人街，发现成群结队的人在欣赏东方色彩的橱窗装饰。噼噼啪啪的鞭炮声，使人觉得像在中国过新年。

午夜钟声一响，大家一面提高嗓门大喊"新年快乐！"一面乱撳汽车喇叭或者大摇响铃。五光十色的纸条片更是漫天飞舞。这是我在美国所过的第一个新年。美国人的和善和天真好玩使我留下深刻的印象。在他们的欢笑嬉游中可以看出美国的确是个年轻的民族。

那晚回家时已经很迟，身体虽然疲倦，精神却很轻松，上床后一直睡到第二天日上三竿起身。早饭后，我在卜技利的住宅区打了个转。住宅多半沿着徐缓的山坡建筑，四周则围绕着花畦和草地。玫瑰花在加州温和的冬天里到处盛开着，卜技利四季如春，通常长空蔚蓝不见朵云。很像云南的昆明、台湾的台南，而温度较低。

新年之后，我兴奋地等待着加大第二个学期在二月间开学。心中满怀希望，我对语言的学习也加倍努力。快开学时，我以上海南洋公学的学分申请入学，结果获准进入农学院，以中文学分抵补了拉丁文的学分。

我过去的准备工作偏重文科方面，结果转到农科，我的动机应该在这里解释一下。我转农科并非像有些青年学生听天由命那样的随便，而是经过深思熟虑才慎重决定的。我想，中国既然以农立国，那末只有改进农业，才能使最大多数的中国人得到幸福和温饱。同时我幼时在以耕作为主的乡村里生长，对花草树木和鸟兽虫鱼本来就有浓厚的兴趣。为国家，为私人，农业都似乎是最合适的学科。此外我还有一个次要的考虑，我在孩提时代身体一向羸弱，我想如果能在田野里多接触新鲜空气，对我的身体一定大有裨益。

第一学期选的功课是植物学、动物学、生理卫生、英文、德文和体育。除了体育是每周六小时以外,其余每科都是三小时。我按照指示到大学路一家书店买教科书。我想买植物学教科书时,说了半天店员还是听不懂,后来我只好用手指指书架上那本书,他才恍然大悟。原来植物学这个名词的英文字(Botany)重音应放在第一音节,我却把重音念在第二音节上去了。经过店员重复一遍这个字的读音以后,我才发现自己的错误。买了书以后心里很高兴,既买到书,同时又学会一个英文字的正确发音,真是一举两得。后来教授要我们到植物园去研究某种草木,我因为不知道植物园(Botanical Garden)在哪里,只好向管清洁的校工打听。念到植物园的植物这个英文字时,我自作聪明把重音念在第一音节上,我心里想,"植物学"这个英文字的重音既然在第一音节上,举一反三,"植物园"中"植物"一字的重音自然也应该在第一音节上了。结果弄得那位工友瞪目不知所答。我只好重复了一遍,工友揣摩了一会之后才恍然大悟。原来是我举一反三的办法出了毛病,"植物(的)"这个字的重音却应该在第二音节上。

可惜当时我还没有学会任何美国的俚语村言,否则恐怕"他×的"一类粗话早已脱口而出了。英文重音的捉摸不定曾经使许多学英文的人伤透脑筋。固然重音也有规则可循,但是每条规则总有许多例外,以致例外的反而成了规则。因此每个字都得个别处理,要花很大工夫才能慢慢学会每个字的正确发音。

植物学和动物学引起我很大的兴趣。植物学教授在讲解显微镜用法时曾说过笑话:"你们不要以为从显微镜里可以看到大如巨象的苍蝇。事实上,你们恐怕连半只苍蝇腿都看不到呢!"

我在中国读书时,课余之暇常常喜欢研究鸟兽虫鱼的生活情形,尤其在私塾时代,一天到晚死背枯燥乏味的古书,这种肤浅的自然研究正可调节一下单调的生活,因而也就慢慢培养了观察自然的兴趣,早年的即兴观察和目前对动植物学的兴趣,有一个共通的出发点——好奇,最大的差别在于使用的工具。显微镜是眼睛的引伸,可以使人看到肉眼无法辨别的细微物体。使用显微镜的结果,使人发现多如繁星的细菌。望远镜是眼睛的另一种引伸,利用望远镜可以观察无穷无数的繁星。我渴望到黎克天文台去见识见识世界上最大的一具望远镜，但是始终因故不克遂愿。后来花了二毛五分钱，从街头的一架望远镜去眺望行星，发现银色的土星带着耀目的星环，在蔚蓝的天空中冉冉移动，与学校里天体挂图上所看到的一模一样。当时的经验真是又惊又喜。

在农学院读了半年，一位朋友劝我放弃农科之类的实用科学，另选一门社会科学。他认为农科固然重要，但是还有别的学科对中国更重要。他说，除非我们能参酌西方国家的近代发展来解决政治问题和社会问题，否则农业问题也就无法解决。其次，如果不改修社会科学，我的眼光可能就局限于实用科学的小圈子，无法了解农业以外的重大问题。

我曾经研究过中国史，也研究过西洋史的概略，对各时代各国国力消长的情形有相当的了解，因此对于这位朋友的忠告颇能领略。他的话使我一再考虑，因为我已再度面临三岔路口，迟早总得有个决定。我曾经提到，碰到足以影响一生的重要关头，我从不轻率作任何决定。

一天清早，我正预备到农场看挤牛奶的情形，路上碰到一群蹦蹦跳跳的小孩子去上学。我忽然想起：我在这里研究如何培育动物和植物，为什么不研究研究如何作育人才呢？农场不去了，一直跑上卜技利的山头，坐在一棵古橡树下，凝望着旭日照耀下的旧金山和金门港口的美景。脑子里思潮起伏，细数着中国历代兴衰的前因后果。忽然之间，眼前恍惚有一群天真烂漫的小孩，像凌波仙子一样从海湾的波涛中涌出，要求我给他们读书的学校，于是我毅然决定转到社会科学学院，选教育为主科。

从山头跑回学校时已近晌午，我直跑到注册组去找苏顿先生，请求从农学院转到社会科学学院。经过一番诘难和辩解，转院总算成功了。从一九〇九年秋天起，我开始选修逻辑学、伦理学、心理学和英国史，我的大学生涯也从此步入正途。

岁月平静而愉快地过去，时间之沙积聚的结果，我的知识也在大学的学术气氛下逐渐增长。

从逻辑学里我学到思维是有一定的方法的。换一句话说,我们必须根据逻辑方法来思考。观察对于归纳推理非常重要,因此我希望训练自己的观察能力。我开始观察校园之内,以及大学附近所接触到的许许多多事物。母牛为什么要装铃?尤加利树的叶子为什么垂直地挂着?加州的罂粟花为什么都是黄的?

有一天早晨,我沿着卜技利的山坡散步时,发现一条水管正在汩汩流水。水从哪里来的呢?沿着水管找,终于找到了水源,我的心中也充满了童稚的喜悦。这时我已到了相当高的山头,我很想知道山岭那一边究竟有些什么。翻过一山又一山,发现这些小山简直多不胜数。越爬越高,而且离住处也越来越远。最后只好放弃初衷,沿着一条小路回家。归途中发现许多农家,还有许多清澈的小溪和幽静的树林。

这种漫无选择的观察,结果自然只有失望。最后我终于发现,观察必须有固定的对象和确切的目的,不能听凭兴之所至乱观乱察。天文学家观察星球,植物学家则观察草木的生长。后来我又发现另外一种称为实验的受控制的观察,科学发现就是由实验而来的。

念伦理学时,我学到道德原则与行为规律的区别。道德原则可以告诉我们,为什么若干公认的规律切合某阶段文化的需要;行为规律只要求大家遵守,不必追究规律背后的原则问题,也不必追究这些规律与现代社会的关系。

在中国,人们的生活是受公认的行为规律所规范的。追究这些行为规律背后的道德原则时,我的脑海里马上起了汹涌的波澜。一向被认为最终真理的旧有道德基础,像遭遇地震一样开始摇摇欲坠。同时,赫利·奥佛斯屈里特(Harry Overstreet)教授也给了我很大的启示。传统的教授通常只知道信仰公认的真理,同时希望他的学生们如此做。奥佛斯屈里特教授的思想却特别敏锐,因此促使我探测道德原则的基石上的每一裂缝。我们上伦理学课,总有一场热烈的讨论。我平常不敢参加这些讨论,一方面由于我英语会话能力不够,另一方面是由于自卑感而来的怕羞心理。因为一九〇九年前后是中国现代史

西潮(摘录)

271

上最黑暗的时期，而且我们对中国的前途也很少自信。虽然不参加讨论，听得却很用心，很像一只聪明伶俐的小狗竖起耳朵听它主人说话，意思是懂了，嘴巴却不能讲。

我们必须读的参考书包括柏拉图、亚里士多德、《约翰福音》和奥里留士等。念了柏拉图和亚里士多德之后，使我对希腊人穷根究底的头脑留有深刻的印象。我觉得"四书"富于道德的色彩，希腊哲学家却洋溢着敏锐的智慧。这印象使我后来研究希腊史，并且做了一次古代希腊思想和中国古代思想的比较研究。研究希腊哲学家的结果，同时使我了解希腊思想在现代欧洲文明中所占的重要地位，以及希腊文被认为自由教育不可缺少的一部分的原因。

读了《约翰福音》之后，我开始了解耶稣所宣扬的爱的意义。如果撇开基督教的教条和教会不谈，这种"爱敌如己"的哲学，实在是最高的理想。如果一个人真能爱敌如己，那末世界上也就不会再有敌人了。

"你们能够做到爱你们的敌人吗？"教授向全班发问，没有人回答。

"我不能够。"那只一直尖起耳朵谛听的狗吠了。

"不能够？"教授微笑着反问。

我引述了孔子所说的"以直报怨，以德报德"作答。教授听了以后插嘴说："这也很有道理啊，是不是？"同学们没有人回答。下课后一位年轻的美国男同学过来拍拍我的肩膀说："爱敌如己！吹牛，是不是？"

奥里留士的言论很像宋朝哲学家。他沉思默想的结果，发现理智是一切行为的准则。如果把他的著述译为中文，并把他与宋儒相提并论，很可能使人真伪莫辨。

对于欧美的东西，我总喜欢用中国的尺度来衡量。这就是从已知到未知的办法。根据过去的经验，利用过去的经验获得新经验也就是获得新知识的正途。譬如说，如果一个小孩从来没有见过飞机，我们可以解释给他听，飞机像一只飞鸟，也像一只长着翅膀的船，他就会了解飞机是怎么回事。如果一个小孩根本没有见过鸟或船，使他了解飞机可就不容易了。一个中国学生如果要了解西方文明，也只能根据他对本国文化的了解。他对本国文化的了解愈深,对西方文化的了解愈易。根据这种推理,我觉得自己在国内求学时,常常为读经史子集而深夜不眠,这种苦功总算没有白费,我现在之所以能够吸收、消化西洋思想,完全是这些苦功的结果。我想,我今后的工作就是找出中国究竟缺少些什么,然后向西方吸收所需要的东西。心里有了这些观念以后,我渐渐增加了自信,减少了羞怯,同时前途也显得更为光明。

我对学问的兴趣很广泛,选读的功课包括上古史、英国史、哲学史、政治学,甚至译为英文的俄国文学。托尔斯泰的作品更是爱不释手,尤其是《安娜·卡列尼娜》和《战争与和平》。我参加过许多著名学者和政治家的公开演讲会,听过桑太耶那、泰戈尔、大卫、斯坦、约登、威尔逊(当时是普林斯顿校长)以及其他学者的演讲。对科学、文学、艺术、政治和哲学我全有兴趣。也听过塔虎脱和罗斯福的演说。罗斯福在加大希腊剧场演说的,曾经说过:"我攫取了巴拿马运河,国会要辩论,让它辩论就是了。"他演说时的强调语气和典型姿势,至今犹历历可忆。

中国的传统教育似乎很偏狭,但是在这种教育的范围之内也包罗万象。有如百科全书,这种表面偏狭的教育,事实上恰是广泛知识的基础。我对知识的兴趣很广泛,可能就是传统思想训练的结果。中国古书包括各方面的知识,例如历史、哲学、文学、政治经济、政府制度、军事、外交等等。事实上绝不偏狭。古书之外,学生们还接受农业、灌溉、天文、数学等实用科学的知识。可见中国的传统学者绝非偏狭的专家,相反地,他具备学问的广泛基础。除此之外,虚心追求真理是儒家学者的一贯目标,不过,他们的知识只限于书本上的学问,这也许是他们欠缺的地方。在某一意义上说,书本知识可能是偏狭的。

幼时曾经读过一本押韵的书,书名《幼学琼林》,里面包括的问题非常广泛,从天文地理到草木虫鱼无所不包,中间还夹杂着城市、商业、耕作、游记、发明、哲学、政治等等题材。押韵的书容易背诵,到现在为止,我仍旧能够背出那本书的大部分。

卜技利的小山上有满长青苔的橡树和芳香扑鼻的尤加利树;田野

里到处是黄色的罂粟花；私人花园里的红玫瑰在温煦的加州太阳下盛放着。这里正是美国西部黄金世界，本地子弟的理想园地。我万幸得享母校的爱护和培育，使我这个来自东方古国的游子得以发育成长，衷心铭感，无以言宣。

加州气候冬暖夏凉，四季如春，我在这里的四年生活确是轻松愉快。加州少雨，因此户外活动很少受影响。冬天虽然有阵雨，也只是使山上的青草变得更绿，或者使花园中的玫瑰花洗涤得更娇艳。除了冬天阵雨之外，几乎没有任何恶劣的气候影响希腊剧场的演出，剧场四周围绕着茂密的尤加利树。莎翁名剧、希腊悲剧、星期演奏会和公开演讲会都在露天举行。离剧场不远是运动场，校际比赛和田径赛就在那里举行。青年运动员都竭其全力为他们的母校争取荣誉。美育、体育和智育齐头并进。这就是古希腊格言所称"健全的心寓于健全的身"——这就是古希腊格言的实践。

在校园的中心矗立着一座钟楼，睥睨着周围的建筑。通到大学路的大门口有一重大门，叫"赛色门"，门上有许多栩栩如生的浮雕裸像。这些裸像引起许多女学生的家长抗议。我的伦理学教授说："让女学生们多看一些男人的裸体像，可以纠正她们忸怩作态的习惯。"老图书馆（后来拆除改建为陀氏图书馆）的阅览室里就有维纳斯以及其他希腊女神裸体的塑像。但是男学生的家长从未有过批评。我初次看到这些希腊裸体人像时，心里也有点疑惑，为什么学校当局竟把这些"猥亵"的东西摆在智慧的源泉。后来，我猜想他们大概是要灌输"完美的思想寓于完美的身体"的观念。在希腊人看起来，美丽、健康和智慧是三位一体而不可分割的。

橡树丛中那次《仲夏夜之梦》的演出，真是美得极致。青春、爱情、美丽、欢愉全在这次可喜的演出中活生生地表现出来了。

学校附近有许多以希腊字母做代表的兄弟会和姊妹会。听说兄弟会和姊妹会的会员们欢聚一堂，生活非常愉快。我一直没有机会去做客。后来有人约我到某兄弟会去做客，但是附带一个条件——我必须投票选举这个兄弟会的会员出任班主席和其他职员。事先，他们曾经把全班同学列一名单，碰到可能选举他们的对头人，他们就说这个"要不得！"同时在名字上打上叉。

我到那个兄弟会时，备受殷勤招待，令人没齿难忘。第二天举行投票，为了确保中国人一诺千金的名誉，我自然照单圈选不误，同时我也很高兴能在这次竞选中结交了好几位朋友。

选举之后不久，学校里有一次营火会。究竟庆祝什么却记不清楚了。融融的火光照耀着这班青年的快乐面庞。男男女女齐声高歌。每一支歌结束时，必定有一阵呐喊。木柴的爆烈声，女孩子吃吃的笑声和男孩子的呼喊声，至今犹在耳际萦绕。我忽然在火光烛照下邂逅一位曾经受我一票之赐的同学。使我大出意外的是这位同学竟对我视若路人，过去的那份亲热劲儿不知哪里去了！人情冷暖，大概就是如此吧！他对我的热情，我已经以"神圣的一票"来报答，有债还债，现在这笔账已经结清，谁也不欠谁的。从此以后，我再也不拿选举交换招待，同时在学校选举中从此没有再投票。

在"北楼"的地下室里，有一间学生经营的"合作社"，合作社的门口挂着一块牌子，上面写着："我们相信上帝，其余人等，一律现钱交易。"合作社里最兴隆的生意是五分钱一个的热狗，味道不错。

学校里最难忘的人是哲学馆的一位老工友，我的先生同学们也许已经忘记他，至少我始终忘不了。他个子高而瘦削，行动循规蹈矩。灰色的长眉毛几乎盖到眼睛，很像一只北京叭儿狗，眼睛深陷在眼眶里。从眉毛下面，人们可以发现他的眼睛闪烁着友善而热情的光辉。我和这位老工友一见如故，下课以后，或者星期天有空，我常常到地下室去拜访他，他从加州大学还是一个小规模的学校时开始，就一直住在那地下室里。

他当过兵，曾在内战期间在联邦军队麾下参加许多战役。他生活在回忆中，喜欢讲童年和内战的故事。我从他那里获悉早年美国的情形。这些情形离现在将近百年，许多情形与当时中国差不多，某些方面甚至还更糟。他告诉我，他幼年时美国流通好几种货币：英镑、法郎，还有荷兰盾。现代卫生设备在他看起来一文不值。有一次他指着一卷草纸对我说："现代的人虽然有这些卫生东西，还不是年纪轻轻就死了。我们当时可没有什么卫生设备，也没有你们所谓的现代医药。你看我，我年纪这么大，身体多健康！"他直起腰板，挺起胸脯，像一位立正的士兵，让我欣赏他的精神体魄。

西点军校在他看起来也是笑话，"你以为他们能打仗呀？那才笑话！他们全靠几套制服撑场面，游行时他们穿得倒真整齐。但是说到打仗——差远了！我可以教教他们。有一次作战时，我单枪匹马就把一队叛军杀得精光，如果他们想学习如何打仗，还是让他们来找我吧！"

虽然内战已经结束那末多年，他对参加南部同盟的人却始终恨之入骨。他说，有一次战役结束之后，他发现一位敌人受伤躺在地上，他正预备去救助。"你晓得这家伙怎么着？他一枪就向我射过来！"他瞪着两只眼睛狠狠地望着我，好像我就是那个不知好歹的家伙似的。我说："那你怎么办？""我一枪就把这畜生当场解决了。"他回答说。

这位军人出身的老工友，对我而论，是加州大学不可分的一部分，他自己也如此看法，因为他曾经亲见加大的发育成长。

第十章　美国华埠

我到美国第一年的十月底以前，中国发生了重大的变故，光绪皇帝和慈禧太后相继去世。关于这件事，在美国的中国学生队里有两种不同的传说：一说慈禧太后先去世，她的亲信怕光绪皇帝重掌政权，于是谋杀光绪皇帝以绝后患。另一说法是慈禧太后临死前派了一名太监到囚禁光绪的瀛台，告诉病弱的光绪帝说，"老佛爷"希望他服用她送去的药。光绪帝自然了解太后的用意，就把药吞服了，不久毒发身亡。慈禧太后驾崩以前，已经接到光绪帝服毒死亡的报告，于是发下圣旨，宣布光绪之死，并由光绪的小侄子溥仪继承皇位。

不论这些说法的真确性如何，在卜技利的中国学生一致认为"老太婆"（这是大家私底下给慈禧太后的诨号）一死，中国必定有一场大乱。后来事实证明确是如此。溥仪登基以后，他的父亲载淳出任摄政王。皇帝是个小孩子，摄政王对政务也毫无经验，因此清廷的威信一落千丈,三年以后,辛亥革命成功,清室终于被推翻。

我早在一九〇九年参加《大同日报》担任主笔。这报是孙中山先生在旧金山的革命机关报。那一年的一个秋天晚上,我与《大同日报》的另一个编辑,以后在国内大名鼎鼎的刘麻哥成禹,初次晋谒孙先生。他住在唐人街附近的史多克顿街的一家旅馆里。我进门的时候,因为心情紧张,一颗心怦怦直跳,孙先生在他的房间里很客气地接见我们。房间很小,一张床,几张椅子,还有一张小书桌。靠窗的地方有个小小的洗脸盆,窗帘是拉上的。

刘麻哥把我介绍给这位中国革命运动的领袖。孙先生似乎有一种不可抗拒的引力,任何人如果有机会和他谈话,马上会完全信赖他。他的天庭饱满,眉毛浓黑,一望而知是位智慧极高、意念坚强的人物。他的澄澈而和善的眼睛显示了他的坦率和热情。他的紧闭的嘴唇和坚定的下巴,则显示出他是个勇敢果断的人。他的肌肉坚实,身体强壮,予人镇定沉着的印象。谈话时他的论据清楚而有力,即使你不同意他的看法,也会觉得他的观点无可批驳。除非你有意打断话头,他总是娓娓不倦地向你发挥他的理论。他说话很慢,但是句句清楚,使人觉得他的话无不出于至诚。他也能很安详地听别人讲话,但是很快就抓住人家的谈话要点。

后来我发现他对各种书都有浓厚的兴趣,不论是中文书,还是英文书。他把可能节省下来的钱全部用来买书。他读书不快,但是记忆力却非常惊人。孙先生博览群书,所以对中西文化的发展有清晰的了解。

他喜欢听笑话,虽然他自己很少说,每次听到有趣的笑话时总是大笑不止。

他喜欢鱼类和蔬菜,很少吃肉类食物。喜欢中菜,不大喜欢西菜。他常说:"中国菜是全世界最好的菜。"

孙先生是位真正的民主主义者,他曾在旧金山唐人街的街头演说。头顶飘扬着国民党的党旗,他就站在人行道上向围集他四周的人演说。孙先生非常了解一般人的心理,总是尽量选用通俗平易的词句来表达他的思想。他会故意地问:"什么叫革命?""革命就是打倒满洲佬。"听众很容易明白他的意思,因此就跟着喊打倒满洲佬。接着他就用极浅近的话解释,为什么必须打倒满洲佬,推翻满清建立共和以后他的计划怎么样,老百姓在新政府下可以享受什么好处等等。

在开始讲话以前,他总先估量一下他的听众,然后选择适当的题目,临时决定适当的讲话的方式,然后再滔滔不绝地发表他的意见。他能自始至终把握听众的注意力。他也随时愿意发表演说,因为他有惊人的演说天才。

孙中山先生对人性有深切的了解,对于祖国和人民有热烈的爱,对于建立新中国所需要的东西有深邃的见解。这一切的一切,使他在新中国的发展过程中成为无可置辩的领袖。他常常到南部各州东部各州去旅行,有时又到欧洲,但是经常要回到旧金山来,每次回到旧金山,我和刘麻哥就去看他。

一九一一年十月八日,大概晚上八点钟左右,孙先生穿着一件深色的大衣戴一顶常礼帽,到了《大同日报》的编辑部。他似乎很快乐,但是很镇静。他平静地告诉我们,据他从某方面得到的消息,一切似乎很顺利,计划在武汉起义的一群人已经完成部署,随时可以采取行动。两天以后,消息传至旧金山,武昌已经爆发革命了。这就是辛亥年十月十日的武汉革命,接着满清政府被推翻,这一天也成为中华民国的国庆日。

在孙先生的指导之下,我和刘麻哥为《大同日报》连续写了三年的社论。开始时我们两人轮流隔日撰写。我们一方面在加大读书,一方面为报纸写社论,常常开夜车到深夜,赶写第二天早上见报的文章。大学的功课绝不轻松,我们,尤其是我,深感这种额外工作负担之重。革命成功以后,刘麻哥回国了,我只好独立承当每日社论的重任。我虽然深深关切祖国的前途,但是这种身不由己的经常写作,终于扼杀了我一切写作的兴趣。我一直在无休无止的压力下工作,而且仓促成文,作品的素质日见低落,而且养成散漫而匆促的思想习惯,用字也无暇推敲。有时思想阻滞,如同阻塞了的水管里的水滴,但是笔头的字还是像一群漫无目的的流浪者涌到纸上。我对于这些不速之客实在生气,但是我还是由他们去了,因为他们至少可以填满空白。

最初担任这份工作时,对于写作的确非常有兴趣,字斟句酌,务求至当。这情形很像选择适当的钱币,使它能投进自动售货机的放钱口。如果你匆匆忙忙希望把一大把钱币同时挤进放钱口,机器自然就阻塞了,多余的钱怎么也放不进去,结果就散落一地。一个人不得不在匆忙中写文章,情形就是这样,结果是毫无意义的一大堆文字浪费的篇幅。

一九一二年毕业后,我终于放弃了这份工作,心里感到很轻松。从此以后我一直怕写文章,很像美国小学生怕用拉丁文作文一样。工作如果成为苦差,并且必须在匆忙中完成,这种工作绝无好成绩。这样养成的坏习惯后来很难矫正。

在我四年的大学时期里,约有五万华侨集中在西海岸的各城市,包括萨克拉孟多、旧金山、屋仑、圣多树、洛杉矶等,另外还有零星的小群华侨和个人散布在较小的城镇和乡村。华侨集中的区域就叫唐人街或中国城,也称华埠。旧金山的华埠是美洲各城中最大的一个,共有华侨两万余人。主要的街道原来叫杜邦街,后来改称葛兰德路,究竟为什么改,我不知道。葛兰德路很繁华。东方古董铺、普通称为“杂碎馆”的中国饭馆、算命测字的摊子、假借俱乐部名义的赌场、供奉中国神佛的庙宇等等,吸引了无数的游客和寻欢作乐的人。有一个年轻美丽的美国人告诉我,她曾在一家东方古董铺中看到一件非常稀奇的东西——一尊坐在一朵莲花座上的大佛;她还在一家中国饭馆吃过鸟巢(燕窝)、鱼翅和杂碎。她对这一切感到新奇万分,说得手舞足蹈。她的妹妹们都睁着眼睛,张着嘴巴听她说。“真的啊!”她的老祖母从眼镜上面望着她,两只手则仍旧不停地织着毛线。

“你用筷子怎么喝汤呢?”一位小妹妹满腹狐疑地问。

“正像你用麦管吸汽水一样吸汤呀!小妹妹。”我代为回答,引得大家大笑。

也有许多华侨开洗衣店。他们一天到晚忙着浆洗衣服,常常忙到深夜。许多美国家庭喜欢把衣服送到中国洗衣店洗,因为手洗不像机器那样容易损坏衣服。这些来自"天朝"的子孙,节衣缩食省下有限的一点钱,把省下的钱装在袋里藏在床下。但是他们却慷慨地捐钱给孙中山先生的革命运动,或者把钱寄回广东,扶养他们的家人或亲戚,同时使他们的故乡变为富足。

广东是中国最富的省份,一方面是广东人在香港以及其他地方经商发财的关系,另一方面也是因为各地华侨把积蓄汇回广东的缘故。华侨遍布于马来西亚、印度尼西亚、菲律宾及南美、北美各地。各地的华侨多半是从广东或福建来的。

上千万的华侨生活在外国,他们在外国辛勤工作从不剥削别人,相反地,他们的劳力却常常受到剥削。他们除父母所赐的血肉之躯外,别无资本。他们像一群蜜蜂,辛勤工作,节衣缩食,忍气吞声,把花蜜从遥远的花朵运送到在中国的蜂房。他们得不到任何政治力量的支持,他们也没有携带枪炮到外国来。他们帮着居留地的人民筑路、开矿、种植橡树,以一天辛劳的工作换回几个美金或先令。不错,有些人,尤其是在新加坡和印度尼西亚,的确发了财,住着皇宫样的大厦和别墅,生活得像印度的土大王,另一些人也跻入中产阶级,买田置产,但是富有的和小康的究竟还是少数。大多数的华侨必须辛勤工作,而且只有辛勤工作才能糊口或稍有积蓄。

在美国的华侨,没有很富的,也没有很穷的。多数都是老实可靠,辛勤工作的人。几乎所有的人都寄一点钱回广东。他们的生活方式主要是中国式的。你如果乘一只船沿萨克拉孟多江航行,你可以看到两岸散布着一些华侨城镇和村落,店铺门前挂着大字书写的中文招牌如"长途粮食"、"道地药材"等类。你可能以为自己是在沿着长江或运河航行呢。

有一天,我曾经在萨克拉孟多江沿岸的一处中国城上岸,访一位芦笋园的主人。这位主人叫丁山,是孙中山先生的朋友,他拿鲜嫩的芦笋招待我,非常肥美多汁,后来一吃到芦笋,我总要想起他。他还有一间制造芦笋的罐头厂,所制的罐头借用美国商标出售。因此我常常想，美国的某些芦笋罐头，可能就是华侨种植和装罐的。他赚钱的办法的确好，而且很巧妙。他为工人开设了许多娱乐场所，他说，工人们辛苦了一天，必须有散散心的地方；如果他不开办娱乐场所，工人就会找到他的邻居所开的娱乐场所去。他的用意是"肥水不流外人田"。结果到他娱乐场所来玩的人，都贡献了一点"肥水"，他的财产也就愈来愈多了。

在美国以及世界各地的华侨，真不愧为炎黄裔胄。男子留着辫子，女人甚至还缠足。在旧金山的华侨街头，可以发现卜卦算命的摊子。有一位算命先生告诉一位来算命的白人说："好运道，快快地，大发财。"旁边一位黑人也想算算命，算命先生把同样的话重复一遍，黑人大为得意。如果这位算命先生说到此地为止，自然太平无事，但是他偏要画蛇添足，对黑人说："快快地，不再黑，像他……"同时用手指着那位白人。黑人气得一脚踢翻算命摊子，阿谀过分成为侮辱，此即一例。

华侨还有许多杂货店，出售咸鱼、鳗鲞、蛇肉、酱油、鱼翅、燕窝、干鲍以及其他从广州或香港运到美国的货色。有一次，我到一家杂货铺想买一些东西。但是我的广东话太蹩脚，没法使店员明白我要买的东西。只好拿一张纸把它写下来，旁边站着一位老太婆只晓得中国有许多不同的方言，却不晓得中国只有一种共同的文字，看了我写的文字大为惊奇，她问店里的人：这位唐人既然不能讲唐话（她指广东话），为什么他能写唐字呢？许多好奇的人围住我看，有一位稍稍懂点普通话的人问道："你到广州省城去过没有？"我回答说："没有。""那末你过去在哪里买东西呢？""上海。"我笑着夹起一瓶酱油和一包货物走了。

唐人街的学校仍旧保持旧式的课程。学生们要高声朗诵古书，和我小时候的情形一模一样。离唐人街不远的美国学校对它们毫无影响。

这是辛亥革命以前的情形。革命以后，唐人街开始起了变化，因为中国本身也在变化，而且是急剧的变化，短短几年之内，算命卜卦的不见了。辫子的数目也迅速减少，终至完全绝迹。青年女子停止缠足,学校制度改革了,采用了新式的课程;送到附近美国学校上学的孩子逐渐增加。唐人街虽然想抗拒美国邻居的影响,但是祖国有了改革,而且在生活方式上有了改变以后,这些忠贞的炎黄裔胄也终于亦步亦趋了。

第十一章　纽约生活

时间一年一年地过去,我的知识学问随之增长,同时自信心也加强了。民国元年,即一九一二年,我以教育为主科,历史与哲学为两副科,毕业于加大教育学系,并承学校赠给名誉奖,旋赴纽约入哥伦比亚大学研究院续学。

我在哥大学到如何以科学方法应用于社会现象,而且体会到科学研究的精神。我在哥大遇到许多诲人不倦的教授,我从他们那得到许多启示,他们的教导更使我终生铭感。我想在这里特别提一笔其中一位后来与北京大学发生密切关系的教授。他就是约翰·杜威博士。他是胡适博士和我在哥伦比亚大学时的业师,后来又曾在北京大学担任过两年的客座教授。他的著作、演讲以及在华期间与我国思想界的交往,曾经对我国的教育理论与实践产生重大的影响。他的实验哲学与中国人讲求实际的心理不谋而合。但是他警告我们说:"一件事若过于注重实用,就反为不切实用。"

我不预备详谈在哥大的那几年生活,总之,在那几年里获益很大。我对美国生活和美国语言已感习惯,而且可以随时随地从所接触的事物汲取知识而无事倍功半之苦。

纽约给我印象较深的事物是它的摩天大楼,川流不息的地道车和高架电车,高楼屋顶上的炫目的霓虹灯广告;剧场、影院、夜总会、旅馆、饭店;出售高贵商品的第五街,生活浪漫不拘的格林威治村,东区的贫民窟等等。

在社会生活方面,新英格兰人、爱尔兰人、波兰人、意大利人、希腊人、犹太人等各族杂处,和睦如邻,此外还有几千名华侨聚居在唐人街附近。当时在这个大都会里的中国菜馆就有五百家之多。纽约市密集的人口中龙蛇混杂,包括政客、流氓、学者、艺术家、工业家、金融巨子、百万富翁、贫民窟的贫民以及各色人等，但是基本上这些人都是美国的产物。有人说："你一走进纽约，就等于离开了美国。"事实上大谬不然。只有美国这样的国家才能产生这样高度工业化的大都市，也只有美国才能出现这种兼容并蓄的大熔炉。种族摩擦的事可说绝无仅有。一个人只要不太逾越法律的范围，就可以在纽约为所欲为。只要他不太违背习俗，谁也不会干涉他的私人行动。只要能够找到听众，谁都可以评论古今，臧否时政。

　　法律范围之内的自由，理智领域之内的思想自由和言论自由在纽约发挥得淋漓尽致，大规模的工商业，国际性的银行业务，发明、机械和资源的极度利用，处处显示美国主义的精神和实例。在纽约，我们可以发现整个美国主义的缩影。我们很可能为这个缩影的炫目的外表所迷惑而忽视美国主义的正常状态，这种正常状态在美国其余各地都显而易见。

　　暑假里我常常到纽约州东北部的阿地隆台克山区去避暑。有一年暑假，我和几位中国朋友到彩虹湖去，在湖中丛山中的一个小岛上露营。白天时我们就到附近的小湖去划船垂钓。钓鱼的成绩很不错，常常满载而归，而且包括十斤以上的梭鱼。我们露营的小岛上，到处是又肥又大的青蛙，我幼时在我们乡下就曾学会捉蛙，想不到到了美国之后居然有机会大显身手。一根钓竿，一根细绳，一枚用大小适度的针屈曲而成的钓钩，再加一块红布就是钓蛙的全副道具了。这些临时装备成绩惊人，我们常常在一小时之内就捉到二十多只青蛙，足够我们大嚼两餐。彩虹湖附近的居民从未吃过田鸡，他们很佩服我们的捉蛙技术，但是他们的心里一定在想："这些野蛮的中国人真古怪！"

　　晚上我们常常参加附近居民的仓中舞会，随着主人弹奏的提琴曲子婆娑起舞。我还依稀记得他们所唱的一支歌，大意是：

　　　　所有的户枢都长了锈，
　　　　门窗也都歪斜倾倒，
　　　　屋顶遮不住日晒雨漏，

我的惟一的朋友，
是灌木丛后面的，
一只黄色的小狗。

这支歌反映山区孤村生活的孤独和寂寞，但是对城市居民而言，它却刻画了一种宁静迷人的生活。

我们有时也深入枝叶蔽天的原始森林里。山径两旁的杜松发散着芬芳的气息。我们采撷了这些芳香的常绿枝叶来装枕头，把大自然带回锦衾之中，阵阵发散的芳香更使我们的梦乡充满了温馨。

有时我们也会在浓密的树林中迷途。那时我们就只好循着火车汽笛的声音，找到铁路轨道以后才能回来。经过几次教训以后，我们进森林时就带指南针了。

在乡下住了一段时间之后，重新回到城市，的确另有一番愉悦之感。从乡村回到城市，城市会显得特别清新可喜；从城市到了乡村，乡村却又显得特别迷人。原因就是环境的改变和鲜明的对照。外国人到中国时，常常迷恋于悠闲的中国生活和它的湖光山色；而中国人到了异国时却又常常留恋外国的都市生活。因此我们常常发现许多欧美人士对中国的东西比中国人自己更喜爱。在另一方面，也有许多中国人对欧美的东西比西洋人自己更喜爱。这就是环境改换和先后对照的关系，改换和对照可以破除单调而使心神清新。但是事物的本身价值并不因心理状态的改变而有所不同。

我在纽约求学的一段时期里，中日关系突起变化，以致两国以后势成水火。日本经过约五十年的维新之后，于一八九四年一击而败中国，声威渐震。中国人以德报怨，并未因战败而怀恨在心。这次战衅反而意外地引起中国人对日本的钦仰和感激——钦仰日本在短短五十年内所完成的重大革新，感激日本唤醒中国对自己前途的乐观。甲午之战可说燃起了中国人心中的希望。战后一段时期中国曾力求追随日本而发愤图强。

每年到日本留学的学生数以千计。中国在军事、警务、教育各方面都采取了新制度,而由留日返国的学生主其事。中国开始从日本发现西方文明的重要。日俄战争更使中国的革新运动获得新动力——日本已成为中国人心中的偶像了。

中国通过她的东邻逐渐吸收了西方文明,但是中国不久发现,日本值得效法的东西还是从欧美学习而来的。更巧的是美国退还了八国联军之后的庚子赔款,中国利用庚款选派了更多的留美学生。在过去,中国学生也有以官费或自费到欧美留学的,但是人数很少,现在从西洋回国的留学生人数逐渐增加,而且开始掌握政府、工商业以及教育界的若干重要位置。传教士,尤其是美国的传教士,通过教会学校帮助中国教育了年轻的一代。

因此,中国与日本的文化关系开始逐渐疏远,中国人心目中的日本偶像也渐行萎缩,但是日本人却并未意识到这种转变。

日本利用第一次世界大战的机会,在民国四年即一九一五年突然向袁世凯政府提出著名的二十一条要求,如果中国接受这些要求,势将成为日本的保护国。日本之所以突然提出二十一条,是因为西方列强在战事进行中自顾不暇,同时帝俄军事力量急剧衰退,以致远东均势破坏。中国既受东邻日本的逼迫,乃不得不求助于西方国家,中日两国从此分道扬镳,此后数十年间的国际政治也因而改观。如果日本具有远大的眼光,能在中国的苦难时期协助中国,那末中日两国也许一直和睦相处,而第二次世界大战的情形也就完全不同了。

驻华盛顿的中国大使馆经政府授意把二十一条要求的内容泄漏了,那时我正在纽约读书。这消息使西方各国首都大为震惊。抵制日货运动像野火一样在中国各地迅速蔓延以示抗议,但是日本军舰已经结集在中国的重要口岸,同时日本在南满和山东的军队也已经动员。民国四年即一九一五年五月七日也就是日本提出二十一条要求之后四个月,日本向袁世凯提出最后通牒,袁世凯终于在两天之后接受二十一条要求。

后来情势演变,这些要求终于化为乌有,但是中国对日本的钦慕和感激却由此转变为恐惧和猜疑。从此以后,不论日本说什么,中国总是满腹怀疑，不敢置信；不论日本做什么，中国总是怀着恐惧的心情加以警戒。日本越表示亲善，中国越觉得它居心叵测。

我们的东邻质问我们："你们为什么不像我们爱你们一样地爱我们？"我们回答说："你们正在用刺刀谈恋爱，我们又怎么能爱你们？"

九一八事变前几年，一位日本将官有一天问我："中国为什么要挑拨西方列强与日本作对？"

"为保持均势，以免中国被你们并吞。"我很坦白地回答。

"日本并吞中国！我们怎么会呢？这简直是笑话。"

"一点也不笑话，将军。上次大战时列强自顾不暇，日本不是曾经乘机向中国提出二十一条要求吗？如果这些要求条条实现。日本不是就可以鲸吞中国吗？"

"哦，哦——？"这位将军像是吃惊不小的样子。

"一点不错。"我直截了当地回答。